Wat handschrift?

W

Hoge en hoekige poten verraden de natuurlijke leider – een persoonlijkheid die het heft in handen neemt en dingen gedaan krijgt.

D

Een puntige buik wijst op een no-nonsensehouding. Dit is iemand die het leven op zijn eigen voorwaarden tegemoettreedt en die zorgt dat hij z'n doel zal bereiken.

Y

Verticaal met uitgestrekte poten wijst op een bruisende geest – een optimist die onvoorwaardelijk dankbaar is voor elke nieuwe dag.

V

Een brede opening onthult een krachtig libido en enthousiasme voor slaapkamerexperimenten.

R

Lange poten wijzen op een voorzichtig karakter – een stabiel persoon die zich echter misschien niet zo snel bindt.

Snel & eenvoudig
inzicht in de
geheimen van het

Handschrift

Leven, Liefde & Lot

ELMAR

Cash Peters

Colofon

Snel & eenvoudig inzicht in de geheimen van het handschrift
is een uitgave van Uitgeverij Elmar B.V., Rijswijk – 1999
Oorspronkelijke titel: Instant insight – Secrets of life, love and destiny revealed in your handwriting
Oorspronkelijke uitgave: Warner Books, New York – 1998

Vormgeving omslag: Studio Raster B.V., Rijswijk
Vertaling: Studio Imago, Willem van Paassen

ISBN 90389 08393

Dankwoord

Dit boek had niet gemaakt kunnen worden zonder de genereuze hulp en adviezen van verscheidene belangrijke personen:

Tim Moat van Headline Communications, Peter Clapperton, Ian Hardy en Bruce Hyman. En ook de handtekeningenverzamelaars Walter Burks en Richard Davie, die hun privé-collecties ter beschikking stelden. Ik ben vooral dank verschuldigd aan Debra Goldstein, mijn agente bij William Morris Agency, dankzij wier essentiële aanmoedigingen en niet aflatende vertrouwen dit project werd voortgezet. Ook haar assistenten Jessica en Maia verdienen een vermelding, omdat ze zo hoffelijk omgingen met het eindeloze over-en-weer gepraat.

Men kan alleen maar bewondering hebben voor de moed van de redactie van Warner Books dat zij iets zag in dit boek, en de vriendelijke standvastigheid van mijn redactrice, Diana Baroni, die bijdroeg aan de voltooiing ervan.

Tot slot mijn bijzondere dank aan Loveday Miller, Mandy Wheeler en Gary Robertson voor hun niet aflatende advies en steun, maar bovenal aan mijn vader en broer Andrew, die me steunden en onder zware druk van zo veel mildheid en liefde blijkgaven.

C.P.

Inhoud

Inleiding

Dit boek gaat over handschriften: van jou, van mij, je geliefde, je advocaat, je beste vriend – ik weet zeker dat zelfs Madonna's handschrift ergens in dit boek staat. Maar het gaat niet alleen over handschriften; het gaat ook over liefde, geluk, vervulling, vrijheid, succes – alle dingen die we echt belangrijk vinden.

Kortom, dit is een boek over het leven.

Ik durf te wedden dat je nooit eerder hebt nagedacht over de verborgen boodschappen die schuilgaan achter de woorden van een brief, een kerstkaart, een bedankbriefje of een boodschappenlijstje. Je schreef gewoon op wat je te zeggen had om het, net als iedereen, snel weer te vergeten. Je beseft waarschijnlijk niet dat je opmerkelijke feiten over jezelf prijsgeeft als je een pen op papier zet – over je karakter, je persoonlijke ervaring, je kindertijd, je dromen en wensen, eigenlijk je hele levensverhaal, verleden, heden en toekomst. Je handschrift laat ons zien wat voor iemand je bent, niet zomaar aan de buitenkant – je persoonlijkheid en alles wat anderen van je zien – maar de diep verborgen échte jij.

Op een bepaald niveau fungeert het een beetje zoals een polaroidcamera: je maakt een instantfoto van je leven zoals het op dit moment is. Ben je gelukkig of bedroefd, geeft je werk je voldoening of frustreert het je, blaak je van gezondheid of ben je somber en voel je je niet lekker?

Hoe je stemming ook is, wat je op dit moment ook denkt of voelt, het zal invloed hebben op de vorm van de woorden die je op papier zet. Dat verklaart waarschijnlijk waarom je handschrift zo vaak lijkt te veranderen.

Is het je weleens opgevallen dat het op dagen dat je een positieve instelling hebt en je je goed voelt, vaak levendig, zelfverzekerd en leesbaar is, terwijl het op andere dagen, als het niet zo goed met je gaat, vreselijk onregelmatig en chaotisch is, alsof je je woorden tijdens een aardbeving hebt zitten schrijven? Dat komt doordat het handschrift een direct product is van je onderbewuste gedachten. Dat wat je werkelijk vanbinnen denkt en voelt, wordt uitgestort op het papier – daar kun je niets tegen doen. Als de omstandigheden gaandeweg veranderen en je humeur beter wordt en als je anders over jezelf en je situatie begint te denken, zal je handschrift vanzelf veranderen en dat weergeven. Het is heel ingenieus.

Maar je kunt je handschrift ook zien als een spiegel, die je laat zien – soms afgrijselijk correct – wat voor sóórt persoon je in de loop der jaren bent geworden. Slechts een enkeling krijgt ooit de kans zichzelf te zien zoals anderen hem zien, en ik ben er vrij zeker van dat we zouden schrikken als we dat konden; maar zodra je gaat schrijven, komt het allemaal naar buiten: je temperament, je gedrag, al die speciale eigenschappen, goede en minder goede, die je maken tot het unieke individu dat je bent. Je kunt je handschrift ook gebruiken om te bepalen hoe het met je eigenwaarde zit, hoeveel bevrediging je werk je geeft, of je genereus en liefdevol bent in je relaties of juist zelfzuchtig en egocentrisch; je handschrift kan zelfs, geloof het of niet, je opvattingen over seks en je seksuele ervaring blootleggen. Zo nauwkeurig is het!

Maar belangrijker is dat de wijze waarop je je woorden vormt, duidelijk laat zien hoezeer je leven zich voltrekt volgens je lotsbestemming, zoals het moet zijn: of je nu nog steeds zoekt naar oplossingen voor de vele raadsels in je bestaan of dat je hebt ontdekt wat jouw goddelijke doel is zolang je op deze planeet bent. Over die kennis moeten we allemaal beschikken en naar mijn mening zal dit boek je helpen die te vinden – niet alleen voor jezelf, maar ook voor anderen.

Het enige wat je hiervoor nodig hebt is een briefje of kaart van iemand die je wat beter zou willen leren kennen (dat kun je ook zelf zijn!), en vervolgens zoek je gewoon in het gedeelte over het alfabet naar de lettervormen die het meest overeenkomen met de letters die je in het handschrift aantreft en lees je waar ze op duiden. Zo simpel is het echt. Je hoeft niets te leren en er zijn geen ingewikkelde verklaringen. Je zult waardevol inzicht krijgen in de manier waarop anderen denken en waarom zij zich op een bepaalde manier gedragen.

Als je dit onderwerp nooit eerder hebt bestudeerd, garandeer ik je dat je versteld zult staan over de hoeveelheid informatie over de persoonlijkheid en het karakter die verborgen zit in al die kleine lussen en krullen, streepjes en kronkels die je je handschrift noemt. Door de betekenis achter elke afzonderlijke letter van het alfabet te achterhalen, zul je in staat zijn de geheimen te ontdekken van bijna iedereen die je kent, zelfs als ze in een andere taal schrijven. Zolang hij maar in een taal schrijft die op het alfabet is gebaseerd, zijn de beginselen van dit boek op ieder mens van toepassing en verklaren ze zijn persoonlijkheid. Elk krabbeltje zal dankzij een nieuwe betekenis ineens tot leven komen. Ik garandeer je dat je nooit meer zult kijken naar een ansichtkaart of een liefdesbrief, een handgeschreven menu in een restaurant of je eigen boodschappenlijstje aan de koelkast, zonder de ware betekenis achter de woorden te zien.

Eerste stappen

De meeste mensen weten wel iets over handschriften. Ze denken wel dat dat niet zo is en ze zouden zeker niet beweren dat ze grafologen zijn (een moeilijk woord voor iemand die dit onderwerp jarenlang uitvoerig heeft bestudeerd); toch weten ze wat het is om een 'gevoel' bij een handschrift te krijgen, dat gewoonlijk is gebaseerd op hoe het eruitziet en op de manier waarop de woorden verdeeld zijn over het papier. Dit heb je vast weleens meegemaakt.

Stel dat je een groot en krachtig handschrift als dit onder ogen kreeg:

Walt Disney

Wat zou je hieruit concluderen? Dat degeen die dit schreef levendig en enthousiast en waarschijnlijk een eigenaardig type was? Natuurlijk. Alles eraan schreeuwt: 'Hé, kom eens, ik heb een geweldig idee!' Het is heel logisch dat een man als Walt Disney zijn dagelijkse activiteiten – zoals lopen, eten en praten – met evenveel energie doordrenkte als zijn handschrift.

En ook als je een brief zou krijgen waarvan elke regel klein en kriebelig was, ongeveer zoals deze:

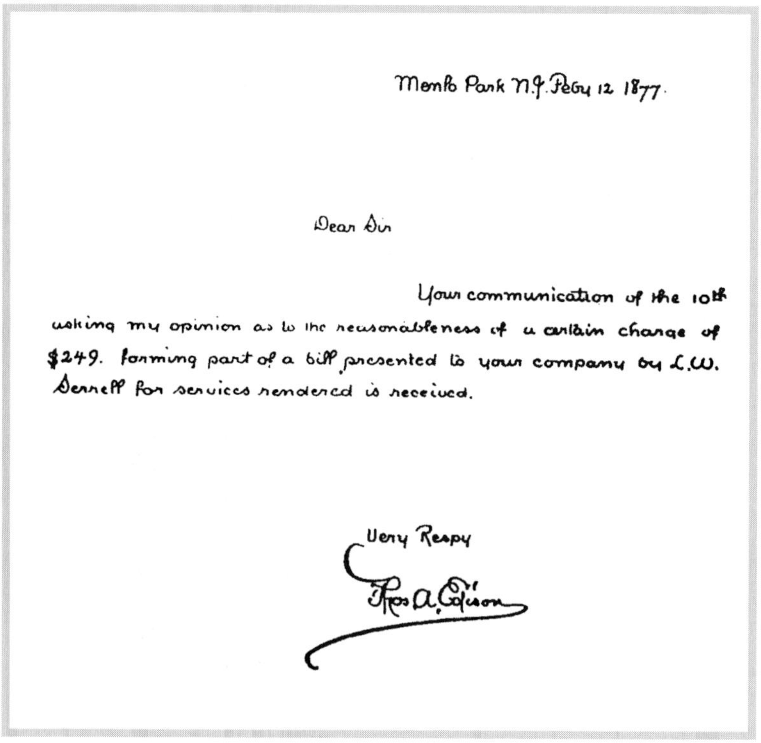

Menlo Park N.J. Feby 12 1877.

Dear Sir

Your communication of the 10th asking my opinion as to the reasonableness of a certain charge of $249. forming part of a bill presented to your company by L.W. Serrell for services rendered is received.

Very Respy

Thos A. Edison

Geachte heer

Uw brief van de 10de waarin u mijn mening vraagt omtrent de redelijkheid van een bepaalde post van $249 als onderdeel van een factuur die uw bedrijf door L.W. Serrell is toegestuurd voor verleende diensten, heb ik ontvangen.

Hoogachtend
Thos A. Edison

Hoogstwaarschijnlijk zul je denken, hmm, iemand die zó klein schrijft moet wel een tamelijk bescheiden karakter hebben. En zelfs al dacht je dat niet, het is toch de indruk die zo'n klein, kriebelig handschrift in je gedachten zou achterlaten. Het heeft niets zwierigs. Een vluchtige blik op de precieze, beheerste stijl vertelt je dat de grote Thomas Edison precies was zoals je zou verwachten: consciëntieus, betrouwbaar, wetenschappelijk, met een volhardende aanpak, iemand die net zolang doorging met een klus tot hij het voor elkaar had.

Ik geef jaarlijks veel lezingen en seminars over dit onderwerp en telkens weer verbaas ik me erover hoeveel toehoorders al een paar grondbeginselen onder de knie hebben, niet omdat ze bijzondere belangstelling hebben voor handschriften, maar omdat het opmerkzame mensen zijn die belangstelling hebben voor het gedrag van hun medemens. Zo weten zij bijvoorbeeld vaak waar een naar beneden buigend handschrift op wijst. Als de woorden geleidelijk naar beneden duikelen over de pagina – zoiets als dit:

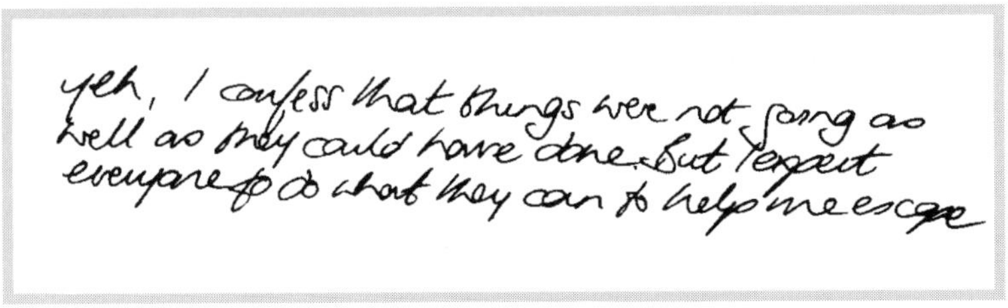

Ik geef toe dat het allemaal niet zo goed ging als had gekund. Maar ik verwacht van iedereen dat hij alles doet om mij te helpen ontsnappen

– dan denken zij dat de auteur ervan een 'neerslachtige' kijk op het leven heeft en doorgaans in een pessimistische stemming verkeert. En ze hebben gelijk. Kijk eens hoe vermoeid en levenloos het eruitziet, bijna alsof aan het eind van elke regel een stuk lood hangt dat de woorden naar beneden trekt. Wat er ook aan deze kerel knaagt, het gaat overduidelijk ten koste van zijn vitaliteit. In zijn ogen zal alles wel beroerder worden, en zolang hij dat gelooft zal dat uiteraard ook gebeuren.

Terwijl als het handschrift langzaam omhooggaat:

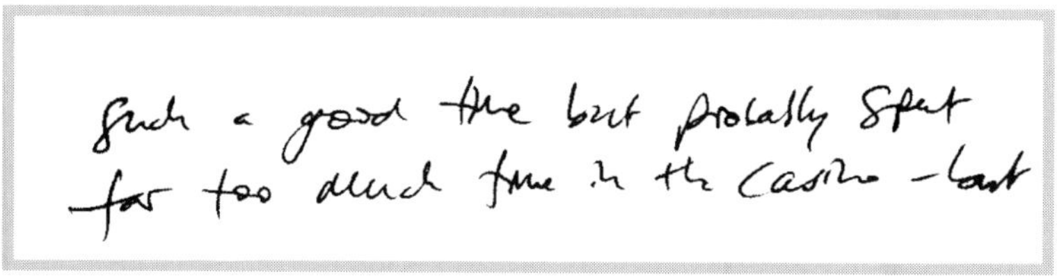

...geweldig naar onze zin, maar waarschijnlijk veel te veel in het casino gezeten, maar...

je ervan uit kunt gaan dat je hier van doen hebt met iemand die gelooft dat alles uiteindelijk op z'n pootjes terechtkomt. Kijk maar naar die helling! Zo opgewekt, zo vol van optimisme. Zelfs als het fout gaat, zal deze persoon zich niet al te lang verslagen of terneergeslagen voelen. Er ligt altijd iets beters in het verschiet, er zijn altijd goede dingen te verwachten. In beide gevallen kun je concluderen dat de karaktertrek geprononceerder zal zijn naarmate de – neer- of opwaartse – helling steiler is.

Een ander kenmerk dat mijn publiek vaak zelf al heeft opgemerkt, is de helling van de letters, of ze nu naar rechts of naar links buigen. Ze hebben ontdekt dat een helling naar rechts:

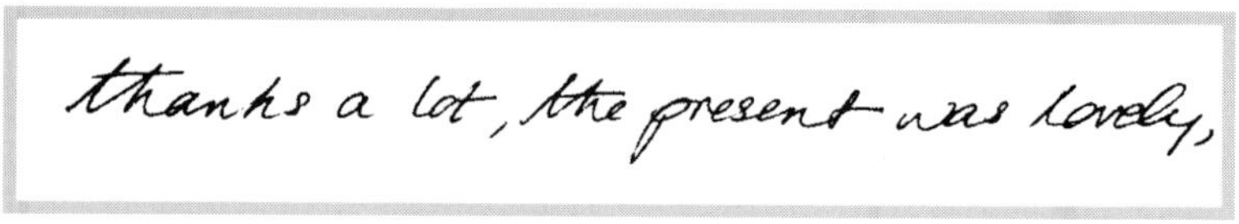

Veel dank, het was een prachtig cadeau...

gewoonlijk een meer dynamisch individu kenmerkt, iemand die van dag tot dag leeft, meteen actie onderneemt en zorgt dat dingen gebeuren in plaats van zich van tevoren onnodig grote zorgen te maken. Dit type zal zichzelf misschien niet echt 'dynamisch' vinden en misschien is hij dat ook wel niet – althans niet in de gebruikelijke zin van het woord – maar toch zit er energie in, een drang en een vastberadenheid die hem zullen helpen zijn plannen te verwezenlijken. Dit soort 'directe-actie'-energie blijkt nog duidelijker als je het vergelijkt met naar links hellende letters:

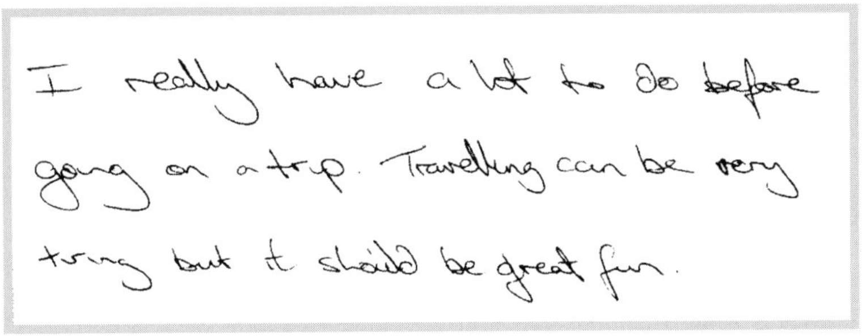

Ik heb werkelijk een boel te doen voor ik op reis ga. Reizen kan heel vermoeiend zijn, maar het moet heel leuk zijn.

Deze persoon is volstrekt anders. Als het maar even kan, remt hij af en gaat hij in zijn eigen aangename tempo verder. Dat is op een of andere manier ook het gevoel dat je bij dit handschrift krijgt. Als hij – vroeg of laat – iets onderneemt, wil hij precies weten wat er van hem wordt verwacht vóór hij begint. Zo iemand kan even dynamisch zijn als het naar voren hellende type, maar onder hoge druk zegt een stemmetje in zijn achterhoofd altijd dat hij alles stapje voor stapje moet doen en dat hij zijn plannen goed moet onderbouwen. Ik hoef hier nauwelijks aan toe te voegen dat een rechtopstaand handschrift zonder enige helling de twee extremen gewoonlijk in evenwicht brengt: ga nooit te snel verplichtingen aan, aarzel nooit te lang.

Hetzelfde soort logica is van toepassing op diverse andere grafologische beginselen en deze zijn dus net zo gemakkelijk te begrijpen. Zo is het logisch dat een ongeduldig en scherp iemand met een zogezegd 'puntig' karakter een ongeduldig, scherp, 'puntig' handschrift heeft, zoals je ook mag verwachten dat iemand die zacht, teder en onschuldig is een zacht, rond, onschuldig handschrift heeft. Het is eenvoudig. Het komt meestal neer op gezond verstand en observatie.

Tot slot nog een interessante kwestie: marges.

Als je ooit iets tegenkomt zoals dit, waarbij de linkermarge heel breed en ruim is, duidt dat erop dat de schrijver buitengewoon behoedzaam is. Hij zal lang en diep nadenken voor hij zich tot iets verplicht en hij zal zich nooit laten verleiden tot haastige beslissingen. Hoe smaller de linkermarge, hoe onbesuisder de persoon zal zijn.

Terwijl een al te ruime rechtermarge, zoals deze, waarbij elke regel ruim voor de rand van het papier ophoudt, op een ander soort behoedzaamheid wijst. Deze persoon is betrouwbaar. Hij is zelfs zo betrouwbaar dat hij altijd op tijd is, geen deadlines overschrijdt als hij het kan vermijden en zo mogelijk z'n werk altijd ruim op tijd af heeft. Als je een kleine of geen rechtermarge ziet, verwacht dan niet dat de auteur bijzonder betrouwbaar is of zich aan deadlines houdt. Sommige opdrachten zullen op tijd klaar zijn, andere niet. Aanvaard het. Zo is hij nu eenmaal.

Marges wijken van persoon tot persoon sterk af, dus kunnen we hier moeilijk over generaliseren. Ik weet wel dat iemand die elke centimeter van het papier gebruikt, van boven naar beneden en van links naar rechts, tot het begint te lijken op een met graffiti beschilderde muur, er waarschijnlijk moeite mee heeft z'n emotionele reacties in bedwang te houden. Vaak is het een roep om aandacht van een verwaarloosde ziel die heel graag gehoord en geaccepteerd wil worden. Zo veel noden blijven onvervuld, er is zoveel te zeggen en nooit genoeg tijd of gelegenheid om dat ook te doen.

Hij kan in werkelijkheid onstuimig en intens overkomen en misschien neigt hij naar egocentrisme, met veel meer belangstelling voor zijn eigen wereld dan voor de jouwe.

> Als er anderzijds aan alle kanten kolossale marges zijn, heb je waarschijnlijk te maken met iemand met een zeer specifieke kijk op het leven. Dit type schrijver denkt dat hij alles in zijn bestaan op een rijtje heeft. Hij kent zijn plaats en hunkert naar regelmaat, wat waarschijnlijk betekent dat hij allerlei kansen misloopt die zijn horizon op talloze manieren zouden verbreden. Te veel beheersing, te veel structuur; hij verspeelt te veel energie aan het voldoen aan de verwachtingen van anderen en te weinig aan plezier of natuurlijke spontaniteit.

Dat is alles wat je moet weten voor je begint.

De rest van het boek is geordend in de vorm van een gids. Eerst komen de kleine letters, a tot en met z, en dan de hoofdletters, A tot en met Z.

Deze bladzijden bevatten honderden inzichten en ontdekkingen die zijn voortgekomen uit jaren van ervaring. Ik hoop oprecht dat je, welke antwoorden je op dit moment in je leven ook zoekt, hier iets zult vinden dat je kan helpen en leiden of je op z'n minst naar een rooskleuriger, meer voldoening gevende toekomst kan voeren.

C.P.

De aanpak van een handschrift

1. De beste manier om met de analyse te beginnen, is de letters een voor een te bekijken. Als de eerste twee woorden bijvoorbeeld 'Dag Barbara' zijn, moet je naar de *D* in de gids bladeren en de variant van de *D* zoeken die het meest lijkt op de *D* van het handschrift, om vervolgens te lezen wat de betekenis ervan is. Herhaal dit voor de *a* en de *g* of zo veel letters als nodig zijn tot je een totaalbeeld van de schrijver hebt. Geef niet op als je de gezochte variant niet kunt vinden. Je kunt dan ofwel de variant nemen die het dichtst in de buurt komt en de definitie aanpassen ofwel, en dat is nog beter, deze letter tijdelijk overslaan. Als je af en toe een *S* of een *p* niet kunt vinden, betekent dat niet dat je iemands karakter niet gedetailleerd kunt onderzoeken. Je kunt gerust verschillende letterverklaringen combineren als dat nodig is om een nauwkeuriger beeld te krijgen.

2. Probeer geen geïsoleerde letters te gebruiken. Dit is belangrijk. De informatie zou anders misleidend kunnen zijn. Mensen zijn complexe wezens, met elk vele unieke facetten aan zijn of haar karakter. De verklaring op grond van de ene letter kan volledig op zijn kop worden gezet door een andere. Analyseer dus zo veel mogelijk letters tot je een zo breed mogelijk beeld hebt.

3. Er kunnen diverse varianten van één letter in een en hetzelfde stuk handschrift zitten. Schrik daar niet van. Dit betekent niet dat de auteur gek of verstoord is; het weerspiegelt domweg de vele subtiele nuances van zijn karakter. Behandel elke variant als een waardevol fragment van zijn persoonlijkheid – deze vormt niet het hele verhaal, maar slechts een klein deel ervan.

4. Naast elke lettervariant vind je een korte beschrijving, vaak

van slechts enkele woorden. Deze geeft het specifieke kenmerk van de lettervorm aan, dat wat hem zijn kenmerkende eigenschap verleent. Dit kan je helpen als je een letter in het handschrift aantreft die een combinatie is van twee verschillende vormen.

5. Zoals je zult zien, verwijs ik in het boek naar 'de schrijver' als een hij. Ik doe dit omwille van het gemak, zoals gebruikelijk is. Het zou meer problemen hebben veroorzaakt dan opgelost als ik het anders had gedaan. Maar wees gerust, alle beginselen, definities en verklaringen zijn evenzeer van toepassing op vrouwen als op mannen.

Alfabet a—z

a

✍ De letter *a* stelt de kwetsbaarheid van een schrijver op de proef. Kan hij tegen kritiek of is hij snel beledigd? Blijft hij rustig in moeilijke situaties en gaat hij er vol zelfvertrouwen mee om, of deinst hij terug en houdt hij zich gedeisd tot de storm is overgewaaid?

Gevoeligheid

Veel mensen kiezen gedurende hun hele leven de snelste vluchtroute, de gemakkelijkste weg. Hun eerste aandrang is te vluchten zodra ze te maken krijgen met tegenslag of kritiek of onaangename confrontaties. En wie kan het ze kwalijk nemen? Het is logisch dat zij elke ervaring uit de weg willen gaan die gevoelens van angst, afwijzing, verlegenheid of een van de tientallen andere pijnlijke en negatieve emoties kan oproepen. Maar deze wereldbeschouwing van genot boven leed ziet één simpel levensfeit over het hoofd: niemand zei dat het eenvoudig zou worden.

Het leven is geen gezellig ritje voor de doetjes onder ons. Het is een wild avontuur, vol met allerlei soorten gebeurtenissen en ervaringen – sommige zijn leuk en aangenaam, andere zijn zo moeilijk en veeleisend dat we bijna al onze reserves aan vindingrijkheid en veerkracht moeten aanspreken om ze de baas te worden. Maar juist dan, in tijden van grote tegenslag, ontdekken we hoe we werkelijk zijn. Niet als het ons voor de wind gaat en alles vlotjes en aangenaam verloopt, maar als we met de rug tegen de muur staan en de omstandigheden ons dwingen te vechten.

Als we dit aanvaarden, als we bereid zijn onszelf ongevoelig te maken en onze angsten onder ogen zien in plaats van terug te deinzen, worden tegenslagen, obstakels en confrontaties springplanken naar persoonlijke verbetering doordat ze ons helpen wat sterker, wijzer en veerkrachtiger te worden; dan zijn we bij toekomstige crises beter uitgerust om ze positiever en constructiever aan te pakken.

Doorgaans zijn het onze fouten waardoor we beschaafd worden.
Triomfen stijven ons in onze gewoonten.
—Clive James

a

> ✍ **Kijk naar** de grootte en rondheid van de a. Hoe voller en ronder hij is, des te gevoeliger zal de auteur doorgaans zijn. Als de a klein en smal is, zal hij minder snel gekwetst zijn door kritiek of tegenslag.

Smal, met staart: Een tamelijk sterke persoonlijkheid, het type dat zijn mening geeft en zegt waar het op staat. Weet wat hij wil en laat zich niet zomaar van de wijs brengen. Kent zijn rechten en wil deze aanwenden. Bewaakt en beschermt zijn gevoelige kant. In de loop der jaren heeft hij heel wat lessen geleerd. Is nu niet gemakkelijk in de luren te leggen.

Zacht afgerond: Weet het juiste evenwicht te vinden. Open en gevoelig, maar niet té. Is gewoonlijk bereid naar kritiek te luisteren; is alleen gekwetst door scherpe woorden die bedoeld zijn om pijn te doen. Gaat praktisch met problemen om. Heeft genoeg reserves aan kracht en kennis om nuchter te blijven. Kalm, toegankelijk, maar standvastig.

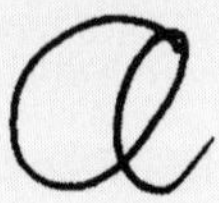

Groot, opgeblazen: Veel te gevoelig en waarschijnlijk ook afwerend. Hij is nogal verlegen of hij compenseert zijn emotionele zwakheden en een diepliggende angst gekwetst te worden door moeilijk te doen of soms agressief tegen anderen (aanval is de beste verdediging enz.). Moet aanhoudende onzekerheden onderzoeken en aanpakken.

Beschermd: De buitenkant wijst op een zekere hardheid. Komt niet graag kwetsbaar over. Is bang gebruikt te worden. Oude wonden doen nog steeds pijn; heeft harde lessen geleerd. Heeft een schild om zich heen gebouwd als extra bescherming tegen aanvallen van buitenaf. Daaronder: een schatje.

Hangend: Gedomineerd door persoonlijke problemen. Kan tijdelijk geen vreugde voelen. Emotionele donkere wolken ondermijnen het vertrouwen in de toekomst. Toch hoeft het allemaal niet zo erg te zijn. Moet naar de positieve kant van een zaak kijken en wachten op een opleving.

Rond, met staart: Eigenlijk heel vriendelijk, maar zelfverzekerd. Heeft stevige opvattingen, maar wil doorgaans dingen bespreken en luistert naar anderen. Bereid zo nodig voor zichzelf op te komen en rechten te doen gelden ten gunste van iedereen. Een interessant mengsel van mild en sterk, slim en onschuldig.

Klein, verfijnd: Lichtgeraakt. Kan niet over beledigingen en kritiek heen stappen. Neemt persoonlijke opmerkingen ter harte en denkt over de betekenis ervan na. Het lijkt soms alsof hij zit te wáchten op beledigingen. Moet luchthartiger en assertiever worden.

Met lus: Heeft veel bedenkingen over het leven, kan dus niet ontspannen. Elke onderneming lijkt vol gevaren te zitten. Probeert dapper te zijn en positieve stappen te ondernemen, maar in zijn binnenste is hij bang fouten te maken. Moet zich minder zorgen maken, meer vertrouwen hebben, geloven dat alles uiteindelijk altijd goed komt als we het maar toelaten.

Evenwichtig: Heeft vertrouwen in ideeën en plannen en is niet bang ze aan anderen te laten horen. Houdt van vrije discussies en krijgt graag respons. Niet bang voor kritiek – dat hoort erbij. Treedt kwesties frontaal tegemoet. Een positieve benadering levert meestal positieve resultaten op.

Hoog, rechtop: Verplicht zich niet snel. Vreest de consequenties van handelingen. Weigert toe te geven aan grillen of verlokkingen. Kan mensen kritiseren omdat ze impulsief zijn en handelen zonder aan anderen te denken, terwijl hij stilletjes wenste dat hij dat ook kon. Het wordt tijd dat hij zijn angsten loslaat.

In elkaar gedrukt: Heeft heel wat te verduren gehad en moet het van zijn scherpzinnigheid hebben. Houdt voet bij stuk; kan hard en onwrikbaar lijken. Staat niet toe dat anderen op hem trappen. Kan defensief en soms zelfs ongevoelig overkomen, maar hij beschermt gewoon zijn gevoelens en territorium.

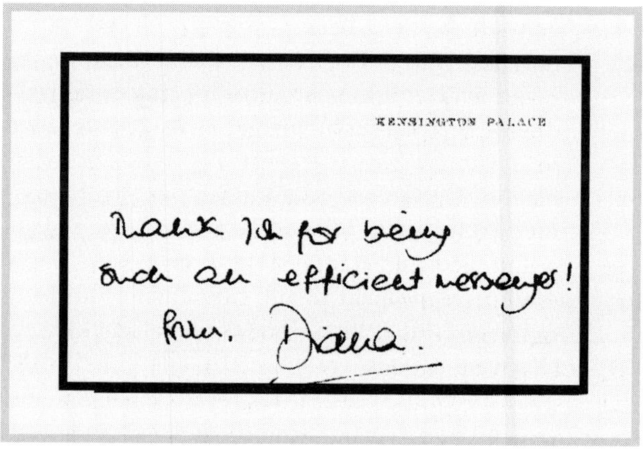

KENSINGTON PALACE

Thank Ya for being
such an efficient messenger!
From. Diana.

Dank je dat je zo'n efficiënte boodschapper bent!
Diana.

Een bedankje van **Diana, prinses van Wales**. *Een zeer gevoelig, open handschrift. Zie je hoe open en rond haar a's zijn? Dit toont aan hoezeer harde kritiek en het gedrag van andere mensen haar konden kwetsen. Een zorgzame, helpende vrouw, die heel graag bemind en gewaardeerd wilde worden.*

b

✍ Deze letter heeft betrekking op financiën en bezittingen. Hij laat ons zien of iemand goed met geld kan omgaan of dat elke cent hem uit de handen glipt. Hij laat ons ook weten of de schrijver zich volledig bewust is van zijn eigenwaarde.

Financiële zekerheid

Het is onjuist te denken dat alle mensen dezelfde opvattingen over geld hebben. Voor sommigen zijn tien miljoen op de bank, kasten vol designkleding, kolossale huizen in New York en LA, inclusief een privé-jet om van het ene naar het andere land te vliegen, de onontbeerlijkheden des levens. Minder zou een complete mislukking betekenen.

Maar er zijn ook mensen met bescheidener eisen. Zij laten zich niet betoveren door de illusie van glamour en macht die bij rijkdom hoort. Ook al verdienen ze wel een heleboel, dan nog houden ze het voor wat het is – een energiestroom, een beloning voor geloof in zichzelf en het lef hun doelen na te jagen en een paspoort naar grotere vrijheid. Volgens hun levensvisie wordt rijkdom niet afgemeten aan zakken goud, snelle auto's of laden vol diamanten, maar aan eenvoudige gunsten, zelfrespect, gemoedsrust dankzij een zuiver geweten en een bereidheid liefde te geven en te ontvangen. Dat zijn de dingen die er werkelijk toe doen.

Als je vermogend en gelukkig bent, dan ben je rijk. Als je geen cent bezit maar toch gelukkig bent, dan ben je ook rijk. Van geld word je alleen maar vermogender, je kunt er geen geluk mee kopen. Geen enkel kapitaal weegt op tegen een lage eigendunk, slechte gezondheid of een kil hart. De eigenschappen waarnaar we allemaal zouden moeten streven – zoals vreugde, tevredenheid en dankbaarheid – beginnen in ons binnenste; ze zitten in je hart of niet. Dat de reden waarom je moet proberen nu gelukkig te zijn, vandaag, met wat je ook hebt en met wie je ook bent. Je mag er best over dromen meer te hebben – we hebben het allemaal nodig te streven naar iets beters – maar verlies uiteindelijk de werkelijk belangrijke dingen niet uit het oog.

Rijkdom gaat boven armoe,
al was het alleen maar om financiële redenen.
—Woody Allen

b

Kijk naar de hoogte van de stok in verhouding met de ronde buik. Hoe langer de stok is, des te meer droomt de schrijver van materiële rijkdom. Hoe groter en vollediger de buik is, des te meer zal hij zijn best doen die dromen te verwerkelijken. Een onvoltooide buik wijst vaak op geldtekort.

Gewoon, volledig: Een gezonde kijk op geld. Verdient het, spaart het, geeft het uit, respecteert het. Weet wat hij waard is en streeft naar een rechtvaardige beloning voor zijn talenten. In zijn ogen moet je werken voor financiële zekerheid. Gelukkig is hij slim genoeg om ervoor te zorgen dat hij krijgt wat hij wil.

Open: Wil altijd meer. Deze persoon lijkt nooit tevreden te zijn. Hier zit een diepe en sterke overtuiging dat alles mogelijk is, maar de voortdurende jacht op het beste kan tot ongenoegen leiden. Misschien is zijn inkomen te laag of geeft hij te veel uit. Hoe het ook zij, externe factoren staan vooruitgang in de weg.

Te groot: Weet wat hij wil en staat erop dat anderen hem dat geven. Kan zijn eigen belangen laten prevaleren boven die van anderen. Door onzekerheid over wat hij werkelijk waard is, doet deze schrijver veel meer zijn best indruk te maken op zijn bazen en collega's, vooral als dat tot een hoger salaris leidt.

Fors, met lus: Pienter, assertief, direct. Wil niet alleen geld verdienen, maar het ook vasthouden. Altijd aan het dromen over plannen om meer te verdienen. Ook slim genoeg om het buiten bereik te brengen van iemand die het terug zou willen. Een gisse vent. Weet waar hij recht op heeft en is niet te verlegen om erom te vragen.

Gelust, open: Op zoek naar meer geld. Kijk op geld wordt sterk beïnvloed door omstandigheden in zijn jeugd. Is heel bang te verliezen wat hij heeft, dus doet hij beter zijn best het te behouden en meer te verdienen. Maar hoeveel hij ook krijgt, het lijkt nooit genoeg.

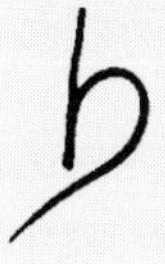

Uithaal naar beneden: Kan inhalig zijn. Wil wat anderen niet hebben. Niet bang aanspraken op iets te maken en wat hij binnenhaalt vast te houden. Zijn tactiek kan subtiel zijn, maar vergis je niet, deze persoon wil winnen en zijn buit veiligstellen.

Lange stok, kleine buik: Droomt ervan veel geld te verdienen, maar is in zijn binnenste bang voor armoede en eindigt met minder dan hij verdient. Misschien voorzag hij zich niet van een stevige basis voor hij zijn financiële doelen stelde. De oplossing: droom realistisch, geef onbevreesd uit en verwacht altijd wonderen.

Met vlag op buik: Heeft waarschijnlijk al genoeg geld, maar wil toch meer. Is misschien hebzuchtig of gewoon ronduit onzeker. Loopt niet graag iets goeds mis. Stelt voortdurend nieuwe doelen en wil zijn grenzen verleggen. Blijft proberen, geeft nooit op.

Onvolledig: Dit wijst gewoonlijk op geldproblemen. Er wordt meer uitgegeven dan er binnenkomt. Deze persoon kan misschien moeilijk rondkomen en maakt zich daar in zijn hart waarschijnlijk veel zorgen over, ook al lijkt hij er niet mee te zitten. Moet zijn financiën van een steviger basis voorzien.

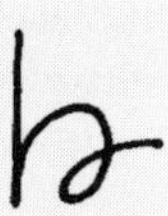

Uit elkaar getrokken: Wat een strijd! De noodzaak geld uit te geven en de wens het te sparen zijn in gevecht. Het probleem is dat de schrijver de zaken niet onder controle heeft – externe krachten vernietigen zijn plannen en zijn pogingen de hoeveelheid geld te verwerven die hij zich wenst. Hij zal spoedig toch echt zijn poot stijf moeten houden!

C

✍ Op grond van de vorm van de *c* weten we hoe graag de schrijver zijn kennis wil vergroten. Deze letter kan ook zeer nuttig zijn om cynisme, vooroordelen en fanatisme bloot te leggen. Als de geest van de schrijver geblokkeerd of afgesloten is, zal zijn c over het algemeen ook geblokkeerd of gesloten zijn.

Geen vooroordelen

Starre overtuigingen zijn saboteurs. Zij verstikken het leerproces, verlammen het initiatief en weerhouden ons ervan het totaalbeeld en onze plaats als individu daarin te zien. Ik weet nog dat ik ooit een bordje aan een kerk zag waarop stond: 'Als je niet groeit, dan sterf je.' Er had ook kunnen staan: 'Als je niet leert, sta je stil.'

Niets is permanent, niets is zelfs maar twee dagen exact hetzelfde. Verandering is de enige constante in het leven. Dus waarom zou je je ertegen verzetten? Waarom zouden we onze verdediging niet opgeven en de verandering omhelzen? Dat betekent dat we ons openstellen voor verschuivende trends en omstandigheden en dat we alle dingen waarin we geloven opnieuw taxeren – zo nodig zelfs de kernprincipes volgens welke we jarenlang geleefd hebben – in het licht van nieuw bewijsmateriaal dat zegt: 'Het kan beter.' Door de weigering toe te geven, door opgesloten te blijven in al deze verouderde visies en geloofspatronen, terwijl we erop hameren dat ónze mening, ónze principes, ónze gekozen weg de 'juiste' zijn, staan we in ons eigen licht en blokkeren we onze kansen betere, productievere mensen te worden. Met andere woorden, we groeien niet, we sterven.

Er zou in ons leven geen ruimte moeten zijn voor vooroordelen, fanatisme of zelfs, zo denk ik, cynisme. Cynisme, als denkwijze, is waardeloos. Het tast de geest aan en verwoest ons vertrouwen in de mens door alles wat mooi, eenvoudig, oprecht en gezond is te ontkennen en door uitsluitend naar het negatieve te kijken: wat is fout, wat is slecht, wie is op voordeel uit. Hoe meer we zoeken naar het goede en fatsoenlijke in alle mensen, ongeacht hun kleur, seksuele geaardheid, religie of andere kenmerken, des te meer goede en fatsoenlijke mensen we naar ons toe trekken en hoe meer ons vertrouwen wordt beloond.

Alle grote waarheden beginnen als lastering.
—George Bernard Shaw

C

> **Kijk naar** de grootte en rondheid. Als de auteur onbevooroordeeld is, graag wil leren en allerlei informatie enthousiast tot zich neemt, dan zal de c diep en rond zijn. Als er een krulletje aan de c zit, duidt dat op cynisme. Als de krul een lus wordt, is het iemand met vaste overtuigingen en veel vooroordelen.

Gemiddeld, rond: Onbevoordeeld. Wil weten wat er aan de hand is. Alle informatie is welkom. Wil leren, moet dingen weten, doet zijn best nieuwe en interessante feiten te achterhalen. Vindt dat anderen recht hebben op hun eigen overtuigingen en levensstijl. Niet het type dat afkeurt. 'Leven en laten leven' is zijn boodschap.

Afgeplat: Kritisch. Alleen geïnteresseerd in zaken die hem direct aangaan. Irrelevante zaken worden bij het oud vuil gegooid of gewoon genegeerd. Deze persoon weet wat hij wil en wenst niet lastiggevallen te worden met ondergeschikte kwesties. Houdt zich aan de feiten; verspilt zijn tijd niet aan zaken die hem niet aangaan.

Krullend: Cynisch, ongelovig, heeft alle listen en zwendelpraktijken in de gaten. Laat zich niet bedotten, blokkeert de pogingen van iedereen die op winst uit is. Is door schade en schande wijs geworden. Is nu meer dan ooit op zijn hoede. Zou door zijn achterdocht wel eens goede kansen kunnen mislopen. Moet wat luchthartiger worden.

Met lus: Opgepast! Diepgewortelde opvattingen, strikte meningen, onwankelbare overtuigingen. Deze persoon heeft heel wat meegemaakt en enkele 'valse tips' gekregen in het verleden, dus tegenwoordig is hij vastbesloten nergens meer in te trappen. Sommige mensen kun je niet vertrouwen, andere zijn bedriegers en leugenaars – daar gelooft hij in en daar houdt hij zich aan.

Met lus, achterover vallend: Voelt zich gerust als mening door anderen wordt gedeeld. Rechtvaardigt visie en houding door naar anderen te verwijzen. De angst een buitenbeentje te zijn leidt tot aanpassing omwille van de aanpassing. Het is beter te ontsnappen aan de massa en anders te durven zijn.

Uitgerekt: Verlangt naar antwoorden. Vangt elk nieuwtje op. Wil altijd de eerste zijn: de eerste die iets weet, de eerste die de waarheid kent, de eerste met de laatste gegevens. Elk wissewasje eigenlijk. Is gewoon bang dat hij iets mist of achterloopt.

Gestrekt: Heeft zeer specifieke interesses, dus beperk je tot de zaak en doe het snel. Zegt: 'Ik kan toch zeker niet door álles geboeid zijn?' Heeft het te druk met zijn eigen kleine wereldje om zijn tijd te verspillen aan dat van jou. Probeer hem niet om te praten. Als hij zegt dat hij niet geïnteresseerd is, dan is dat zo. Accepteer het.

Afgeplat: Smaken en meningen zijn waarschijnlijk tamelijk onvolwassen. Heeft zijn geestelijke horizon nooit verlegd en zich nooit buiten zijn tienerbelangstelling gewaagd. Kan zich soms egoïstisch, zelfs harteloos gedragen, zonder rekening te houden met de gevolgen van zijn woorden of daden. Niet kwaadaardig, alleen naïef en onnadenkend.

Verbindingslus: Zeer resolute vooroordelen over het leven. Een starre benadering leidt tot een gebrek aan flexibiliteit. Mogelijk cultureel bepaald. Gevoel alsof hij een last aan ervaringen en conditionering meezeult waaraan niet te ontkomen valt.

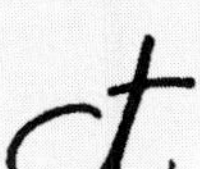

Vast aan volgende letter: Ziet vaak door de bomen het bos niet. Voelt zich overmand door grote taken. Doet één klus tegelijk en laat zich niet opzij zetten. Gaat zo op in details dat hij het grote geheel niet overziet.

d

✍ Aan de *d* kun kun je zien of iemand snel uit zijn vel springt of niet. Is hij rustig en lankmoedig – het type dat onder druk kalm blijft – of twistziek, met een slecht humeur en een scherpe tong?

Woede tonen

Mensen moeten zo nu en dan woedend worden. Als het leven ons te veel wordt, als niets lukt en we willen brullen en schreeuwen en vloeken, dan moeten we dat doen.

Het is niet erg als je zo nu en dan de bedaarde buitenkant afwerpt en de stoom laat ontsnappen. Woede, frustratie en verdriet kunnen anderen een ongemakkelijk gevoel geven, maar deze negatieve emoties zijn even natuurlijk als de positieve, zoals vreugde, enthousiasme of opwinding. We kunnen ze niet kwijtraken door ze te onderdrukken of te negeren. We kunnen het proberen, maar dan doen we feitelijk niets anders dan ze opsluiten in kleine emotionele zakjes waar ze broeien en etteren tot ze zich uiteindelijk als de lava van een vulkaan via een andere uitgang een weg banen – vaak in de vorm van psychosomatische symptomen. Hoe vreemd het ook mag lijken, als je te aardig bent kun je je lichaam veel kwaad doen.

Die engelachtige types, de mensen die trachten geduldig en lankmoedig te zijn, krijgen misschien de naam gemakkelijk te zijn en zelfs in een crisis hun rust te bewaren, maar ten koste waarvan? Zij leggen een enorme druk op hun zenuwgestel door heel veel pijnlijke gevoelens op te slaan, door passief te blijven en te glimlachen, te zeggen dat alles 'gewoon geweldig' gaat, terwijl ze in werkelijkheid lijden en ze alleen maar willen schoppen en schreeuwen en borden tegen de muur willen gooien.

Woede hoeft niet destructief te zijn. Deze gevoelens kunnen op allerlei cónstructieve manieren worden geuit. Je kunt ze er bij een potje voetbal uit rennen, of ze weg ademen tijdens een meditatiesessie of je kunt naar je slaapkamer glippen en tien minuten lang op een kussen rammen. Zolang geen enkel levend wezen lichamelijke of emotionele schade ondervindt van jouw daden, wat voor kwaad doet het dan? Je woede uiten is toch zeker niet veel moeite voor een gezond, gelukkig, stressvrij lichaam?

Spreek zacht en draag een grote stok;
het zal je ver brengen.
—Theodore Roosevelt

d

Kijk naar twee hoofdelementen: (1) de vorm van de stok – is het een streep of zit er een lus in? Hoe groter de lus, des te opvliegender is de schrijver en des te meer laat hij dat weten ook; en (2) de grootte van het oog. Hoe groter het oog, des te toleranter en stabieler de persoon is.

Gemiddelde vorm: Teken van kalmte. Gaat tamelijk verstandig om met dagelijkse kwesties. Houdt zijn humeur in bedwang tot hij er niet meer tegen kan en dan ontploft hij uiteindelijk. Maar dat kan even duren. Meestal meegaand, voorspelbaar, gemakkelijk. Prettig, nuchter gezelschap.

Met lus, stok met staart: Gaat vastbesloten met kwesties om. Kan niet tegen onzin. *Dikke lus*: onevenwichtig, wordt zelfs om kleinigheden boos; *dunne lus*: toont enige tijd zelfbeheersing, maar als je doorgaat, komt er uiteindelijk een reactie. Lussen betekenen hoe dan ook: 'Maak je klaar om dekking te zoeken.'

Klein oog: Kortaangebonden. Woede komt snel maar is zo weer voorbij. Ongeduldig; kan niet goed tegen stommelingen. Aanpak: als je iets te zeggen hebt, zeg het en ruim het misverstand uit de weg. Deze persoon gooit zijn frustraties en teleurstellingen direct naar buiten. Zou wat ontspannener en toleranter mogen zijn.

Groot oog: Lankmoedig, toegankelijk, wil aardig gevonden worden. De wrevel bouwt zich langzaam op tot alles hem te veel wordt. Kan zijn irritatie met kleine dingen tonen, door een hint te geven of terug te slaan met kleine gebaartjes. Zo iemand kan vanbinnen koken, maar je zult dat nooit weten. Men kan misbruik maken van zijn vriendelijke aard.

Schorpioen: Pas op voor het venijn in de staart! Deze persoon heeft altijd wel een geestig of zelfs wreed commentaar. Heeft bij een discussie altijd het laatste woord. In werkelijkheid is hij bang gekwetst te worden; moet anderen meer vertrouwen.

Neerhangende stok: Heeft de neiging iets scherps of geestigs te zeggen, maar hij leert zich in te houden en te zwijgen om niet te kwetsen. Toegenomen eigenwaarde heeft geleid tot meer geven en nemen. Hij hoeft niet in elke slag te zegevieren als hij de oorlog maar wint.

Opgezwollen lus: Heeft misschien veel goede kanten, maar pas op voor de negatieve punten! Kan heel boos en afwerend worden. De lus zegt: 'Ik laat niet met me sollen!' Heeft veel opgekropte grieven die naar buiten moeten, maar daar wil je niet bij zijn!

Afgebogen lus: Geeft anderen de schuld als het fout gaat en kan soms zelfs een beetje geniepig zijn. Gaat op zijn strepen staan, houdt er strikte ethische principes op na. Gebruikt regels en bevelen om gedrag te rechtvaardigen. Voelt zich teleurgesteld door andermans onkunde. Meer onafhankelijkheid zou hem goed doen.

Te groot: Afwerend. Een sterk gevoel van onrechtvaardigheid, dat uit zijn jeugd stamt, schraagt zijn daden. Door problemen met ouders of gezagsdragers als kind voelt hij zich beschadigd en tekortgedaan. Kleine probleempjes veroorzaken heftige reacties. Gevoelig, verlegen zelfs, maar ook onvoorspelbaar.

Gesplitst: Moeilijk hoogte van te krijgen. Onder de oppervlakte is heel wat gaande. Verbergt echte problemen en diepe wrok. Accepteert emotionele kwesties misschien niet. De spanning wordt zichtbaar.

Met vlag aan voorkant: Houdt zich goed als hij op zijn hart wordt getrapt. Probeert krachtig en resoluut over te komen. In moeilijke perioden wil hij anderen niet laten zien hoezeer hij gekwetst of verontrust is. Probeert kritiek en beschadigende opmerkingen weg te wuiven, maar de pijn gaat dieper dan het lijkt.

Uitwaaierend: Schudt pijn en woede van zich af. Hij kan zich ergeren of verdrietig zijn, maar die gevoelens worden zelden uitgesproken. Verbergt wonden liever of wuift ze weg dan dat hij lange, moeilijke gesprekken over de oorzaken aangaat.

Van onderen opgetrokken: Komt bij oneerlijke situaties voor zijn rechten op. Wijst op onrechtvaardigheden en vecht voor zijn plaats tot een compromis is bereikt. Woede wordt omgezet in positieve daden.

Gewoon, stok met lus: Deze persoon heeft iets op zijn lever, misschien wel heel wat. Dat hangt af van de grootte van die lus. Hoe dikker de lus, hoe meer wrok hij heeft opgestapeld. Die kan ontploffen in een woede-uitbarsting of in een open gesprek naar buiten druppelen, maar op een of andere manier moet hij eruit.

Dalende stok: Geïrriteerd door ruzies over principiële kwesties of dingen die er gewoon niet toe doen. Kleine of irrelevante ruzietjes nemen te veel tijd in beslag. Weet wat belangrijk is en weet heel goed wat hij wil, maar dit kan in het dagelijks leven worden ontwricht.

Open achterkant: Onzeker wat de belangrijkste kwesties zijn. Er gebeurt zoveel dat hij zich nergens echt op kan concentreren. De ene dag windt deze persoon zich op over iets dat belangrijk lijkt, de volgende dag moet hij dat laten varen omdat iets anders onder zijn aandacht is gekomen. Grieven veranderen en zijn onzeker.

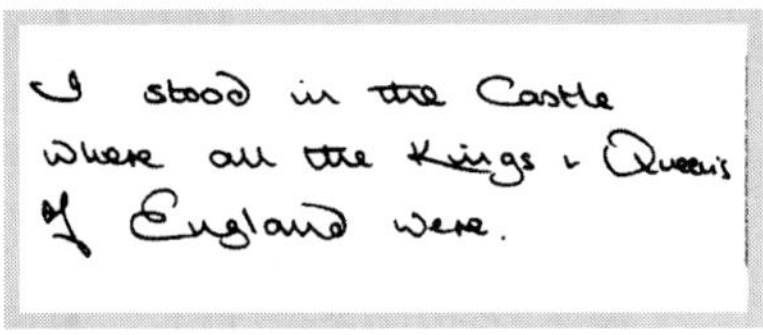

Een duidelijk voorbeeld van de schorpioen-d met de giftige staart die klaar is om te steken. Deze persoon is een meester in de vernietigende kleinering. Wil het laatste woord!

e

✍ De *e* barst van de persoonlijkheid. Hij laat zien of de schrijver grappig is, gevoel voor humor heeft of tamelijk serieus is. Bovendien laat hij zien wat achter de glimlach verborgen gaat. Is deze persoon echt gelukkig of doet hij alsof?

Gevoel voor humor

Humor is waarschijnlijk de beste menselijke eigenschap. Allereerst houdt humor de meesten van ons gezond van geest, vooral tijdens die donkere en moeilijke tijden in het leven dat we in tranen zouden uitbarsten of nog veel erger, als we geen afstand namen en niet om onze ellende konden lachen. Ik heb vaak genoeg in zo'n diep dal gezeten – en velen met mij – maar gewoonlijk werd zo'n ellendedag gered door de lach.

Humor is het beste middel dat ik kan bedenken tegen pessimisme, angst en depressie. Ze verleent niet alleen gewicht aan onze reserves aan moed en besluitvaardigheid, maar schept ook een waardevolle afstand tussen ons en het probleem waar we voor staan en biedt ons een verfrissend uitzicht op zaken die werkelijk van belang zijn. De meesten van ons nemen alles trouwens toch te serieus. We weten dat we dat niet zouden moeten doen – de experts zeggen steeds dat stress slecht voor ons is – maar we kunnen niet voorkomen dat we soms 'peentjes zweten' waarbij we van kleine, onbeduidende muizen grote olifanten maken die ons de weg versperren.

Een vrolijk hart laat zich niet breken door tegenslag. Het zal altijd een zonnestraaltje tussen de wolken zien, een reden om gelukkig te zijn. Lachen genereert allerlei fysiologische neveneffecten waarvan we ons niet eens bewust zijn. Als we lachen gaan we ons beter voelen – en als we die warmte op een bepaalde manier op anderen kunnen afstralen, krijgen zij ook meer zelfvertrouwen, dat ze dan weer aan ons doorgeven. We voelen ons al heel snel beter omdat – gewoon omdat we daartoe beslóten.

Onthoud, geluk is een keuze die je maakt. Het werkt altijd van binnen naar buiten, nooit andersom.

Alles is grappig zolang
het een ander maar overkomt.
—Will Rogers

e

Kijk naar die lach! Een e vertoont een natuurlijke lach op zijn gezicht. Als die breed en stralend is, dan zal de schrijver ook goedgehumeurd, grappig en geweldig gezelschap zijn. Als hij klein en smal is, is hij gespannen of, en dat is waarschijnlijker, tamelijk serieus.

Lachend: Vrolijk karakter. Amusant, spraakzaam, innemend en vriendelijk. Deze persoon past zich waarschijnlijk goed aan, zodat anderen hem graag zien komen. Vertelt graag grappen aan vrienden. Is misschien niet altijd in een olijke stemming maar áls hij het is, is hij heel grappig en mengt hij zich uitvoerig in het gesprek, waarmee hij aan een goede sfeer bijdraagt.

Dichtgeknepen: De lach van deze schrijver verhult een diepzinniger benadering. Een bepaalde mate van spanning en ernst verklaart zijn karakter. Moet niet worden onderschat. Een deel van zijn persoonlijkheid is uiterlijk vertoon; achter het masker gaat een minder luchthartig persoon schuil die vaak nogal moeilijk te begrijpen is. Beoordeel hem niet op eerste indrukken.

Te groot: Wil heel graag aardig gevonden en geaccepteerd worden. Gevoelig en kwetsbaar. Zal zijn best doen anderen te behagen en hun gunsten te winnen. Wil bij de groep horen, en dit kan ten koste gaan van veel persoonlijke overtuigingen. Altijd op zoek naar waardering en steun. Moet zichzelf hoger schatten voor anderen dat kunnen doen.

Te klein: Teken van een analytisch verstand. Rustig karakter – aardig en vriendelijk genoeg, maar niet altijd bijzonder warm. Houdt van een babbeltje en kan binnen bepaalde grenzen heel leuk zijn, maar het zelfvertrouwen varieert en misschien komt niet zijn hele karakter uit de verf. Onderliggende angst voor verlegenheid. Uitgelatener dan hij overkomt.

Achterzwaai: Veel gevoel voor humor. Lacht graag en ziet doorgaans de grappige kant van het leven. Kan tegen een grapje en heeft mogelijk weinig zelfwaardering, zelfs zo erg dat hij de spot drijft met zichzelf en de toestanden waarin hij verwikkeld raakt.

Hoge uithaal: Een echte persoonlijkheid, met zijn eigen bijzondere humor. Hij lacht om anderen, maar kan hij zelf tegen een grapje? Ik zou er maar niet op rekenen! Kan afwerend zijn en bang dom over te komen. Kan krachtige woorden verschuilen achter een grap of een glimlach, maar hij verwacht dat je hem begrijpt.

Kleine vork: Houdt van plezier en kan zelfs charmant zijn, maar wee zijn kwade kant. De buitenkant is bedrieglijk. Bij een ruzie kan deze persoon moeilijk te beteugelen zijn. Reageert slecht als hij in de hoek gedreven, teleurgesteld of afgewezen wordt. Denk niet dat je er gemakkelijk vanaf komt.

Onregelmatig: Verontrust over hoe bepaalde aspecten van zijn leven er momenteel voor staan. Voelt zich ongemakkelijk over specifieke situaties. Bepaalde elementen zijn uit de hand gelopen, en hij heeft het gevoel terrein te verliezen. Moet zich vermannen en het initiatief nemen. Zorg ervoor dat doeltreffende actie niet word geblokkeerd door angst of twijfel.

Overdwars uitgestrekt: Een grapjas die van een lolletje houdt maar vaak ten koste van anderen. Houdt ervan je voor de gek te houden, al je domme zwakheden en fouten te bespotten, maar meestal zonder kwaadaardigheid. Kan goed uitdelen, maar incasseert niet graag.

Naar beneden uitgestrekt: Altijd bereid de grappige kant van een moeilijke situatie te zien. Hoe hopelozer dingen worden, des te grappiger ze lijken. Zijn logica: 'Wees nou eerlijk, als je niet zou lachen, zou je huilen.' Een goede vriend in een crisisperiode. Ziet het leven als een spel dat je niet te serieus moet nemen.

Lamsbout: Voelt zich een beetje ongemakkelijk over zijn eigen persoonlijkheid. Hij lijkt grappig en vriendelijk, maar wat gaat er nog meer schuil achter die glimlach? Verwacht een vindingrijk, slim individu, iemand die een beetje op zijn hoede is voor onbekenden en achterdochtig ten aanzien van de motieven van anderen.

Opgerekt: Deze schrijver worstelt momenteel waarschijnlijk met iets. Hij is ontzet over diverse aspecten van het leven, hij voelt zich niet op zijn plaats en is bang voor wat er nu weer zal komen. Mensen en situaties hebben hem voortdurend teleurgesteld; nu weet hij niet waar hij heen moet. Moet kalmeren en de balans opmaken.

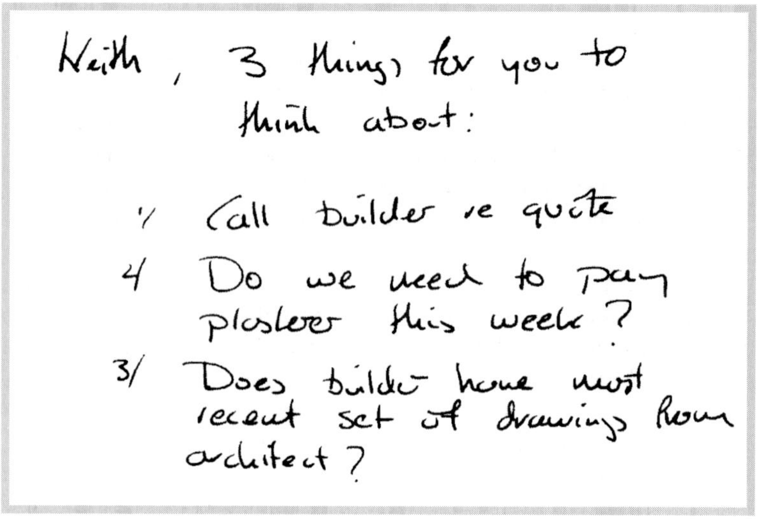

Keith, 3 things for you to think about:

1/ Call builder re quote

2/ Do we need to pay plasterer this week?

3/ Does builder have most recent set of drawings from architect?

Een kattenbelletje. Deze persoon heeft veel gevoel voor humor. Je ziet aan zijn vrolijke, lachende e's dat hij graag lacht en van een grapje houdt en hij zal, al is hij nogal vrijpostig en veeleisend (zie D), tamelijk aangenaam gezelschap zijn.

f

> ✍ Als het om het maken van een goede indruk gaat, dan is er geen letter die zoveel blootlegt als de *f*. Is de schrijver luidruchtig en uitgelaten, het middelpunt-van-het-feesttype, of verlegen en stil? De *f* bepaalt hoe extravert iemand is en hoeveel het hem kan schelen wat anderen van zijn gedrag vinden.

De juiste indruk maken

Een schrijver die niet op zijn gemak en verlegen is in gezelschap van anderen, maakt waarschijnlijk een grote voorwaartse lus aan de bovenkant van de *f* (zie blz. 44). Let op die lus: er zitten tientallen kleine gedachten en zorgen in. Hij is ervan overtuigd dat zijn vrienden, buren, zelfs zijn collega's allemaal opmerkingen over hem maken achter zijn rug om en kritiek hebben op zijn kleding, de kleur van zijn huis, de krant die hij leest enzovoort. Hij is zelfs zo bang een verkeerde indruk te maken dat hij zijn gedrag voortdurend aanpast om hen te behagen. Altijd vraagt hij zich eerst af: 'Wat zullen de mensen denken als...?' Dat is een zinloze onderneming die leidt tot ontevredenheid, frustratie en nederlagen.

Zodra we onze daden en beslissingen laten sturen door meningen van anderen, verliezen we de controle over onze lotsbestemming en dragen we een gigantisch deel van onze vrije wil over aan een onzichtbare commissie. Mark Twain zei al: 'We kunnen de ouderdom niet bereiken via het pad van een ander.' Je moet bij elke afslag gewoon jezelf zijn. De meeste mensen beoordelen of bekritiseren je trouwens toch niet. Ze bekommeren zich veel te veel om hun eigen wereldje om zich druk te maken over wat jij in de jouwe uitspookt. En al denken ze aan je, dan nog kun je niet weten wát ze denken. Wie weet, misschien veroordelen ze je helemaal niet en bezingen ze je lof en zeggen ze hoe leuk ze je kleren vinden en hoe mooi de kleur van je huis is. Je kunt het toch niet weten, dus waarom zou je je er druk over maken?

Het is veel beter je te gedragen zoals je wilt en anderen te laten zeggen waar ze zin in hebben, zoals de mensen van de grote onderlus doen (zie blz. 44). Als anderen zich afkeurend uitlaten, gun hun die mening en negeer ze; houd je bij je eigen vermaak. Respecteer hun ruimte en genoegens, maar als je plezier hebt en niemand kwaad doet, waarom zou je je er druk over maken?

Grijp van ieder ogenblik de uniciteit
en bereid je genoegens niet voor.
—André Gide

f

Kijk naar de lussen. Lussen bevatten een heleboel gedachten. Een grote bovenlus duidt erop dat de schrijver niet op zijn gemak is en het belangrijk vindt wat anderen van hem denken. Een grote onderlus duidt op een grote persoonlijkheid. Als er helemaal geen lussen zijn hebben we te maken met een rustig, meer zelfverzekerd individu.

Lussen boven en onder: Evenwichtig. Houdt rekening met anderen maar niet genoeg om zijn gedrag te veranderen. Mag graag plezier maken, maar blijft wel graag in een middenpositie. Beheerst type. Heeft een zekere stijl en houding, maar niet genoeg om beroering te verwekken.

Alleen bovenlus: Zijn hoofd is vol zorgen en twijfels, die hem aardig in de weg kunnen zitten. Innerlijk niet gezegend met een grote persoonlijkheid. Wil dat anderen hem respecteren en appreciëren, maar denkt dat ze dat niet doen, dus probeert hij een goede indruk te maken om eventuele onvolkomenheden te verbergen. Hij is bang dat men er ooit achter komt.

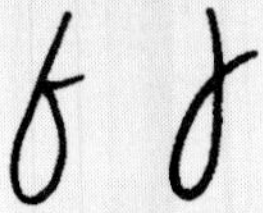

Alleen onderlus: Goede persoonlijkheid, veel te melden, levendig en grappig in het juiste gezelschap. Schudt andermans mening van zich af: 'Wat doet het ertoe wat ze denken, laten we lol maken!' Als hij goed op dreef is, kan hij elke gebeurtenis goed laten verlopen. Licht, camera, actie! Hoe groter de lus, des te groter de persoonlijkheid.

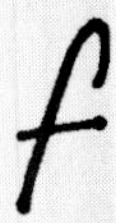

Naar voren gebogen: Schrijver verbergt zijn ware ik in het openbaar achter een masker. Wil op een bepaalde manier worden gezien en probeert zijn imago te vormen zodat men hem zal waarderen, waarbij hij al het nodige doet om de gewenste indruk te maken. In zijn hart is hij onzeker over zijn uiterlijk én zijn persoonlijkheid. Kan vooroordelen over anderen hebben om aanvallen af te weren.

Scherpe onderlus: Houdt van plezier. Elke gelegenheid is goed. 'Geef me die uitnodigingen!' Wil daar zijn waar het gebeurt, er middenin, kijken en bekeken worden. Vindt het heerlijk zich op te doffen en naar een speciale gelegenheid te gaan. Of is hij gewoon bang om alleen te zijn?

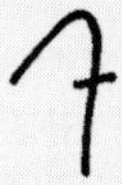

Stok naar achteren gedraaid: Prefereert intieme gesprekken boven grote gezelschappen. In zijn hart smacht hij misschien naar grote partijen, maar daar gaat zijn interesse niet naar uit. Hij heeft veel aan zijn hoofd en er zijn veel serieuze zaken te bespreken. Zal doorgaans schijnwerpers en luide muziek uit de weg gaan.

Rechte dwarsstrepen: Eenvoudige, ongecompliceerde smaak. Vindt het heerlijk ideeën en gevoelens uit te wisselen. Geeft zijn visie duidelijk te kennen en maakt vrienden op grond van gemeenschappelijke interesses. Bij deze persoon weet je waar je aan toe bent. Ongecompliceerd, direct, oprecht.

Doorlopende dakstreep: Wil geaccepteerd worden, maar heeft moeite zich te mengen. Een buitenstaander die bang is dat anderen het beter naar hun zin hebben dan hij. Ervaringen uit het verleden verwarren dingen en wekken ongewenste gedachten op. Nooit is iets gewoon simpel.

Achterwaartse dwarsstrepen: Zal alleen stralen in de juiste omgeving. Te verlegen om zich om de voorgrond te drukken, te onzeker om het gesprek te overheersen. Kruipt alleen uit zijn schulp als hij klaar is en als hij denkt dat zijn persoonlijkheid gerespecteerd en gewaardeerd zal worden.

g

> ✍ Als je een g in een handschrift ziet, zul je fascinerende details ontdekken over de manier waarop de schrijver omgaat met oude emotionele kwesties; veel daarvan vinden hun oorsprong in zijn kindertijd. Is hij nog steeds boos en verward of kan hij eindelijk het verleden laten rusten?

Het verleden laten rusten

Opgroeien is nooit een vriendelijk, passief proces. Gaandeweg stapelen we duizenden vreugden en duizenden pijntjes en onrechtvaardigheden op, die allemaal belangrijke sporen nalaten, en onze visie, ons gedrag en daarom ons handschrift vormen.

Het leven is erop gericht onze geest op de proef te stellen en daarom biedt het ons enkele extreem moeilijke situaties. Vaak blijkt bij nauwkeurig onderzoek dat we achtervolgd worden door steeds dezelfde situatie, eentje die telkens terugkeert, telkens in een iets andere vorm, tot we de moed bijeenrapen om het onderliggende probleem aan te pakken en het op te lossen. Welke kwestie dat ook is, of het nu om misbruik, geweld, aanhoudende financiële problemen, een overspelige partner of iets anders gaat, telkens wanneer we ermee geconfronteerd worden, bevinden we ons op een bekend kruispunt. 'Ga je je er nu tegen verzetten?' vraagt een stemmetje. 'Ga je dit probleem nu voorgoed oplossen? Of geef je toe en delf je net als altijd het onderspit – verslagen, niet in staat er iets aan te doen?' Heel veel mensen weten zich zo goed te redden, maar in mijn ogen is het zoiets als voor een orkaan je ramen dichtspijkeren en bidden dat de storm jouw huis buiten schot zal laten. Zo werkt het niet.

Deze kwesties moeten opgelost worden. Om een terugkerende kwestie een halt toe te roepen, moet je diep graven naar de onderliggende oorzaak ervan. Stel eenvoudige, directe vragen: Waarom blijven deze dingen mij overkomen? Wat kan ik hiervan leren? Hulp en therapie kunnen nuttig zijn, maar uiteindelijk is het onze eigen verantwoordelijkheid. Pijnlijke situaties gebeuren met reden; ze zijn er om ons een belangrijke levensles te leren, iets dat essentieel is voor onze persoonlijke ontwikkeling. Zet je dus schrap en kijk die demonen recht in de ogen. Het wordt tijd dat je je les leert en verder gaat.

Alles waar we onze ogen voor sluiten,
alles waarvoor we wegrennen,
alles wat we ontkennen, kleineren of verachten,
draagt uiteindelijk bij aan onze ondergang.
—Henry Miller

g

Kijk naar de staart van de g. Naar welke kant zwaait hij? De staart kan scherp en bedreigend zijn, wat een boze aard verraadt, iemand die nog steeds een oude pijn aan het verwerken is, of hij kan zachtmoedig zijn, wat gebeurt als de schrijver ofwel helemaal niet boos is ofwel erin geslaagd is het verleden te vergeten.

Staart met lus: Zal problemen waarschijnlijk niet lang binnenhouden. Als deze schrijver problemen heeft, zal hij er waarschijnlijk volwassen mee omgaan. Een kleine lus betekent dat de problemen zijn aangepakt en dat de zaken langzaamaan beter gaan. Een grote lus duidt op emotionele kwesties die nog steeds op een oplossing wachten.

Open staart: Hij vindt dat je problemen moet aanpakken zodra ze zich voordoen. Zal boosheid gewoonlijk niet voor lange tijd opkroppen. Denkt: 'Wat heeft het voor zin pijn te koesteren?' Deze houding kan ontstaan zijn doordat de schrijver zelf geen diepe emotionele pijn heeft geleden of doordat hij een olifantenhuid heeft. Vastbesloten niet zwak over te komen.

Fel: Een scherpe staart wijst op een onbehouwen natuur, altijd bereid te vechten. Kan geen onrechtvaardigheid zien en dit gewoon aanvaarden. Heeft een agressieve, strijdlustige kant en een onderliggende woede, plus een drang zijn gelijk te bewijzen en niet onder de voet gelopen te worden. Compenseert waarschijnlijk onrechtvaardigheden uit zijn jeugd. Uiteindelijk is de reactie gekomen!

Naar binnen wijzende staart: Gevoelig voor negatieve opmerkingen. Zegt: 'Je moet mij niet de schuld geven.' Meent dat hij zijn uiterste best heeft gedaan, dus als dingen fout lopen, vindt hij het moeilijk de schuld of verantwoordelijkheid op zich te nemen. Zal defensief zijn als hij wordt beschuldigd. Anderen moeten tactvol zijn. Is als kind misschien ten onrechte flink aangepakt.

Geen lus: Tamelijk gelijkmoedig, met weinig sporen van pijn of verborgen woede. Is misschien gewoon naïef en mist de ervaring of hij vindt het misschien zinloos oude wrok te koesteren. Laat deze daarentegen liever rusten en gaat verder. Luistert naar rede als anderen dat niet doen. Kalm en geruststellend.

Klein oog, uitstekende staart: Geneigd tot uitbarstingen van spontane woede. Maar geen blijvende grieven. Schreeuwt alleen en zegt wat gezegd moet worden, hoe cru het ook is. Dan verdwijnt de woede en is alles weer goed. De boosheid is hevig maar vergankelijk.

Klein oog, met lus: Hier zit een mate van onverdraagzaamheid in. Is zich bewust van zijn verplichtingen jegens de mensen om hem heen en probeert daar aan te voldoen, maar persoonlijke belangen zijn ook zeer belangrijk. Mensen maken de zaken allemaal ingewikkelder door de schrijver af te leiden van zijn prioriteiten. Innerlijk nogal gespannen.

Gesloten: Reken op luimen! Deze persoon werd als kind waarschijnlijk verwend, en is nooit echt volwassen geworden. Speelt de slachtofferrol: jammert na een ruzie, maakt overal een drama van. Het is een slim trucje om aandacht te krijgen en anderen een schuldgevoel aan te praten.

Groot, met lus: Veel lastige kwesties uit een ver verleden zijn onopgelost gebleven. Wonden zijn nog steeds niet geheeld. Door grote gevoeligheid is hij snel beledigd en vaak laat hij zich kwetsen. Uiterlijke kracht verbergt een veel zwakker innerlijk. Moet eindelijk een eind maken aan onopgeloste conflicten.

Met open oog: Hij weet nooit precies hoe hij zijn woede moet uiten, zodat die geuit wordt op de verkeerde tijden en plaatsen. Boosheid wordt vastgehouden en niet geleid naar mensen die zijn gevoelens hebben gekwetst.

Afgeschermd: Dikke huid. Lijkt taai, maar is het niet. De uitwendige schil verbergt een zachter, nogal kwetsbaar innerlijk. Hij wil niet zwak lijken en kwestbaar zijn, zodat hij een barricade opwerpt om de 'vijand' buiten te houden. Zou wel wat ontspannener mogen zijn.

Opgerekt: Is gekwetst, maar is desondanks vastbesloten dapper te zijn en vol te houden, alsof het niet erg is. In zekere zin wil hij graag dat anderen zien hoe hij lijdt en wat ze hem hebben aangedaan. Zo delen ze in zijn pijn. Maar kan hij zich ertoe zetten te laten zien hoe gekwetst hij echt is?

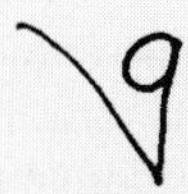

Grote omhoogstekende staart: Slaat voortdurend aanvallen af met scherpe woorden en chagrijnigheid. Het is een karaktertrek. Mogelijk verbeeldt hij zich deze aanvallen. De schrijver zit met veel persoonlijke kwesties en zorgen en kan er niet tegen als anderen zijn positie op de proef stellen. Afwerend, onzeker.

Afgeronde staart: Verwacht dat anderen redelijk zijn en meent dat zijn argumenten duidelijk zijn, maar soms vertelt hij niet het hele verhaal en wordt niet begrepen. De behoefte aan begrip gaat diep, en dat geldt ook voor zijn frustratie als hij verkeerd begrepen wordt.

Van onderen uitstrekkend: Over sommige dingen wordt gesproken, andere blijven verborgen. Deze persoon kan boos worden op mensen over kleine en in hun ogen onbelangrijke dingen, maar er steekt meer achter zijn daden en motieven – een groot reservoir aan geheime gedachten en gevoelens.

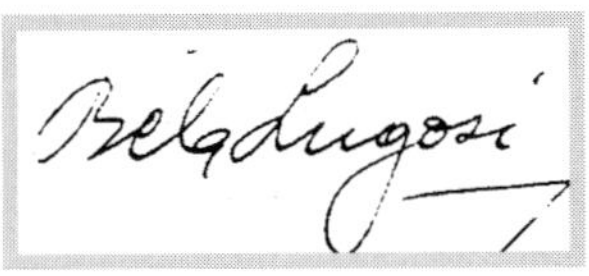

Bela Lugosi

***Bela Lugosi**'s handtekening. Het theatrale en elegante dat je van een ster uit griezelfilms van de oude stempel mag verwachten, spat er af. De grote lus van de g bevat veel rauwe emotie. Pijn ging diep bij deze man en dat liet hij zien ook, in grootse, aandachttrekkende gebaren. Een overdreven vertoon!*

h

✍ Hiermee bepalen we de geestelijke voldoening. Weet de schrijver waar het in het leven om draait en waarom we er zijn? Hoe ver gaat zijn begrip van zijn relatie met het universum? Gelooft hij in zijn eigen opmerkelijke vermogen als uniek individu of loopt hij achter de massa aan en heeft hij dezelfde overtuigingen als iedereen?

Vertrouwen en geloof

Wie gelooft, heeft een eenvoudig maar diep vertrouwen dat alles in het leven precies volgens plan verloopt en dat uiteindelijk alles, hoe beroerd de huidige omstandigheden ook mogen lijken, goed zal komen – beter zelfs: *perfect*, want het geeft je grotere voordelen en diepere vervulling dan je ooit voor mogelijk had gehouden.

Als je geconfronteerd wordt met slecht nieuws of een afwijzing of gewoon een ontmoedigende inzinking in je bezigheden, is het altijd verleidelijk te capituleren en op te geven, vooral als de stemmen der verdoemenis zeggen: 'Het wordt nog erger, je redt het niet!' – zoals stemmen der verdoemenis meestal doen. Maar als je vertrouwen hebt, kun je dat allemaal overwinnen. Zelfs in de ergste crisis kun je de storm doorstaan, als je rustig tegen jezelf zegt dat 'ook dit voorbij zal gaan'. Vertrouwen voorkomt dat je in paniek raakt. Je maakt je niet ongerust, maar laat je meedrijven, waarbij je als het kan verandert en accepteert wat je niet kunt veranderen, omdat je weet dat alles in het leven in cycli verloopt. Net zoals de winter niet eeuwig duurt, maar uiteindelijk plaats moet maken voor de lente, zo zal ook tegenslag tijdelijk zijn.

Vaak weten we de waarde van een crisis pas te appreciëren als deze zijn einde nadert. Uiteindelijk zien we de gouden draad die door alles verweven is, en verwonderen we ons hoe ingenieus alles in elkaar past, hoe de ene struikeling met verbazingwekkende, bijna mysterieuze precisie tot de volgende leidde. Beter nog, het was niet de nutteloze struikeling waarvoor we hem toen aanzagen, maar een waardevol leerproces, iets dat ons sterker maakte en ons voorbereidde op de volgende etappe van onze persoonlijke reis.

Het geloof nu is de zekerheid der dingen, die men hoopt,
en het bewijs der dingen, die men niet ziet.
—Hebreeën 11:1

h

Let op de hoogte van de stok en de omvang van de boog. Hoe hoger de stok, des te idealistischer de schrijver is. Mensen die een *h* met een lange stok schrijven zijn bezig met een persoonlijke zoektocht. Een boog die hoog op de stok zit, duidt op een tevreden persoon, iemand met vertrouwen in het leven en een beter begrip van wat mogelijk is.

Lange stok, met lus: Deze persoon is idealistisch. Hij verwacht veel van het leven – en het leven kon maar beter over de brug komen! Hij kreeg bepaalde waarden en principes van huis uit mee en hij leerde naar het ‘waarom?’ te vragen. Dit kan een vast vertrouwen zijn, maar toch kan het aan het wankelen gebracht worden doordat hij te veel denkt. Hij heeft zo zijn overtuigingen en houdt niet van inmenging van buitenaf.

Lage stok, met lus: Door eigen twijfels aan het dwalen gebracht; is de weg misschien kwijt. Lijkt de zoektocht te hebben opgegeven en genoegen te nemen met een beperkt aantal ideeën. Zit verstrikt in te veel gedachten en angsten. Is misschien defensief. Zou graag geloven dat er iets, iemand is die op ons past, maar is dat wel zo? Verward.

Grote boog, korte stok: Tevreden met het leven. Heeft een aangename, ongecompliceerde visie op de wereld, die zegt: ‘Als je geen moeilijke vragen stelt, hoef je ook geen moeilijke antwoorden te verwerken.’ Geniet liever van wat hij heeft dan verder te kijken. Eenvoudige waarden, eenvoudig geloof.

Kleine boog, hoge stok: Zeer idealistisch. Volgt ongebruikelijke paden zonder te weten waar ze naartoe gaan of wat ze betekenen. Iedere weg biedt nieuwe mogelijkheden, nieuwe vragen. Mist realisme en begrip en moet zich meer ergens op richten en het leven beter onderzoeken. Deze persoon is ver verwijderd van de waarheid.

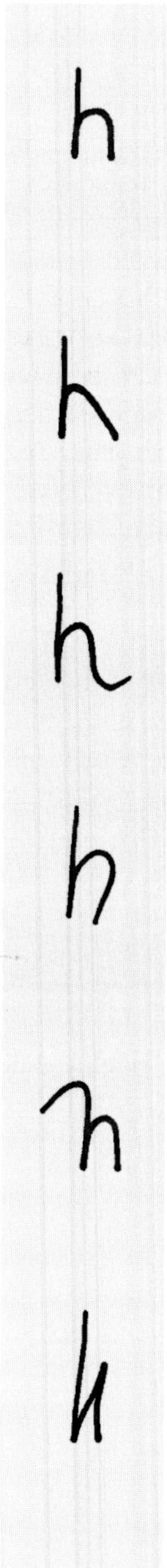

Recht, simpel: Weerspiegelt een rechtlijnige, ongecompliceerde kijk op het leven. Doorgaans een tamelijk gelukkig iemand die weinig eisen stelt en die tevreden is met wat hij nu heeft. Natuurlijk wil hij best meer hebben, maar is ook dankbaar voor wat hij al heeft.

Boog drukt tegen stok aan: Niet-avontuurlijk. Vindt leuk wat hij kent en kent wat hij leuk vindt. Deze persoon heeft een eenvoudig geloof, maar kennis is beperkt. Hij voelt zich prettig in zijn eigen kringetje en ziet geen reden op zoek te gaan naar nieuwe dingen om zich zorgen over te maken. Beperkte visie. Moet groter denken!

Naar buiten krullend: Bereid zijn spirituele ideeën met anderen te delen, maar weigert zijn ideeën te veranderen als anderen hem tegenspreken. Luistert soms niet naar tegenargumenten, uit angst dat de nieuwe informatie strijdig is met zijn overtuigingen. Hij is zo gelukkig genoeg, dank u!

Naar binnen krullend: Houdt zijn persoonlijke overtuigingen voor zich. Geloofsartikels zijn persoonlijk en niet bespreekbaar. Hij trekt een streep waar anderen niet overheen mogen. Heimelijk niet zo zeker van zijn overtuigingen; vreest dat zijn geloof nog sterker wordt ondermijnd door naar tegengestelde visies te luisteren.

Achterwaarts getrokken: Op zoek naar antwoorden, maar kan zijn eigen levensvisie niet scheiden van wat zijn ouders en anderen hem in zijn jeugd hebben geleerd. Elke kans om geestelijke zaken te onderzoeken wordt beperkt door deze conditionering. De noodzaak los te breken wordt afgezet tegen de trouw aan zijn opvoeding.

Puntige boog: Bekrompen visie gekoppeld aan een beperkt begrip. De realiteit beperkt zijn ontplooiing en ondermijnt zijn vertrouwen. Als gevolg van scepsis of angst voor het onbekende blijft hij verstrikt, rusteloos, ongelukkig zelfs, zonder te weten waarom. Is rijp voor een geestelijke ontwaking.

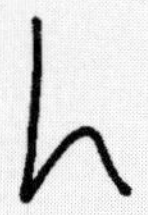

Boog los van stok: Onafhankelijk; iemand die gaandeweg zijn eigen principes vaststelt. Tot nu toe is hij één kant op gegaan terwijl de waarheid over het leven feitelijk elders ligt. Heeft het gevoel dat hij al te ver is om nog te veranderen. Toch nog voldoende ruimte voor innerlijke groei en zelfontdekking.

Stok met halve lus: Weet niet zeker waarin hij gelooft. Soms komt dit doordat de belangen van de schrijver verstrikt zitten in die van iemand anders – een partner of ouders of zelfs een groep. Het verlangen om te leren en te groeien is er, maar dit wordt ondermijnd door externe factoren die de kwestie verwarren.

i

De *i* vertelt je waarop iemand zijn gedachten richt. Gaat hij op in de gebeurtenissen van de afgelopen week of het afgelopen jaar of denkt hij voortdurend vooruit, door mogelijke ontwikkelingen te voorspellen of te analyseren? Of concentreert hij zich liever op het heden, leeft hij bij het moment en laat hij de toekomst voor wat die is?

In het heden leven

'We willen in het heden leven,' zei Henry Ford. 'De enige geschiedenis die van belang is, is de geschiedenis die wij nu maken.' Om werkelijk te leven moet je 'vandaag' begiftigen met ieder sprankje kracht dat je bezit. Grijp de kans te stralen zolang je kunt. Doe het meteen want er zal nooit meer zo'n moment zijn, dat zo vervuld is van beloften en mogelijkheden.

Realistisch bekeken is het heden toch het enige wat we hebben. Wat kan er nog meer zijn? Gisteren is oud nieuws, morgen moet zijn vele wendingen en verrassingen nog laten zien; we kunnen niet anders dan doen wat we kunnen waar we zijn. Dat houdt risico's nemen in, bereid zijn tot positieve daden zonder altijd zeker te zijn van de consequenties, zodra het kan onze capaciteiten zoveel mogelijk op de proef stellen, niet achterover leunen voor het geval zich een betere of veiliger mogelijkheid voordoet. Speel het spel alsof het er iets toe doet en pieker niet te veel als je struikelt en het fout doet.

De waarheid is dat niemand de passen van deze dans kent. Niemand heeft ze ooit gekend. Je ouders niet, je leraren niet, de duizenden zogenaamde deskundigen niet wier visie we zo vaak via de tv of de kranten vernemen. We leren allemaal gaandeweg, van dag tot dag, en we doen het nooit helemaal goed, we hebben de techniek nooit helemaal onder de knie. Maar dat maakt het leven toch juist zo leuk – de onvoorspelbaarheid ervan, dat we nooit alle feiten kennen, dat we nooit weten wat er nu weer zal gebeuren. Wat we wél weten is dat de toekomst en het verleden dode tijd zijn. We kunnen in geen van beide bestaan. Laat die dus varen en leef in het heden.

Leef zoveel je kunt, het is verkeerd het niet te doen.
Het doet er niet zoveel toe wat je precies doet, zolang je je leven maar hebt.
Als je dat niet hebt gehad, wat heb je dan gehad?
—Henry James

i

Kijk naar de punt boven de i. Als de punt links van de stok staat, leeft deze persoon in het verleden of denkt hij over hoe ver hij gekomen is. Tekent hij de punt rechts van de stok, dan richten zijn gedachten zich op toekomstige ontwikkelingen. Een punt pal boven de stok wijst erop dat hij zich liever richt op de gebeurtenissen in het heden.

Punt drijft boven stok: Gericht op het heden. Kan informatie uit alle richtingen opnemen en verwerken. Maakt gebruik van invloeden uit het verleden, is zich bewust van mogelijke toekomstige ontwikkelingen, maar alles met mate. Raakt niet geobsedeerd door een bepaald onderdeel. Verstandige, nuchtere benadering.

Punt links van de stok: Gebeurtenissen uit het verleden zijn belangrijk. Denkt óf dat vroeger alles beter was en repeteert telkens weer oude situaties, óf is gewoon gefascineerd door geschiedenis – algemene, familie- of persoonlijke geschiedenis. Hoe het ook zij, dit leidt af van genieten van het heden. Hoe verder de punt naar links staat, hoe meer dit van toepassing is.

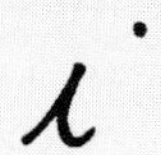

Punt rechts van de stok: Toekomstplannen en ontwikkelingen zijn hier van belang. Hoe de dingen zich ontvouwen, hoe ambities en ideeën vorm krijgen, het effect dat externe factoren op zijn plannen kunnen hebben. Kan niet van het heden genieten door zorgen over de toekomst. Hoe verder de punt naar rechts staat, hoe meer dit geldt.

Punt vlak bij stok: Aandacht is geheel op het heden gericht, misschien wel te veel. De eigen zorgen van deze persoon overheersen en hij steekt al zijn energie in persoonlijke behoeften en wensen. Dat is het enige wat telt. Misschien egoïstisch of geobsedeerd door details. Hij gaat hoe dan ook voorbij aan het grotere geheel en verliest zijn greep op de gebeurtenissen.

Hoge punt: Heeft uitstekend zicht op de zaken en wat er gaande is. Houdt vele factoren in het oog. Inspecteert voortdurend zijn positie en evalueert de sterke en zwakke punten in de huidige situatie. Efficiënt.

Gestreepte punt: Deze persoon maakt zich zorgen over de toekomst en de invloed van komende ontwikkelingen op zijn status en huidige bezigheden. Is bang voor het onbekende en vreest de controle kwijt te raken. Moet zijn uiterste best in het heden doen en de toekomst laten voor wat die is. Moet vertrouwen hebben.

Ronde punt: Een onschuldig lammetje. Naïef, jong van binnen, iemand die weigert volwassen te worden. Uit vrije keus of door de omstandigheden is de schrijver niet gehard of cynisch geworden. Beziet mensen en de wereld met positieve verwachtingen en oogst daarmee passende beloningen.

Geen punt: Denkt altijd aan meer dan één ding. Zijn gedachten zitten overal – verleden, heden en toekomst. Er is te veel gaande, er wordt veel van zijn tijd en energie gevergd. Door de haast worden dingen soms maar half gedaan. Is aan vakantie toe.

Pijlvormige punt: Op zijn hoede, alert en ongerust. Controleert altijd details, vorst informatie na. Waarschijnlijk ook nog behoorlijk gewetensvol. Is bang voor inmenging van anderen en de gevolgen van vergissingen. Kan zelfs neurotisch zijn. Richt zich op het heden om toekomstige fouten te voorkomen.

Streepje als punt: Territoriaal. Hij steekt veel energie in het behoud van de huidige positie. Deze persoon heeft innerlijk een diepe behoefte de dingen te laten blijven zoals ze zijn en zichzelf te beschermen tegen (denkbeeldige) bedreigingen van buitenaf. Door zich af te sluiten, zich te verzetten tegen veranderingen, verzet hij zich tegen zijn lotsbestemming.

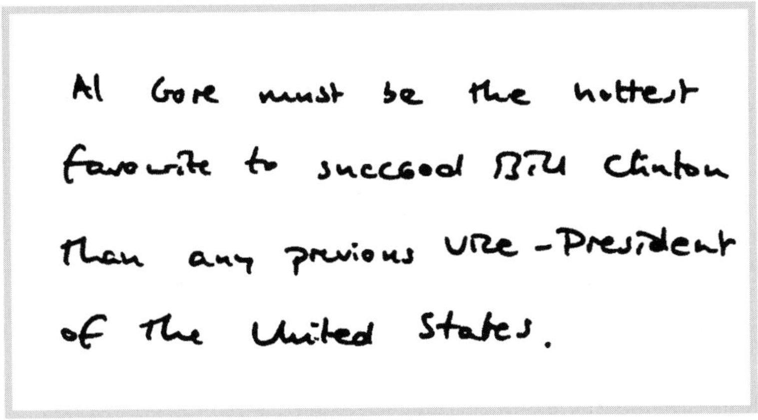

Al Gore moet, anders dan de meeste vice-presidenten van de Verenigde Staten vóór hem, een goede kans maken Bill Clinton op te volgen.

Bijzonder verkrampt en gesloten handschrift, wat wijst op iemand die zijn diepere gevoelens en impulsen ontkent en die daarom zijn emotionele reacties strikt in de hand heeft. De i's met streepjes bewijzen zijn zelfbeheersing. Dit is iemand die houdt van de status-quo en die verstorende verrassingen niet op prijs stelt. Zelfbeschermend en beheerst.

j

✍ Sommige mensen weten zich geen raad met lof. Of ze vinden dat ze het niet verdienen of ze beschouwen elk compliment als vleierij, die zij afdoen als onoprecht. De vorm van de *j* zegt iets over de bescheidenheid van de auteur; is lof een ongewenst extraatje of grijpt hij elk beetje geruststelling dat hij krijgen kan met beide handen aan?

Goedkeuring

Goedkeuring is goed voor ons. We gedijen er bij. Niemand kan de kracht van een compliment op het juiste moment weerstaan, een paar vriendelijke, bemoedigende woorden die recht uit het hart komen. De uitwerking ervan is krachtig en magisch. Ineens verdwijnen de donkere wolken en we voelen trots, vervoering en, belangrijker nog, we willen het de volgende keer zelfs nog beter doen.

Daarom is het heel belangrijk dat je degenen die je liefhebt prijst. Doe het onvoorwaardelijk bij elke kans die zich voordoet. Wees niet terughoudend of wacht niet het juiste ogenblik af. Het juiste ogenblik is nú – om je kinderen te prijzen, om ze aan te moedigen te slagen en te gedijen in elke richting die goed voor hen is; om vrienden te feliciteren met hun werk, hun kleren, hun kapsel of hun auto; om iedereen die iets voor je betekent te steunen en te koesteren. Doe het ruimhartig en genereus. Doe het niet uit persoonlijk winstbejag of met het oog op wat je erbij zou kunnen winnen, maar omdat je het wilt en omdat je weet dat het de andere een geweldig gevoel geeft. Als ze jou niet ook complimenteren, dan geeft dat niet – misschien de volgende keer. Maar als ze jou op jouw beurt ook prijzen, aanvaard dat dan hoffelijk. Trap niet in de val van de valse bescheidenheid door de vriendelijke woorden af te wimpelen alsof je wilt zegen: 'Ik? O nee, ik ben je aandacht niet waard.' Dat is flauwekul. Jij bent heel bijzonder, en je bent alle aandacht waard! Zie het als een teken dat je eindelijk eens een keer iets goed doet!

Schep altijd een sfeer van beloningen rond jezelf. Hoe meer lof je anderen kunt geven, des te meer krijg je terug.

Vaak wilde ik dat ik tijd had
om bescheidenheid te kweken,
maar ik heb het te druk met over mezelf denken.
—Edith Sitwell

j

Kijk naar de staart van de j. Hangt hij recht naar beneden? Zo ja, dan weet je dat deze persoon van complimenten houdt – 'alle lof dankbaar aanvaardt'. Als de staart een lus wordt, is de schrijver bescheidener en wimpelt hij complimenten af. Hij weet al wat zijn goede kanten zijn; dat hoef je hem niet te vertellen.

Met lus: Waarschijnlijk te bescheiden over zijn eigen prestaties. Zal eerder lof over anderen zwaaien: 'Dit had ik alleen niet aangekund. Het was een prestatie van de groep.' De complimenten moeten oprecht zijn. Hij heeft geen tijd voor goedkope vleierij, dus bespaar je de moeite.

Recht naar beneden: Geniet van goedkeuring; zoekt het actief uit. Wil weten of hij op het goede spoor zit, dat zijn besluiten juist zijn. Zoekt bevestiging. Kan niet genoeg complimenten krijgen. Doet alles om lof te oogsten en geniet daar zichtbaar van.

Gekruld: Houdt af en toe van een loftuiting, indien welgemeend. Kan oprechtheid en doen alsof goed onderscheiden. Laat zich niet vangen door vage bewoordingen van goedkeuring – moet wel duidelijk zijn. Aanmoediging is van groot belang; deze persoon zal veel beter functioneren als je hem op de juiste manier behandelt.

Grote lus: Heeft grote problemen met het hele idee van goedkeuring. Heeft die als kind waarschijnlijk niet veel gehad, waardoor hij zich er nu ongemakkelijk bij voelt. Zelfs als hij lof verdient kan hij die niet aanvaarden. Soms wantrouwt hij je motieven en wordt hij defensief. Wil het niet horen. Zijn zelfvertrouwen moet flink opgepept worden.

Naar binnen gebogen: Hij kan gewoon niet geloven dat je iets aardigs zei. 'Wie, ik? Bedoel je echt mij?' Bloost en stroomt over van valse bescheidenheid. Net als iedereen houdt deze persoon van goedkeuring, maar hij is onzeker en vindt dat hij geen aandacht verdient.

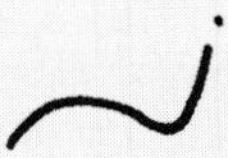

Van onder uitzwaaiend: Vraagt overal lof, maar waarom? Belust op het juiste soort aandacht; smacht naar verering en respect en spant zich zeer in om zichzelf in de juiste positie te manoeuvreren om die te krijgen. Diep van binnen is hij zeer onzeker.

Gekruld, met slothaal: Doet alsof hij door niemand geprezen hoeft te worden. Hij deinst bijna ongelovig terug, uit angst dat hij voor de gek wordt gehouden of wordt gevleid. In zijn hart wil hij goedkeuring van het juiste soort mensen. Maar zal hij het kunnen accepteren, wanneer ze het ook doen?

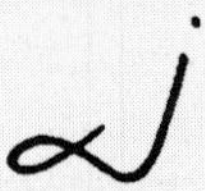

Draai met bocht: Vriendelijk, staat open voor complimenten, en is bereid zijn best te doen om ze te verdienen. De uiterlijke persoonlijkheid kan echter een andere agenda verhullen die goed verborgen blijft. Sommige aspecten van het karakter of de motieven van deze persoon worden niet getoond. Waar ís hij op uit?

k

> Aan de vorm van een *k* kun je zien hoe liefhebbend en koesterend de schrijver is en of hij zijn emoties openlijk laat zien; en ook hoeveel affectie deze persoon ervoor terug verlangt. Kortom, is hij een gever of een nemer? Aan de hand van de k kun je ook zien hoe charmant en overredend hij kan zijn.

Genegenheid en charme

Is er iets natuurlijkers dan een omhelzing? Het is een van de dankbaarste, maar tegelijkertijd ook een van de meest verkeerd begrepen lichamelijke handelingen die er zijn. Omhelzen is niet iemand vastpakken en knijpen tot hij blauw ziet. Het is een manier om hartsenergie over te dragen – je legt je armen om iemand heen, hij legt zijn armen om jou heen en zo sta je eventjes, borst tegen borst, en je wisselt enkele kilowatt warmte en emotie uit. Het is heel goed voor het gestel.

Maar niet iedereen weet raad met een stevige omhelzing. Ik heb mensen gekend wier emotionele draadjes zo verstrikt waren dat ze nog liever een levende tarantula in hun broek zouden doen dan dat ze een ander zouden aanraken, vooral in het openbaar voor ieders ogen en vooral als het om iemand van hetzelfde geslacht gaat. Dat is toch gek? Ik bedoel, welk weldenkend mens laat verlegenheid in de weg staan van een prettig moment?

Als twee harten elkaar ontmoeten – letterlijk ontmoeten, want dat doen ze als je iemand omhelst – gaat er een grote stroom energie van de een naar de ander. Dit is een bijzonder, geruststellend ogenblik, dat ongelooflijk veel energie kan geven. Omhelzingen zijn tenslotte versterkende middelen. Ze verheffen de levenslust en zorgen dat we een beter gevoel krijgen, niet alleen over degene die we omhelzen, maar ook over onszelf.

Laat de kans iemand om wie je geeft te omhelzen nooit schieten. Omhels hem stevig en lang. Doe het zo enthousiast dat je het gezoem van de elektrische lading tussen jullie kunt voelen. Deze dingen spelen een belangrijke rol in het leven; ze tellen mee. Laat ze niet aan je voorbijgaan.

Pluk nu de roos, en niet gedraald
De tijd blijft zich maar reppen;
Dezelfde bloem die heden straalt,
zal morgen reeds verleppen.
—Robert Herrick

k

Kijk naar de grootte en vorm van de armen van de *k*. Hoe langer de onderste arm is, des te charmanter en overtuigender de schrijver zal zijn. Maar als beide armen lang en uitgerekt zijn, betekent dat meestal dat hij het heerlijk vindt genegenheid te geven en te ontvangen. Omhelzingen staan zeker op het menu!

Uitgestrekte armen: Heeft liefde nodig zoals bloemen zonlicht. Leent zich zeer goed voor omhelzingen en laat graag zien dat hij om anderen geeft door aandacht te geven. Is niet bang zijn emoties te tonen of extravert te zijn bij degenen die hij liefheeft. Zijn gevoelens zijn oprecht en worden openlijk getoond. Maar hij verwacht hetzelfde terug – omhelzen dus!

Met lus en wimpel: Is graag aardig tegen anderen, toont zijn genegenheid en kan tot op bepaalde hoogte ook charmant zijn. Heeft een tamelijk nuchtere, geslepen kijk op liefde. Laat zich niet gemakkelijk inpalmen. Stelt graag grenzen en wil dat anderen zich eraan houden. Zijn affectie kan soms mechanisch zijn of worden aangewend ten behoeve van zijn eigen doeleinden. Nauwgezet, maar liefhebbend.

Verlengde onderarm: Hij zegt: 'Vertrouw me, ik ben echt,' maar dat kan weleens niet zo zijn, dus pas goed op. Charme wordt gebruikt als middel tot een doel. Vriendelijke woorden vermengd met glimlachen en charisma geven een aangenaam, aantrekkelijk beeld, maar het is allemaal een klein beetje onnatuurlijk. Is zich heel goed bewust van zijn eigen overredingskracht. Zou een heel goede verkoper zijn!

Verlengde bovenarm: Komt tekort aan charme, legt te veel de wet op. Geeft liever bevelen dan dat hij ze krijgt. In relaties zou hij weleens een tikje lastig en veeleisend kunnen zijn. Als de schrijver zijn zin niet krijgt, kunnen zijn woorden versluierde dreigementen bevatten. Dat kan tot lastige situaties leiden. Meer een nemer dan een gever. Het is soms moeilijk hem lief te hebben.

Armen te ver uitgestrekt: Zeer extravert, met een grote hunkering naar liefde. Deze persoon kan wanhopig op zoek lijken te zijn naar waardering en liefde. Zijn behoeften kunnen overweldigend zijn. Altijd op zoek naar bevestiging en een gevoel erbij te horen en hij zal geen middel schuwen om zijn beloning te krijgen.

Korte armpjes: Onderdrukt zijn emoties uit angst dat hij voor aap staat. Heeft zijn emotionele bereik beperkt, waardoor hij menige aandrang en behoefte in zijn binnenste heeft opgesloten. Houdt de genegenheid van anderen liever af dan dat hij hen te dicht in de buurt laat komen.

Geschaarde armen: Voelt zich niet op zijn gemaak bij al te duidelijk vertoon van emoties – kussen, omhelzen, te veel aandacht. Of hij weet niet hoe hij moet reageren, óf hij raakt in verlegenheid bij lichamelijk contact uit vrees dat hij zich laat gaat en anderen in zijn persoonlijke levenssfeer binnenlaat.

Verticale bovenarm: Streng voor zichzelf en anderen. Onder de vriendelijke oppervlakte ligt een onbuigzaam karakter, iemand met geheime krachten die hij zo nodig zal gebruiken. Als daarvoor iemand tot de orde moet worden geroepen, dan is dat maar zo. Eén foutje kan je duur komen te staan.

Scherpe onderarm: Ongeduldig. Zegt waar het op staat. Pikt geen onzin. Komt terzake en dat moet jij ook doen. Zijn lessen op de school der charme zijn vergeefs geweest! Hij heeft duidelijke eisen en verwachtingen en daar kunnen anderen maar beter aan voldoen, anders kunnen er wel eens problemen komen.

Losse armen: Onoprecht en achterbaks. Hij zegt: 'We houden contact,' maar belt nooit terug. Zij zegt: 'Je bent geweldig – laten we een keer gaan lunchen,' en spreekt je nooit meer. Het tonen van genegenheid is een sociale vaardigheid en heeft geen betekenis. Laat je niet betoveren.

Lange stok: Idealistisch over liefde. Verwacht grote dingen op grond van hartelijke betrekkingen, maar is zelden tevreden over het resultaat. Anderen houden zich zelden aan hun beloften. Deze persoon gelooft ongetwijfeld dat de liefde alles overwint, reden waarom hij wanhoopt als anderen daar anders over denken.

Armen gaan door stok heen: Omhelzingen zijn niet onvoorwaardelijk. Heeft een sterke honger naar liefde die nooit gestild kan worden. Hij hunkert ernaar gekoesterd te worden en vindt dat hij nooit goed gewaardeerd wordt. Ergens zit een leegte. Moet de oorzaak achterhalen: los conflicten met ouders op en begin opnieuw.

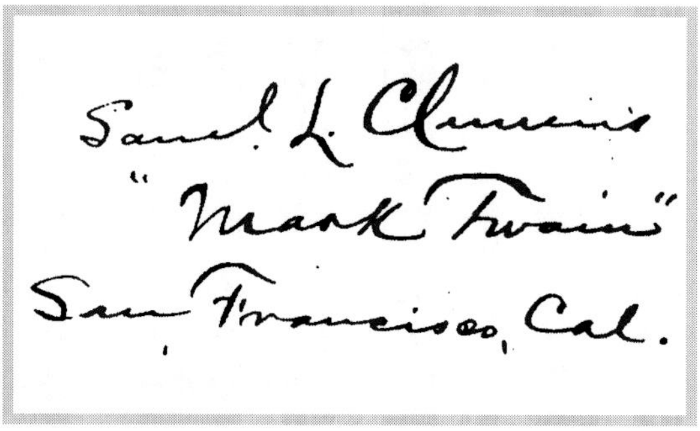

Samuel Langhorne Clemens
'Mark Twain'
San Francisco, Cal.

Handtekening van **Samuel Langhorne Clemens**, *alias* **Mark Twain**. *De onderste arm van zijn* k *laat zien hoe overtuigend hij kon zijn. Als hij wilde kon hij de vogels uit hun bomen lokken. Maar schijn kan bedriegen. In werkelijkheid was hij onder de oppervlakte niet zo vriendelijk en vrolijk.*

1

> ✍ Een *l* laat zien hoe vastberaden iemand zijn ambities nastreeft. Dat hoeven geen grootse of ingewikkelde ambities te zijn; het kunnen eenvoudige doelen zijn voor een gematigd succesvol leven. Maar wat de plannen of dromen ook zijn, de l laat ons zien hoe graag de schrijver ze wil laten uitkomen.

Ambitie — de wil te streven en te slagen

Ieder van ons is tot veel grote dingen in staat, meestal veel groter dan we ons kunnen voorstellen, maar te vaak doen we ons werkelijke vermogen tekort. Uit angst, weinig zelfvertrouwen of zelfs luiheid nemen we uiteindelijk genoegen met minder dan we verdienen. Veel mensen met unieke gaven en mogelijkheden die hen, als ze die ijverig en dapper zouden aanwenden, aan de top van hun vakgebied zouden brengen, gooien alles weg nog voor ze begonnen zijn. Zij stellen hun doel te laag, uit angst een risico te nemen, bang grote dromen te dromen en te veel te vragen zoals anderen doen, voor het geval ze zich verrekken en vernederd weer op de grond vallen.

Een klein groepje echter kampt niet met het eeuwige risico op een mislukking, maar met het nog grotere risico dat *ze zouden slagen*. In hun ogen kan alles. Ze hebben misschien net zo veel goede kwaliteiten als de anderen, maar hun houding is anders: ze staan klaar om die kwaliteiten te benutten en ze grijpen elke kans aan om te bloeien en te groeien en zich aan de wereld te bewijzen. En omdat zij zich niet terneer laten slaan door twijfel of pessimisme, maar juist doorgaan tot zij hun doel bereikt hebben, eindigen zij altijd ergens in de buurt van de top. Dat is geen verrassing. Zij geloofden dat ze het konden en ze hebben hun gelijk bewezen.

Hoe groot of bescheiden je ambities ook zijn, of je nu de beste huisvrouw, leerling of verkoper in je bedrijf wilt zijn, of de mooiste tuin in de buurt wilt hebben, het enige wat van je gevergd wordt is dat je van ganser harte je best doet. Voorzie bij je inspanningen alleen succes; accepteer niets minder. Stijg uit boven je angsten en vermeende beperkingen. Als je denkt genoegen te nemen met minder dan je toekomt, wees dan bereid te veranderen. Het is tijd om een paar van die oude veronachtzaamde dromen glorieus uit te laten komen. En dan zet je 'm op.

Wat het ook is dat je kunt, of droomt te kunnen, begin eraan.
Dapperheid heeft genie, kracht en magie in zich.
—Goethe

l

Kijk naar de hoogte van de *l*. Een lange *l* wijst erop dat de schrijver weet wat hij wil en vastberaden zijn dromen najaagt. Hoe kleiner en stompiger de *l* wordt, des te vager zijn de doelen. Hij beseft misschien wel dat hij meer wil, maar tot dusver weet hij nog niet wat dat 'meer' wel zou mogen zijn.

Krachtig, lang met kleine of geen lus: Iemand die zijn doeleinden vastberaden nastreeft. Ergert zich aan mensen die de lat lager leggen. Succes kan komen, maar ten koste waarvan? Hij moet niet vergeten: het is de bedoeling dat je een lang én veelomvattend leven leidt!

Lang, met lus: De plannen en dromen van deze persoon zijn mogelijkheden, maar dat zal hem niet tegenhouden. Hij verrast zichzelf en anderen door het onmogelijke te bereiken. Hij begint ergens aan zonder te weten of hij het tot een goed einde kan brengen. Maar niettemin lukt het hem, zij het op het nippertje. Slim.

Klein, stomp: Bescheiden doelstellingen, gepaard met een persoonlijkheid met weinig pit, geen drang om te presteren. Wat hij tot nu toe heeft gedaan, is slechts een fractie van wat mogelijk is. Moet zich bezinnen op de doelstellingen in het leven, anders kan de huidige levensstijl later tot frustratie leiden.

Gespleten in het midden: Innerlijk conflict. De schrijver koestert zijn eigen ambities en dromen, maar invloeden van buitenaf – ouders, leraren, partners enz. – hebben zijn eigen ik onderdrukt. Onzekerheid belemmert de ontwikkeling naar echte vervulling. Moet zijn hart volgen en ongevraagde adviezen negeren.

Achterwaarts gekruld: Lessen en invloeden uit het verleden vertroebelen oordeel en beperken doeltreffendheid. Deze persoon heeft het gevoel dat hij in twee tegengestelde richtingen wordt getrokken en dat hij te vaak de middenweg heeft gekozen door minder te nemen dan hij verdient. Het is tijd dat hij zich losmaakt en eerlijk tegen zichzelf is.

Kort en dik: Werkt koortsachtig op de korte termijn omdat hij op de lange termijn vreest het af te leggen. Mogelijk een gulzig individu. In zijn hart voelt hij zich onzeker over zichzelf en zijn mogelijkheden, dus doet hij te veel zijn best. Moet rustiger aan doen en de tijd nemen om de rozengeur te ruiken.

Met grote lus: Hier gebeurt een heleboel. Misschien wel te veel! Er gaan zo veel gedachten en wensen in hem om. Denkt dat hij alles kan bereiken als hij zich erop stort, maar waar moet hij beginnen? Antwoord: prioriteiten stellen. Minder nadenken, meer richten op de gekozen onderneming.

Veel te lang: Bouwt luchtkastelen. Onpraktische kijk op zijn eigen talenten. Het heeft geen zin krachtdadig te zijn en een doel te hebben als dat doel onbereikbaar is. Moet met beide benen op de grond staan. Zou baat hebben bij meer realisme en een steviger fundering.

Afhangend: Vaak het teken van een recente tegenslag in de carrière. Onfeilbare plannen vertoonden misschien toch gebreken. Ondanks zijn inspanningen en vertrouwen zijn zijn dromen in het honderd gelopen en begint hij de moed te verliezen. Het is maar tijdelijk. Zijn vertrouwen is geschaad en heeft een zetje nodig.

In de lucht hangend: Een dromer die door zijn omgeving met beide voeten op de grond wordt gehouden. Zijn verlangen groots te denken, de realiteit te ontvluchten of bepaalde doelen te bereiken zonder goede ondergrond is bijna overweldigend. Heeft een iets nuchterder kijk op zijn mogelijkheden nodig.

Lange dubbele l: Behoorlijk tevreden met de huidige progressie. Heeft bereikt waar hij op uit was, en er moet nog een heleboel komen. Dit is iemand die zijn dromen heeft verwezenlijkt, vaak tegen de verwachting in, en die onstuitbaar nieuwe doelen najaagt. Goede vooruitzichten.

Stompe dubbele l: Hij is ofwel gefrustreerd over zijn werk en op zoek naar nieuwe mogelijkheden, ofwel hij heeft zijn top bereikt. Hoe het ook zij, deze persoon heeft capaciteiten die verder reiken dan zijn huidige positie en hij leeft niet overeenkomstig zijn mogelijkheden. Waarom niet?

Linker stomp, rechter lang: Vanbuiten lijkt deze persoon misschien tevreden en gelukkig, maar vanbinnen is hij gefrustreerd dat hij niets bereikt. Zijn daden gaan niet gepaard met geloof en zelfvertrouwen. Zijn carrière is de verkeerde kant opgegaan. Het ware geluk bevindt zich elders.

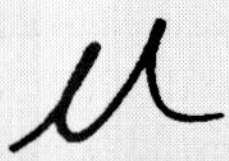

Linker recht, rechter gespleten: Gestrest. De schrijver is zeker van zijn carrière, maar heeft geen langetermijnvisie als gevolg van kortetermijnproblemen. Elke dag zijn er nieuwe crises; het kost hem al zijn energie om daarmee om te gaan. Moet tijd vrijmaken om zich te beraden en nieuwe plannen te maken.

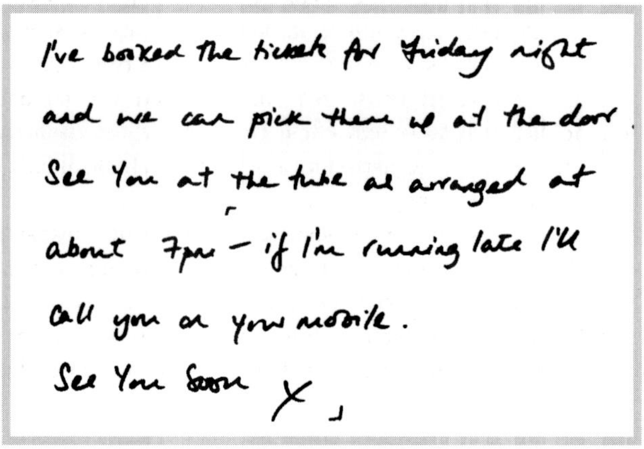

I've booked the tickets for Friday night
and we can pick them up at the door.
See you at the tube as arranged at
about 7pm – if I'm running late I'll
call you on your mobile.
See you soon X

Sterk, vastberaden, ambitieus. De l *van deze vrouw lijkt misschien klein, maar in vergelijking met de rest van de letters is deze vrij groot. De lange enkele* l *in 'laat' wijst op haar vermogen doelen te stellen en die te bereiken door middel van vasthoudendheid, terwijl de dubbel-*l *in 'bellen' ons vertelt dat ze, hoewel enigszins gestrest, bevrediging vindt in haar werk en vooruitgang boekt.*

m

Met de *m* kan het machtsevenwicht in een relatie worden bepaald. Hij zegt ons wie van de partners overheerst en wie het meeste doet om de zaak gaande te houden. Het is ook een goede methode om te zien of een van hen vreemdgaat!

Evenwicht in relaties

Een echt evenwicht is in bijna elke situatie moeilijk te bereiken, maar nergens is het zo moeilijk als tussen partners in een liefdesrelatie. Als de wittebroodsweken voorbij zijn, begint de realiteit en vaak ontdekt het stel dan heel wat scherpe kantjes die eraf gehaald moeten worden. Ongetwijfeld is de inténtie in de meeste gevallen een mate van gelijkheid en evenwicht te bereiken waarbij beide partijen elkaar ruimte en vrijheid geven en geen van beiden overheerst – in een perfecte wereld moet het zo zijn – maar in de realiteit is dit gewoon onmogelijk. Twee mensen zijn nooit exact gelijkwaardig, hoe goed ze ook hun best doen. Uiteindelijk wordt een van de twee meestal de drijvende kracht en motivator die de toon aangeeft voor de hele relatie.

Als beiden deze onbalans accepteren, is er natuurlijk niets aan de hand; de relatie moet het overleven. Zo niet, dan zijn er problemen. We zijn allemaal op zichzelf staande wezens, met onze specifieke regels en grenzen en behoeften; niemand van ons heeft het recht zijn wil aan een ander op te leggen – thuis, op het werk, nergens – noch zouden we ons moeten onderwerpen aan intimidatie, zelfs als we toevallig houden van degene die intimideert. Of je nu vijf maanden of vijftig jaar een relatie hebt, je hebt de plicht eerlijk te zijn tegen jezelf en zeggenschap te houden over je eigen lot.

Als we ons leven delen met een speciaal iemand, betekent dat nog niet dat we dan ook onze persoonlijkheid opgeven, of dat we onze dromen moeten opofferen omdat onze partner er niet mee instemt. We moeten naar evenwicht streven, eerlijk zijn en bereid zijn tot compromissen als het er echt op aan komt, maar we moeten ook ons doel altijd trouw blijven en het goede doen.

Het huwelijk is iets prachtigs.
Maar een bandenplaksetje ook.
—Billy Connolly

m

✍ **Kijk naar** de grootte van de poortjes van de m. Beoordeel welke poort het grootst is, rechts of links? De linkerpoort vertegenwoordigt de schrijver, de rechter zijn of haar partner. Welke van de twee de grootste is bepaalt welke partner de relatie domineert en doorgaans de toon aangeeft.

Even grote poorten met lusjes: Dit is iemand die zeer actief betrokken is bij de relatie. De poorten wijzen op een duo met wederzijds respect, van wie niemand overheerst en die beiden hun zegje kunnen doen. Culturele invloeden bepalen de normen. Deze twee kunnen wel klagen over elkaar, maar dit is een echte liefdesband.

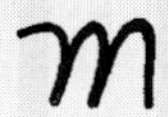

Even grote poorten, geen lusjes: Evenwichtige relatie waarin geen van beiden de leiding neemt. Beide partners laten zich leiden door hun eigen sterke punten en vertrouwen op de liefde en steun van elkaar om zwakke punten goed te maken. Niet onstuimig of wispelturig. Er is wederzijds begrip – compromissen gesteund door een verlangen het goed te laten gaan.

Grote linkerpoort: De schrijver domineert. Misschien omdat een zwakke partner hem of haar de kans geeft, maar er kan ook een specifiekere reden zijn; misschien is de partner ziek en heeft deze zorg en hulp nodig. (Of misschien is er momenteel geen ander.) Mist evenwicht; kan problemen opleveren als er van tevoren geen afspraken zijn gemaakt over de mate van overheersing.

Grote rechterpoort: Partner van schrijver overheerst. Om welke reden dan ook staat de schrijver zijn of haar geliefde toe het voortouw te nemen en veel van de belangrijke beslissingen te nemen. Er kan een element van heldenverering in zitten; heeft misschien te veel vertrouwen in de partner. Moet minder afhankelijk en assertiever zijn.

Klein: Waar is de lol? Mist uitbundigheid en grote passie. Liefde is doorgaans slappe boel. De relatie kan met een knal zijn begonnen, maar hij kabbelt nu voort met af en toe was geruis. Misschien kan een tweede huwelijksreis de zaak nieuw leven inblazen.

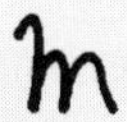

Hoge linkerpoot: Deze persoon voorziet relaties van strenge normen. Blijvende waarden en principes van ouders krijgen de voorrang boven zijn eigen ideeën. Verwacht van de partner dat deze eraan voldoet, want anders... Hoe hoger de poot is, des te strenger en uitgesprokener de normen zullen zijn.

Geen rechterpoort: Waarschijnlijk op het moment geen partner. Er zit een gebrek aan evenwicht in; een relatie werkt in het voordeel van de schrijver. Ofwel hij heeft nog geen geluk gehad en de juiste persoon niet gevonden, ofwel zijn partner is om welke reden dan ook vertrokken. Wees tactvol als je ernaar vraagt.

Puntig: Een beetje onvolwassen, te beheerst. Kan zich niet laten gaan en de relatie op een natuurlijke manier laten ontplooien. Als gevolg van onervarenheid of weerzin tegen experimenten heeft deze persoon vastomlijnde opvattingen over hoe hij en een partner zich behoren te gedragen. Onder druk kunnen zich barsten vertonen.

Drie poorten: De schrijver kan twee geliefden tegelijkertijd hebben. Er wordt aan twee kanten aan hem getrokken en hij kan zich niet 100 procent binden aan een van beiden. Hoewel hij om beiden geeft kan hij zich er niet toe zetten een keuze te maken. Klinkt als een recept voor problemen.

Gescheiden poorten: Er is een afstand tussen de partners. Twee mensen die het huiselijk leven delen, maar voor het overige hun eigen gang gaan. Beiden hebben hun vrijheid, maar dit gaat ten koste van echte intimiteit. Dit gaat vaak heel goed, maar voor sommigen kan het moeilijk zijn.

n

> ✍ Deze letter houdt duistere geheimen diep verborgen. De *n* laat ons zien of iemand open en toegankelijk is of gesloten en behoedzaam. Hoeveel informatie geeft hij over zichzelf prijs? Hoe lang duurt het voor je echt weet hoe hij is? Een week? Een jaar?

Geheimhouding

In mijn ogen zijn de interessantste mensen om mee om te gaan niet degenen die het nodig vinden je bij te praten over elk detail van hun leven, maar degenen die hun privé-aangelegenheden privé wensen te houden. Hoe minder je over ze weet, hoe intrigerender ze worden. Alle belangrijke dingen – details over hun persoonlijk leven, nieuws over het laatste project waar ze mee bezig zijn, hun toekomstplannen, alle dingen die alleen hun wat aangaan – blijven wat ze horen te zijn: geheim. Waarom? Omdat zij lang geleden een eenvoudige levensles hebben geleerd: zich niet in de kaart te laten kijken en nooit en te nimmer te zeggen wat ze gingen doen – tot ze het gedaan hebben. De boodschap luidt met andere woorden: houd je mond!

Zodra je je ideeën en plannen overal gaat rondbazuinen, breng je ze om zeep. Hoe meer je zegt en hoe meer je opschept, hoe meer energie je verspilt die je anders had kunnen gebruiken om je doel te bereiken. Al snel zul je ontdekken dat het idee is verouderd en je het zelf de das om hebt gedaan. Je kunt maar beter je plannen voor je houden. Zeg altijd zo min mogelijk.

Als je echter toch zo nodig met iemand je plannen wilt bespreken, kies je bondgenoten dan zorgvuldig uit. Praat alleen met degenen van wie je weet dat ze je zullen steunen en aanmoedigen. Als je de spelbrekers munitie tegen jezelf geeft, verbaas je dan niet als ze doen wat spelbrekers graag doen: ze proberen je te ontregelen met twijfels en ontmoedigende opmerkingen. Als je gelooft in je plannen en als je intuïtief voelt dat je op het juiste spoor bent, moet je het zelfvertrouwen hebben er zelf helemaal achter te staan. Wees dapper, wees enthousiast, maar wees bovenal als het even kan stil.

Je kunt geen reputatie verwerven
door wat je gáát doen.
—Henry Ford

n

Kijk naar de poort van de n. Een volledige poort die oogt als een tunneltje duidt op een gesloten persoon wiens karakter diverse facetten heeft, maar die niet snel veel van zichzelf laat zien. Naarmate de poort onvollediger is, zal de persoon opener zijn.

Volledige poort: Zegt niet veel, dus je zult nooit het hele verhaal horen. Zal het ook niet leuk vinden als je verder vraagt. Een gesloten individu, behoedzaam over veel aspecten van zijn leven. Hoeft niet geheimzinnig of mysterieus te zijn, maar hoe langer je hem kent, hoe meer hij je zal verrassen met zijn diepgang en inzichten.

Onregelmatig: Vertelt je zijn hele levensverhaal, vaak zonder aanmoediging. Altijd open en toegankelijk. Geeft meningen en details van zijn persoonlijke leven aan ieder die het wil horen. Is misschien oppervlakkig of mist zelfvertrouwen en hunkert naar aandacht. Hoe dan ook, amusant.

Afdalend: Houdt zich heel erg op de vlakte. Wil niet dat iemand de sluier optilt en zijn gedachten probeert te lezen. Beschermt informatie, persoonlijke dromen en verlangens; houdt die misschien zelfs geestelijk gevangen. Terughoudend, wil geheimzinnig overkomen. Niet de gemakkelijkste persoon om mee om te gaan.

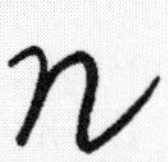

Poort, met wimpel: Weerbarstig. Wil belangstelling voor zijn gedachten, maar wil ook wat geheimzinnigheid behouden. Onafhankelijk en teruggetrokken, maar niet zo sterk dat anderen geen levendige belangstelling mogen hebben. Kan onjuiste informatie over zichzelf geven om waarheid voor vrienden en collega's te verbergen.

Heel groot: Persoonlijke gedachten zijn misschien diepzinniger dan je zou verwachten. Onder de onvolwassen, verlegen of zelfs afwerende buitenkant ligt een labyrint van onopgeloste raadsels en veel persoonlijke vragen die nog gesteld moeten worden. In bepaalde opzichten houdt deze persoon volledige volwassenheid op een afstand.

Afgeknepen: Bedrieglijk intens. Richt zich op een verzamelingetje privé-problemen, die hij niet snel aan anderen zal vertellen. Lijdt inwendig misschien hevig of maakt zich zorgen over het leven, maar het zal moeilijk zijn een specifieke oorzaak aan te wijzen.

Met poort maar eenvoudig: Zwijgt uit fatsoen of uit gewoonte over privé-kwesties. Zegt niet snel iets over persoonlijke dingen. Vertelt je wat je moet weten maar meer ook niet. Voelt geen behoefte met jan en alleman persoonlijke visies te bespreken.

Hangbrug: Zeer open en toegankelijk. Heeft niets te verbergen, vertelt alles aan iedereen. Doorzichtig en openhartig, misschien zelfs nogal oppervlakkig en praatziek. Ziet er geen heil in de waarheid over zichzelf te verbergen; kan er niet tegen als anderen hun geheimen niet prijsgeven.

Opgerekt: Geheimzinnig over veel kleinigheden. Die hoeven geen verband met elkaar te houden en zijn in de ogen van de buitenwereld waarschijnlijk onbelangrijk, maar dat kan hem niet schelen – hij wil gewoon bepaalde aspecten van zijn leven verborgen houden. Als je diep gaat graven, zoekt hij uitvluchten en schrikt hij terug.

Met poort maar klein: Wat hij privé-zaken noemt, interesseert waarschijnlijk toch niemand iets. Beschermt zijn zaakjes gewoon van nature. Sommige mensen zouden kunnen denken dat hij iets te verbergen heeft, maar volgens hem geven deze geheimpjes zijn persoonlijkheid iets intrigerends.

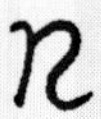

Gebogen: Verlegen. Deze verlegenheid kan echt zijn, maar het is even waarschijnlijk dat het gekunsteld is. Houdt zijn ideeën, plannen, gedachten en dromen graag voor zich. Maakt anderen graag lekker en hij geniet van de opwinding van de jacht als zij proberen te raden wat hij echt van plan is.

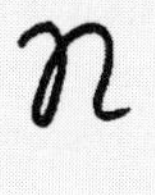

Met lus: Gecompliceerd. Ergens verborgen in de teruggetrokken aard van deze persoon ligt een aantal vragen en twijfels dat nooit aan het licht is gekomen of helemaal opgelost is. Onzekerheden houden zich schuil, zijn bedekt en vergeten. Demonen moeten worden uitgebannen.

Ingedrukt: De schrijver heeft zich teruggetrokken in een defensieve positie om de wereld op een afstand te houden. Misschien hebben de omstandigheden hem gedwongen afstand te houden. Nu wil hij tot op zekere hoogte alleen gelaten worden om rustig verder te leven.

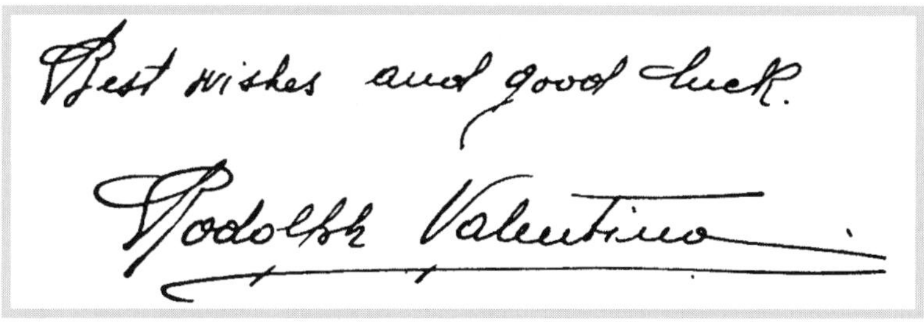

Rodolph Valentino. *Duidelijk een gevoelige, vriendelijke en fatsoenlijke man, maar ook zeer veeleisend, zowel voor zichzelf als voor anderen. De* n *in 'en' laat zien hoe toegankelijk hij was – bereid bij de minste aanleiding zijn ideeën en gevoelens prijs te geven. Deze man was een open boek.*

Een terughoudende n. *Dit is een vrouw die haar zaken voor zich houdt. Ze vertelt anderen wat ze moeten weten en niet meer. Die hoge, smalle* n*-en laten zien dat ze op diverse niveaus vele geheimen heeft. Je zou haar redelijk goed kunnen kennen en toch weer helemaal niet.*

O

✍ Aan de hand van de *o* zou je moeten kunnen zien hoe vrijgevig de schrijver is. Is hij een gever of een nemer? Naar wie gaat zijn loyaliteit uit? Denkt hij eerst aan anderen en wil hij anderen een plezier doen of komt hij voortdurend op voor zijn eigen belangen en stelt hij zichzelf op de eerste plaats?

Generositeit

Altruïstische vrijgevigheid wordt altijd beloond. Je hebt het vast al heel vaak gehoord: 'Wie goed doet, goed ontmoet.' Met andere woorden, wat je investeert, komt uiteindelijk weer terug, niet in dezelfde hoeveelheid maar vermenigvuldigd.

Zo moet je ontspannen omgaan met het geld dat je nu hebt om in de toekomst een grote som te krijgen. Je moet het niet oppotten of elk dubbeltje omdraaien voor het geval je tekortkomt. Angst voor armoede brengt de armoe alleen maar dichterbij. Geef je geld liever onverschrokken uit en wees vrijgevig – in het vertrouwen, in de *overtuiging* dat wat je uitvoert zeker bij je terug zal komen, in overvloed en op een geweldige manier. Misschien niet morgen, noch volgende maand, maar het *zal komen*, daar kun je zeker van zijn, vaak uit de meest onverwachte hoeken.

Als je onzelfzuchtig geeft – en het gaat hier niet alleen om geld, maar om wat dan ook: liefde, aanmoediging, steun – breng je door die daad onzichtbare dingen aan het rollen. Die zorgen ervoor, als een reusachtig universeel rekenstelsel dat onzichtbaar op de achtergrond werkt, dat elke rekening wordt vereffend. Zelfs de banaalste goede daad wordt beloond. Liefde wordt beloond met liefde, genegenheid met genegenheid, vriendschap met vriendschap – altijd onder voorwaarde dat je beweegredenen goed zijn. Als je met tegenzin geeft of met het oog op winst (dat wil zeggen op wat het je uiteindelijk zal opleveren), wordt je vrijkaart voor rijkdom ter plekke ongeldig verklaard. Onzelfzuchtig geven moet een daad van vertrouwen zijn die zonder gedachte aan winst wordt verricht. Op die manier maak je de weg vrij voor wonderen. In plaats van te eindigen met minder geld, zoals je vreesde, heb je opeens meer, en vaak véél meer dan je had gegeven. Voor zover ik weet is dit altijd zo. Vertrouw erop en geef vrijelijk zonder gedachten aan welke beloning je ervoor krijgt. Weet dat je zult krijgen wat je verdient, op het beste moment en op de mooiste manier – gegarandeerd.

We moeten niet alleen geven wat we hebben, we moeten ook geven wat we zijn.
—Kardinaal Mercier

O

Kijk naar de rondheid van de *o*. Over het algemeen is de schrijver vrijgeviger en zorgzamer naarmate de o ronder en groter is. Een kleine, benepen *o* wijst op gierigheid of op zijn minst een mate van doortraptheid die elke kans op een spontane gift uitvlakt – niet alleen financieel, maar ook op andere gebieden: liefde, aanmoediging enzovoort.

Rond, simpel: De schrijver geeft en ontvangt graag. Er zit gevoeligheid en openheid, zelfs onschuldigheid in, waardoor hij toegankelijk en genereus is en niet het soort dat zelfzuchtig op zijn geld zit. Deze persoon heeft een vriendelijke, zorgzame kant, die blijkt uit allerlei oprechte gestes. Hij kan veel goede dingen van het leven verwachten.

Klein, benepen: Kan een teken van gierigheid zijn of op zijn minst een neiging tot geslepenheid en een neiging vast te houden wat hij heeft. Hij is terughoudend, berekenend en oogt teruggetrokken. Laat zijn zwakke kanten liever niet zien. Voor deze persoon staat onvervaard geven gelijk aan verliezen of onbesuisd handelen. Behoedzaam, leergierig en zuinig.

Met staart bovenaan: Beschermt eigen belangen en weert iedereen af die misbruik van zijn goede inborst wil maken. Hecht waarde aan geld verdienen, maar ook aan de bescherming ervan. Hecht misschien te veel waarde aan geld om er afstand van te doen. Hetzelfde kan gelden voor het emotionele leven, relaties, vriendschappen enzovoort. Een behoedzaam hart en gesloten portemonnee blokkeren de weg naar grotere weelde.

Met lus: Lussen betekenen reserves. De lus in de *o* laat zien hoeveel de schrijver van zichzelf en wat hij heeft bereid is met anderen te delen. Het geven is afhankelijk van de omstandigheden; alles is relatief. Gaat nooit tot het uiterste – heeft niet genoeg lief, laat zich niet genoeg gaan, is niet avontuurlijk genoeg. Kan vrijgevig overkomen, maar de drijfveer zal gewoonlijk eigenbelang zijn.

Te groot: Geeft, geeft onophoudelijk – misschien wel te veel. In zijn hart hoopt hij er misschien wel iets beters voor terug te krijgen: aandacht, genegenheid, begrip enzovoort. Probeert mensen te behagen, maar hij kan het wel eens afleggen daar waar het ertoe doet: van binnen. Zou voor steun en goedkeuring minder afhankelijk van anderen moeten zijn.

Afgedekt: Vreest persoonlijk verlies, dus aarzelt hij en geeft hij pas na veel vragen te hebben gesteld. Pijn uit het verleden heeft littekens achtergelaten en hij is vastbesloten er niet weer in te stinken. Er gebeurt een heleboel achter de schermen. Is mogelijk tamelijk egoïstisch.

Uitgerekt: Beladen, ontoegankelijk; middelen zijn ruim en de zenuwen zijn gespannen. Geeft niet genoeg. Hij zou het wel willen, maar weet niet hoe. Het moment lijkt nooit geschikt. Onzeker hoe anderen zullen reageren. Vindt anderen ondankbaar en twijfelt daarom voor hij iets geeft.

Achterover hangend: Als de *o* tegen de voorgaande letter hangt, heeft de schrijver altijd steun nodig bij beslissingen. Hij vindt het zelden prettig iets alleen te doen. Hij wil er zeker van zijn dat hij het goed doet; heeft geruststelling nodig, een commissiebeluit, voor hij zich ertoe kan zetten van ganser harte te geven.

Met wimpels: Heeft alles om vrijgeving en liefhebbend te zijn, maar gewoonlijk met een bepaald doel. Deze persoon wordt gedreven iets te bereiken en wil zijn genereuze gebaren laten zien. Handelt met flair en moed; anderen wordt waarschijnlijk het idee gegeven dat ze iets gekregen hebben. Hoort allemaal bij de opzet.

p

Sommige mensen starten automatisch. Ze genereren hun eigen positieve houding en verwachten er steeds het beste van. Anderen kunnen nooit geloven dat iets goed zal komen. Ze verwachten in elke situatie dat het slechtste zal gebeuren en zij rekenen erop dat familie en vrienden hun vertrouwen een nieuwe impuls zullen geven. De p laat ons zien wie wie is.

Een positieve houding

Er is geen twijfel over mogelijk, gedachten zijn machtige dingen. Alle gedachten die in ons opkomen, al onze dromen, zijn bouwstenen voor de toekomst. En of het bouwwerk dat we in elkaar zetten nu broos en tijdelijk is of stevig genoeg om een levenslange triomfboog te worden, bepalen we helemaal zelf. We zijn wie we zijn en wat we zijn en waar we zijn omdat we dat op een gegeven moment hebben beslóten. Niemand anders kan daar aansprakelijk voor worden gesteld. In de woorden van William Henley:

Het geeft niet dat men mij beknot
dat mij een straf toeviel
Ik ben de meester van mijn lot
en maarschalk van mijn ziel.

Ook jij bent meester van je lot en het is de aard van jouw gedachten, van dag tot dag, die uiteindelijk zal bepalen of je verblijf op aarde aangenaam en nuttig is of bezaaid met teleurstellingen en hartzeer. Wat je ook van het leven verwacht, doorgaans voldoet het aan je verwachtingen. Ben je dus iemand die altijd naar de negatieve kant kijkt, de wolken achter de zon, vind je mensen geniepig en onbetrouwbaar of denk je dat ze je niet mogen, of denk je dat alles wat je doet verkeerd zal uitpakken, dan zal dat ook gebeuren. Jouw woord is wet. Je gedachten zijn machtig genoeg om de realiteit naar je toe te halen. Waarom zou je dan al je energie verspillen aan vrees voor de slechtste uitkomst, als dezelfde hoeveelheid energie, aangewend voor een positieve kijk, alles totaal anders kan maken?

Pessimisme is zinloos. Het wakkert duizenden twijfels en angsten aan die je vertrouwen ondermijnen. 'Uiteindelijk,' zei Daniel Reardon, 'kan de pessimist gelijk krijgen, maar de optimist heeft het onderweg beter naar zijn zin.' Het is toch veel logischer het leven in vreugdevolle afwachting tegemoet te treden, in het vertrouwen dat het universum voor meevallers zal zorgen, wetend dat alles goed zal komen? Verwacht het beste en je krijgt het beste.

Wees a. optimistisch en b. positief.
Dat is mijn bloedgroep, weet je: B-positief.
—Jeremy Hanley

p

Kijk naar de lengte van de stok en beoordeel of het oog van de *p* omhooggaat of naar beneden wijst. Dit is moeilijk te bepalen, maar gewoonlijk is de schrijver optimistischer naarmate de *p* ronder is en meer ophoog wijst. Als hij er mistroostig uitziet, dan weerspiegelt dat waarschijnlijk zijn levensvisie van dit moment.

Omhoog, robuust: Vol vertrouwen en hoopvol, met een positieve houding, genoeg om hem door moeilijke perioden te slepen. Verwacht dat de dingen goed komen. Kijkt naar de positieve kant. Aangenaam gezelschap. Positieve gevoelens maken iedereen vrolijk en maken het onmogelijke schijnbaar mogelijk. Daar kunnen anderen nog wat van leren.

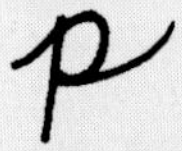

Omhoog, met wimpels: Positieve houding. Eist erkenning en goede bediening en verwacht van anderen dat ze zich aan hun beloften houden. Doen ze dat, dan zal de schrijver vriendelijk en aangenaam zijn. Zo niet, dan levert dat frustratie en ergernis op. Zal zijn tijd niet graag verspillen aan domme of ellendige mensen, maar zijn visie wordt beïnvloed door de stemming van anderen.

Afhangend oog: Mistroostig, droefgeestig en pessimistisch over de uitkomst van huidige situaties. Getekend en bevreesd. Ziet alleen maar donkere wolken en is er zeker van dat er nog meer komen. Heeft hulp van vrienden nodig om zijn vertrouwen op te vijzelen en zijn problemen opnieuw te taxeren. Het is nooit zo erg als het lijkt. Maar deze negatieve houding moet veranderen, voor de omstandigheden dat zullen doen.

Hoge stok: Beoordeelt zijn daden op grond van normen en principes van zijn ouders of leraren. Vindt dat hij daaraan moet voldoen. Heeft geleerd veerkrachtig te zijn en nooit op te geven. Vasthoudend en plichtsgetrouw. Zal zelfs in de zwaarste tijden blijven glimlachen. Niet gemakkelijk eronder te krijgen. Uitmuntende leiderskwaliteiten mits goed aangewend.

Los, gebroken: Altijd bereid te luisteren naar de mening van anderen – misschien wel te veel. Raakt gemakkelijk verstrikt in boeiende maar irrelevante bijzaken. Kan zich laten meedrijven op de heersende stroom in plaats van vast te houden aan wat hij weet. Sommigen vinden misschien dat hij gemakkelijk om te praten is; zelf noemt hij zich gemakkelijk in de omgang.

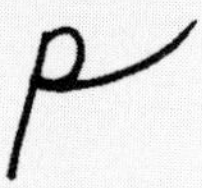

Lange verbindingslijn: Worstelt om alles op een rijtje te houden. Steekt veel energie in een positief uiterlijk, maar is die positiviteit wel echt? Zijn zelfvertrouwen is misschien wankel. Enerzijds wil hij alleen gelaten worden zodat hij situaties op zijn manier kan aanpakken, anderzijds weet hij dat hij de samenwerking met zijn omgeving nodig heeft. Lastig.

Lange stok: Op het eerste gezicht lijkt deze persoon misschien niet zo optimistisch, maar zijn houding is gebaseerd op een rijke ervaring en innerlijke kennis. Hij heeft veel te bieden en grote reserves. Een vriendelijk of bescheiden uiterlijk verbergt een resoluter innerlijk. Laat je niet bedotten.

Zwierig: Neemt geen verantwoordelijkheid voor zijn eigen stemmingen of kijk op het leven. Hij komt echte voldoening tekort. Zijn optimisme is slechts vernis, zonder persoonlijke grond. Heeft het te druk met het overwegen van zijn relaties met anderen, het vergelijken van zijn prestaties met die van hen, om echt effectief te zijn en altijd de juiste dingen te doen.

Stok met lus: Daden, verwachtingen en houdingen zijn allemaal gebaseerd op de persoonlijke ervaring van de schrijver en de in de loop der jaren geleerde lessen. Hij heeft een sterke intuïtie over wat gedaan moet worden en wat er kan gebeuren als gevolg van zijn beslissingen. Ouderlijke invloed bepaalde zijn houding ten aanzien van kleine probleempjes.

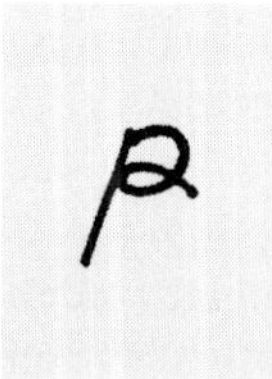

Opgekruld: Hij mag dan optimistisch zijn, maar dat betekent nog niet dat zijn hart niet overslaat bij problemen. Zijn vertrouwen is niet zo blind dat hij de vraag niet stelt: 'Wat zal er met me gebeuren als alles misgaat?' Onder het kalme uiterlijk stijgt de bloeddruk en worden ernstige vragen gesteld.

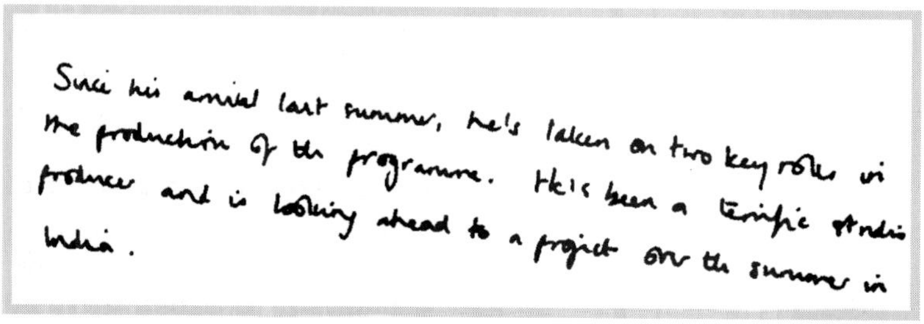

Sinds zijn komst vorige zomer heeft hij twee sleutelrollen vervuld bij de productie van het programma. Hij is een geweldige producer geweest en ziet uit naar een project in India na de zomer.

Deze vrouw heeft veel aan haar hoofd. Het handschrift zakt naar beneden, wat erop wijst dat zij op het moment onder hoge druk staat en dat zij vreest het allemaal niet aan te kunnen. Dit wordt onderschreven door haar benepen, bijna ingedeukte p's, die aantonen dat zij verre van optimistisch is over de toekomst.

q

✍ Het omgaan met kritiek, daar gaat het bij de letter *q* om. Wordt de schrijver verfrommeld als een nat papieren zakdoekje of zal hij voor zichzelf opkomen en zich verdedigen? Wil hij zijn ideeën graag overbrengen of is hij te gevoelig, bedeesd en verlegen?

Veerkracht

We leven in een zware, veeleisende tijd. Het is dus nuttig een sterk schild van veerkracht op te bouwen om jezelf te beschermen tegen kritiek, afwijzing of een andere aanval waar je op je weg naar persoonlijke vervulling mee te maken kunt krijgen. Dit lijkt lastig, maar gelukkig staat het universum hierbij aan jouw kant.

Elke nieuwe uitdaging in je leven biedt je een duidelijke keuze: vluchten of vechten. Met andere woorden, er staan als het nodig is, je mening geven, elk probleem bij de kop pakken of wegrennen en het aan een ander overlaten. Driemaal raden welke benadering het meeste oplevert! De eerste bevordert je zelfachting, geeft je de moed en het uithoudingsvermogen opnieuw te strijden, terwijl de andere het verzwakt, waardoor je onzekerder wordt en je er de volgende keer minder goed mee om zult kunnen gaan.

Zwakke, defensieve types zijn in het algemeen te overgevoelig om te slagen. Zij hebben een broos ego; ze zijn te snel gekwetst. Keer op keer verknallen zij hun kans op succes door alles te persoonlijk op te vatten, en zij verspillen kostbare energie aan gepieker over de vraag uit welke hoek de volgende aanval zal komen. Als je aanvaardt dat er heel wat te winnen valt door je ideeën duidelijk naar voren te brengen, dan moet je ook accepteren dat de kans dat je bekritiseerd wordt groter is naarmate je meer opkomt voor je doelen en overtuigingen. Dat is de prijs die je moet betalen voor je pogingen. Door de inzet te verhogen, verhoog je ook de kans dat je hard aangepakt wordt. Niet iedereen zal je mogen en niet iedereen zal het leuk vinden wat je zegt. Dus moet je rekenen op enkele conflicten. Reken erop dat je verkeerd begrepen zult worden en reken erop dat je je mening hartstochtelijk moet verdedigen tegenover degenen die het niet met je eens zijn.

Probeer veerkrachtig te zijn. Werk aan je innerlijke kracht zodat je altijd standvastig blijft en in de volgende ronde terug kunt veren, hoeveel klappen je gaandeweg ook krijgt.

Wie kritiek wil ontlopen, moet niets doen,
niets zeggen, niets zijn.
—Elbert Hubbard

q

Kijk naar de schuinte van de *q*. Welke kant wijst hij op? Een helling naar links wijst meestal op iemand die openlijk voor zijn ideeën uitkomt, tegen een weerwoord kan en zegt wat gezegd moet worden. Een helling naar rechts wijst vaak op angst voor afwijzingen. Deze persoon gaat discussies uit de weg uit angst dat hij kan verliezen.

Rechtop, robuust: Een even goede prater als luisteraar. Kan tegen redelijke kritiek zonder dat hij te heftig reageert of zich gekwetst voelt. Misschien niet de meest agressieve onderhandelaar: is liever rustig en oprecht, maar verwacht wel dat men naar hem luistert. Geen open boek; zal enkele plannen voor zich houden en deze pas verkondigen als de tijd er rijp voor is. De zachtaardige aanpak levert wel wat op.

Klein oog, weggeschoten staart: Heeft ideeën, maar denkt waarschijnlijk dat je die niet zult begrijpen. Houdt die voor zich tot hij denkt dat de tijd er rijp voor is. Kan afwerend worden als hij bekritiseerd wordt en dingen zeggen om anderen te verontrusten. Als zijn mening niet in goede aarde valt, loopt hij liever weg dan dat hij een volledige vernedering riskeert.

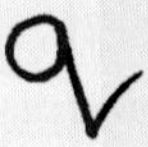

Helling naar links: Wil ideeën graag kwijt en voorstellen doen. Wil gehoord worden. Kan in zijn aanpak zelfs agressief zijn als hij hartstochtelijk overtuigd is van zijn gelijk. Pakt kwesties onomwonden aan, maar op zijn eigen 'speciale manier'. Niet iemand die zich onder de voet laat lopen. Kent hoogstwaarschijnlijk de betekenis van het woord nee niet.

Helling naar rechts: Tekenen van angst. Durft zijn kracht niet te tonen, trekt zich liever terug om een ander keertje te vechten. Kan zich door agressieve werkwijze volledig uit zijn evenwicht laten brengen. Zal niet al te vastberaden zijn als hij het mis heeft en anderen de zwakke plekken opmerken. Hoogste tijd dat hij zich inschrijft voor die assertiviteitstraining.

Groot oog, korte stok: Gevoelig voor kritiek. Wil geaccepteerd worden en streeft naar goedkeuring en kan slecht tegen afwijzingen. Raakt heel snel verzeild in kleine ruzies. Vaak gekwetst door onbezonnen woorden en daden; kan zich ten onrechte beledigd voelen.

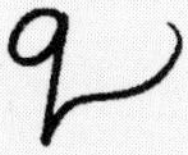

Sierlijke staart: Houdt zijn ideeën veilig verborgen tot de tijd er rijp voor is. Vertrouwt ze niet aan anderen toe. Wil alles op zijn eigen manier aanpakken. Vindingrijk, met veel trucjes achter de hand. Een onafhankelijke denker met een plan voor elke gelegenheid.

Naar rechts hellend met een sierlijke staart: Wil zijn eigen belangen ten koste van alles beschermen. Zegt: 'Ik ga je m'n plannen niet vertellen als jij me gaat bekritiseren of ze inpikt.' Is ofwel een beetje een sul ofwel, wat waarschijnlijker is, hij is echt bang dat anderen er met zijn ideeën vandoor gaan en met de eer gaan strijken.

Klein, ingedrukt, scherp: Zelfbeschermend, hard en waarschijnlijk ook tamelijk sluw. Een strateeg die weet wat hij wil en niet bang is zijn mening te geven. Als anderen het er niet mee eens zijn, is dat hun probleem. Hij zegt: 'Hinder de besten niet', en hij meent het!

Klein, teer, rond: Bang te worden aangevallen en op zijn fouten te worden gewezen. Houdt er niet van dat hij ergens de schuld van krijgt. Schrikt terug bij het eerste teken van onenigheid. Zacht, kwetsbaar en soms zelfs tamelijk zwak. Zou graag sterker zijn en vechten, maar heeft daar niet voldoende zelfvertrouwen voor.

Kruipende, slingerende staart: Draagt het hart op de tong. Is misschien niet zo zeker van zijn ideeën, maar hoopt altijd dat ze worden aanvaard. Maar kritiek raakt hem hard. Hij is oprecht en niet cynisch en daarom vatbaar voor misbruik. Anderen moeten een zuivere geest erkennen en hem ruimte geven. Wees vooral vriendelijk.

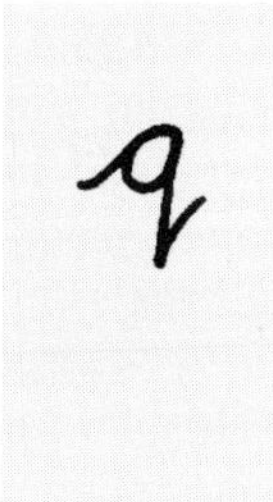

Met kap: Vastbesloten te winnen zonder concessies te doen. Vindt het heerlijk voet bij stuk te houden, verschuilt zich achter een streng of hard temperament. Tegenwerpingen worden van tafel geveegd, obstakels bij de kop gevat. Deze persoon heeft het gevoel voortdurend slag te leveren, maar heeft hij dat aan zichzelf te danken? Zou soms wel wat mogen buigen; doet hij dat, kijk dan eens naar het verschil.

r

> ✍ De letter *r* is een handige graadmeter om te zien hoe bewust iemand zich is van wat er om hem heen gebeurt. Heeft hij belangstelling voor de bezigheden van anderen en blijft hij goed op de hoogte? Of is hij iemand die zich uitsluitend richt op zijn huidige taak en anderen hun gang laat gaan?

Toewijding

Toewijding is feitelijk gewoon een andere vorm van geven. Het betekent dat je je liefdevol overgeeft aan een taak omwille van de taak en dat je deze zo goed mogelijk volbrengt, niet omdat het moet maar omdat een goed uitgevoerde taak vreugde en bevrediging geeft. Zo heeft een toegewijde tuinman een eenvoudige maar diepe liefde voor de natuur. Het doet hem mateloos genoegen zijn bloemen en bomen te verzorgen en te zien hoe ze van seizoen tot seizoen groeien. Dat hij geld krijgt voor zijn werk is haast van ondergeschikt belang.

Toegewijd zijn betekent dat je altijd naar een hoger niveau streeft en ervoor zorgt dat geen enkel karweitje maar half wordt gedaan en er geen half werk tussendoor glipt. Het betekent ook dat je betrouwbaar bent. Hoe vaak heb je plechtig beloofd iets voor iemand te doen, wat je op dat moment ook echt meende, om vervolgens van gedachten te veranderen en te proberen onder je verplichting uit te komen? Dat is ons allemaal wel eens overkomen. Beloftes niet nakomen, te laat komen voor een afspraak of helemaal niet, van plan zijn te reageren op een moeilijk telefoontje en dan opzettelijk een verkeerd nummer draaien. Maar dit is geen toewijding. Als we ons niet aan onze verplichtingen houden, als we anderen laten stikken zonder er bij stil te staan en dat steeds weer doen, krijgen we de naam onbetrouwbaar te zijn. Uiteindelijk heeft men geen vertrouwen meer in ons. Als we hen laten zitten, laten we eigenlijk onszelf zitten.

Als je dus iets belooft, doe het dan ook, wat het ook kost en hoe lang het ook duurt. Verwerf de reputatie van iemand die niet alleen zegt iets te zullen doen, maar dat ook meteen doet. Eis altijd het beste van jezelf. Span je net als de tuinman zoveel mogelijk in, omdat je vindt dat het zo hoort, niet omwille van wat je ermee kunt verdienen. Als je eenmaal gewend bent betrouwbaar te zijn, houd dat dan vol en je zult zien dat het je heel wat oplevert.

Kalm is goed. Wees goed en je bent kalm.
Ga kalm door en je bent goed!
—Chuang Tsu

r

Kijk naar de vlag van de *r* – stel vast hoe hoog hij wappert of hoe diep hij naar beneden hangt. Steekt hij omhoog, dan zal de schrijver op de hoogte zijn van wat er om hem heen gebeurt en ook sneller afgeleid zijn. Een neerbuigende *r* wijst op een consciëntieuze en toegewijde aard.

Gemiddeld: Alert en bewust van wat er gebeurt. Zal niet veel missen. Deze persoon reageert goed op anderen en wil weten hoe het met hen gaat. Probeert natuurlijke nieuwsgierigheid en de drang tot communicatie in evenwicht te brengen met toewijding aan een taak. Te veel geklets met anderen kan tot mindere prestaties leiden. Moet oppassen dat hij werk en plezier niet vermengt.

Verticaal: Gaat niet op zoek naar informatie; geeft er de voorkeur aan te wachten tot de sappige details bij hem komen. Hij heeft een antenne, een soort zesde zintuig, die gegevens uit talloze bronnen opvangt. Zit, kijkt, luistert, absorbeert. Is altijd heel goed op de hoogte van wat er speelt, zonder dat hij dat altijd laat merken. Gespleten geest: de ene helft bij het werk, de andere vangt trillingen op.

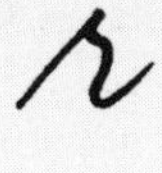

Naar beneden gebogen: Zeer consciëntieus. Kan volhardend zijn in zijn werk, traag maar toegewijd. Gaat er gewoon mee verder. Niet altijd geïnteresseerd in roddels op kantoor of het leven van anderen – althans niet als dat het werk in de weg staat. Werkt liever door en maakt af wat hij van plan was, als het kan zonder onderbreking.

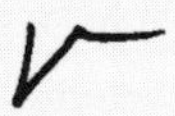

Naar buiten hellend: Wil iets te graag weten wat er aan de hand is. Andere dingen moeten wachten. Misschien hebben zijn ouders hem geleerd dat het fout je met anderen te bemoeien, maar wat doet het ertoe? Hier is sprake van een onbedwingbare nieuwsgierigheid. Al het andere wordt op een laag pitje gezet. Vreemd genoeg zal hij zijn eigen privé-kwesties waarschijnlijk geheim houden.

Speurend over de grond: Vasthoudend, consciëntieus, onstuitbaar als hij ergens mee bezig is. Zijn eindeloze toewijding maakt hem tot een pijler van de werkplaats, iemand die doorgaat en niet opgeeft voor hij alle foutjes heeft gesignaleerd. Je kunt voor hem vluchten, maar je kunt niet aan hem ontsnappen.

Hoge stok: Strenge fatsoensnormen stammen uit zijn kindertijd. Deze persoon leerde zich afzijdig te houden en de zaken van een afstandje te bekijken. Hij kan diverse situaties tegelijkertijd in het oog houden. Soms is zijn vermetelheid sterker dan zijn plichtsbesef, maar het stuit hem tegen de borst.

Geknikte vlag: Beschermt bepaalde details heel zorgvuldig. Kun je ooit weten wat zich achter die beheerste, plichtsgetrouwe façade afspeelt? De schrijver beschermt meestal iets, dus accepteer niet kritiekloos wat hij zegt of doet.

Naar beneden, met wimpel: Denk maar niet dat hij niet in de gaten heeft wat er aan de hand is, enkel omdat hij naar beneden kijkt en druk bezig lijkt. Hij is toegewijd en alert, en hem vallen details op die jij niet had gezien. Niet het type dat van een onderbreking houdt als hij druk bezig is. Hij denkt dat hij de zaken onder controle heeft.

Scherp als een naald: Voelt zich genoodzaakt te doen wat gedaan moet worden, en zal doorzetten, waarschijnlijk tegen alle verwachtingen in, doelgericht. Merkt de relevante details op en schuift de onbelangrijke dingen terzijde. Een of andere kracht drijft hem, een plichtsbesef of eer waaraan moet worden voldaan.

Hoekig: Als hij eenmaal met zijn gedachten bij zijn werk is, laat hij zich niet zo maar afleiden. Wil antwoorden en resultaten en hij houdt niet op voor hij ze heeft. Zijn aanpak is mechanisch en waarschijnlijk systematisch en mist misschien finesse. Het type dat een stelling inneemt en eraan vasthoudt tot hij klaar is om verder te gaan.

Geheven zweep: Kibbelt over principekwesties, somt regels en redenen op. Doet altijd waardevolle voorstellen, die volgens hem het systeem beter zullen laten verlopen, en begrijpt niet waarom niemand luistert. Denkt dat hij de oplossingen weet.

Stok met lus: Onzekerheden liggen ten grondslag aan de interesse van de schrijver voor de wereld en andere mensen. Niets is eenvoudig, niets is zo duidelijk als het lijkt. Heeft zijn redenen om te aarzelen. Is misschien jaloers op anderen of koestert een geheime angst dat zij zullen slagen en hij niet.

Scherp, sierlijk: Zit in tweestrijd. Er is een voortdurende strijd tussen de noodzaak dingen uit te voeren en de persoonlijke twijfels en angsten die in zijn hoofd op de loer liggen. Wat is goed en wat is fout? Anderen kunnen zijn beweegredenen misschien niet volgen, maar het komt uiteindelijk allemaal op zijn pootjes terecht.

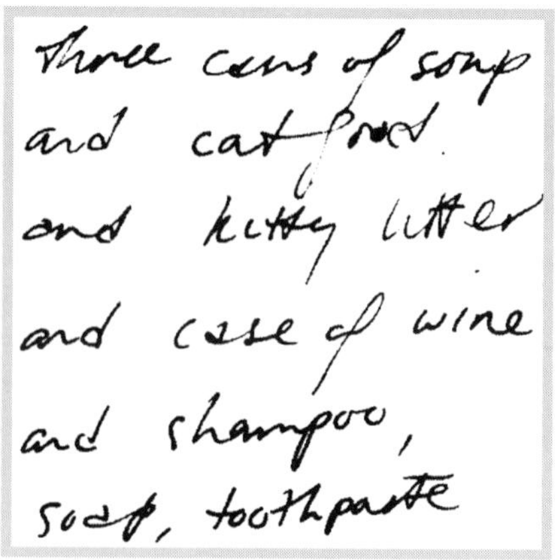

Zelfs een gekrabbelde boodschappenlijst kan de waarheid niet verhullen. Zie je hoe de r van 'kattenvoer' naar rechts uitstrekt? Deze vrouw houdt haar vinger aan de pols. Die r maakt overuren en vangt als een antenne uit alle richtingen signalen op. Toegewijd? Waarschijnlijk wel, maar ze zal eerder achter informatie aanzitten en kibbelen over haar ontdekkingen dan dat ze doorgaat met haar werk.

S

✍ De s kan een zeer dynamische letter zijn. Hij laat zien of de schrijver zijn doelen heel graag wil bereiken en zijn plannen ten uitvoer brengt of dat hij te veel twijfelt en aarzelt en zijn ideeën nooit van de grond krijgt.

Vastberadenheid

Vastberadenheid is de motor achter succes. Zonder die kan niets waardevols worden bereikt. Het is niet voldoende alleen maar een doel te hebben. Het is zelfs niet genoeg als je actie onderneemt om dat doel te bereiken. Waar het uiteindelijk om gaat is de *voltooiing*, of je het uithoudingsvermogen hebt om vol te houden tot je dat doel glorieus ten uitvoer hebt gebracht.

We realiseren ons succes op dezelfde manier als we een huis bouwen – vanaf de grond, steen voor steen, tot de klus is geklaard en het bouwwerk is voltooid. En – net als bij een huis – als je niet vastbesloten bent door te gaan, of als je bij het eerste regendruppeltje ophoudt of als je rug pijn begint te doen van al het zware werk, wat gebeurt er dan? Dan heb je uiteindelijk geen huis, of hoogstens een slecht huis met drie gammele muren en geen dak! Het antwoord is altijd dat je je best moet doen, geen genoegen moet nemen met halve maatregelen. Houd vol tot je bent waar je wezen wilt. Natuurlijk moet je ook realistisch zijn. Als het moeizaam gaat en de weg bezaaid is met obstakels, stel jezelf dan de vraag: is dit de beste route? Kan het misschien simpeler? Je gaat toch ook geen berg opblazen als je er net zo gemakkelijk overheen kunt vliegen?

Stem je plannen voortdurend nauwkeurig af om je ervan te verzekeren dat je op de goede weg bent, en als alles erop wijst dat dat zo is, zet dan hoe dan ook door. Als anderen je koppig vinden, prima, laat ze dat maar vinden. Als ze je van kortzichtigheid of stijfkoppigheid beschuldigen, schuif ze dan met een vrolijk 'zeker, dat ben ik' terzijde en ga door. Tegenslag is de lakmoes voor geloof, en alleen door vastberaden en zelfverzekerd door te gaan, bereiken we wat we van plan waren. Houd dus vol. Laat niemand je tegenhouden. Doe wat je moet doen en volhard tot je je doel hebt bereikt.

Doorzettingsvermogen is geen lange wedloop,
het zijn talloze korte wedlopen achter elkaar.
—Walter Elliot

S

✍ **Kijk naar** welke kant de s leunt en naar eventuele lussen. Als hij naar voren helt, duidt dat meestal op vastberadenheid, terwijl een achterwaartse helling bij een meer impulsief persoon hoort, iemand die eerst doet en dan denkt. Een bovenlus duidt op koppigheid, een onderlus op directheid.

Ontspannen, afgerond: Open, gemakkelijk. Luistert begrijpend en neemt vervolgens maatregelen. Bereid nieuwe informatie te accepteren en zijn daden eraan aan te passen. Laat zich door de stroom meevoeren, nooit te langzaam, nooit te snel. Dapper, avontuurlijk en vastberaden, maar alleen onder de juiste omstandigheden. Kiest zijn moment om invloed uit te oefenen.

Sierlijk, rechtop: Tot alles bereid. Innerlijke kracht betekent dat deze persoon bereid is de mouwen op te stropen en aan het werk te gaan, waarbij hij alles doet om het te laten slagen. Een enthousiaste deelnemer. Een sterke geest, met veel wilskracht die, gekoppeld aan een enkel doel, verbijsterend positieve resultaten kan opleveren.

Sierlijk, maar rond: Tot alles bereid – maar op een ontspannen manier. Hij bekijkt het verloop van de gebeurtenissen voor hij erin duikt. Wil graag invloed uitoefenen, maar hij is nogal behoedzaam en kiest graag een voorzichtiger aanpak. Karweitjes worden wel uitgevoerd, maar op zijn eigen manier en als de tijd rijp is.

Bovenlus: Koppig, vaste gewoonten. Heeft een vastomlijnd plan in gedachten en wil daar niet van afwijken. Het maakt niet uit dat anderen het er niet mee eens zijn en obstakels opwerpen, hij stapt er gewoon overheen en gaat door. Bezield, koppig, laat zich niet snel van zijn koers afbrengen.

Recht en dun: Misschien een gedreven karakter, maar ook tamelijk gewoontjes. Zijn methoden zijn meestal effectief, maar over het geheel onavontuurlijk. Hij komt over als iemand die vastberaden doorgaat maar zonder zijn plannen duidelijk te maken.

Scherp, met binnenlus: Twijfels, bedenkingen of angsten gaan schuil achter een koppig uiterlijk. De schrijver zou een mededinger kunnen zijn als hij dat wilde, maar hij heeft meer succes door gebrek aan tegenstand dan door echt mee te doen. Onder het oppervlak gebeurt een heleboel. Sterk, veerkrachtig, moeilijk terug te slaan.

Met wimpel: Sterk, veeleisend. Staat klaar anderen in het gelid te trekken als ze de regels overtreden. Eventuele excuses wil hij niet horen. Doe wat je beloofd hebt en verdwijn. Kent zijn rechten en verwacht dat jij die ook kent en respecteert.

Achterlus: Vindingrijk, bereid ten koste van alles door te gaan. Deze persoon geeft nooit op. Hij ziet doorgangen waar anderen alleen blokkades zien en hij heeft altijd iets in petto. Sla hem terug en hij vindt een andere doorgang. Onstuitbaar als hij zijn zinnen ergens op heeft gezet.

Lus erdoorheen: Direct, terzake en niet bang *nee* te horen. Afwijzingen maken hem alleen maar geestdriftiger. 'Als je niets vraagt, krijg je niets.' Dus blijft hij vragen tot iemand hem geeft wat hij wil. Hij spreekt tot zijn spijt soms voor zijn beurt, maar dat hoort er nu eenmaal bij.

Rond: Gaat meestal heel graag verder om te zien wat er nu weer komt, maar dit wordt afgezwakt door zijn neiging zich met de stroom te laten meevoeren. Deze persoon weet dat het niet sneller kan en dat je op een dag niet meer kunt doen. Huidige verantwoordelijkheden houden hem misschien tegen, maar hij heeft ze onder controle.

Rond met krul naar boven: De meer vriendelijke, filosofische kant van de schrijver wordt zwaar op de proef gesteld. In een poging de zaken op een rijtje te zetten en alles te zijn voor iedereen, heeft hij het gevoel dat hij terrein verliest, terwijl hij om gunsten vraagt zonder te weten of hij die ook krijgt. Niet de beste toestand om in te verkeren!

Achtvormig: Popelt om iets te doen. Kan als een gespannen veer elk moment opschieten. Kan overhaast handelen terwijl hij weet dat hij moet wachten en zich met de stroom moet laten meedrijven, maar hij heeft geen geduld – althans niet als er iets is dat hij heel graag wil bereiken.

Gedeeltelijke lus overdwars: De behoeften en doelen van deze persoon komen niet al te best tot uitdrukking. Hij weet wat hij wil en hij is van plán dat duidelijk te maken, maar dan houdt hij zich op het laatste moment in. Als het erop aankomt, kan hij het weleens afleggen doordat hij zijn bedoelingen niet duidelijk maakt.

Achterover leunend: Wil dolgraag aan de slag. Terwijl anderen vragen stellen, voorzichtig aan doen, krijgt deze persoon dingen voor elkaar. Er zit wel wat verstandigs achter zijn daden, maar er zijn ook conflicten. Zijn hoofd zegt iets anders dan zijn hart. Welk van beide wint?

Afgesloten: Weet wat hij wil en wat hij wil bereiken. Hij is niet geïnteresseerd in tegengestelde visies of in de argumenten van degenen die hem proberen tegen te houden. Deze persoon botst als een stier tegen een poort tot hij erdoor is. Vastbesloten – en hoe!

Puntig: Jaagt zijn doelen vurig na. Vastbesloten, intens, niet gemakkelijk van de wijs te brengen. Weet wat hij wil en zorgt dat hij het krijgt. Wie op zijn weg komt wordt ofwel onderworpen ofwel genegeerd terwijl hij voortgaat op weg naar zijn gekozen doel. Niet iemand om ruzie mee te krijgen.

Lange achterstaart: Verwacht resultaten. Bij elke beslissing die hij neemt moeten veel overwegingen in acht worden genomen. Niets is eenvoudig en niets is al te duidelijk. Hij weet wat hij wil, maar er moet zoveel worden gecoördineerd; hij kan het totaalbeeld uit het oog verliezen door zich druk te maken over details.

t

> De *t* weerspiegelt de oprechtheid en integriteit van de schrijver – wat hij werkelijk in zijn hart voelt, niet wat zijn daden aan de buitenkant laten zien. De *t* vertelt je of deze persoon contact heeft met zijn emoties, of hij hartstochtelijk en liefdevol is en of zijn motieven echt en betrouwbaar zijn.

Eerlijkheid, oprechtheid, liefde en hartstocht

Mensen willen ons vertrouwen en in ons geloven. Ze moeten weten dat we eerlijk zijn in onze omgang met hen en dat de emoties die we tonen echt en oprecht zijn. Deze geest van integriteit heet 'eerlijk zijn' en vormt het cement in alle betekenisvolle menselijke relaties.

Jonge kinderen laten ons het duidelijkst zien wat eerlijk zijn betekent. Als je zelf kinderen hebt, dan weet je al hoe pijnlijk eerlijk en oprecht ze kunnen zijn. De kinderlogica zegt: 'Als iets grappig is en ik wil over de grond rollen van het lachen, dan doe ik dat,' en 'Weet je, als ik mezelf pijn doe? Nou, ik zal die emotie niet tegengaan, nee meneer – ik huil en ik blijf huilen tot de pijn over is.' Zo zit het bij kinderen, allemaal prachtig duidelijk en onomwonden. Kinderen zijn gewoon onbewerkt materiaal: liefdevol, spontaan, experimenteel, enthousiast – alles waartoe de mens voorbestemd was – en het kost ze geen moeite.

Helaas wordt alles wat ooit zo eenvoudig was naarmate we ouder worden heel ingewikkeld. Vaak leert het leven ons harder en behoedzamer te zijn in plaats van dat we vriendelijker en oprechter worden; we merken dat het avontuurlijke gevoel uit onze kindertijd, alle opwindende risico's die we namen en de manier waarop we ons zo vrijelijk en eerlijk uitdrukten, verdwenen zijn, begraven onder een dikke laag van behoedzaamheid en remmingen. Maar het kind in ons gaat nooit verloren. Hij of zij is er nog steeds, houdt zich schuil in ons hart en wacht tot wij hem weer ontdekken. Je hoeft alleen maar de wil te hebben hem te bevrijden, plus de bereidheid opnieuw te onderzoeken wat voor soort iemand we vanbinnen zijn. Waar ons innerlijke kind zit, zitten ook ons karakter en levensdoel. Door de een te ontdekken, leggen we de andere bloot. Plotseling beseffen we dat we meer zijn dan wat we zijn geworden.

De liefde die we schenken, is de enige liefde die we behouden.
—Elbert Hubbard

t

> ✍ **Kijk naar** waar het streepje van de *t* door de stok gaat. Door het midden – goed: de schrijver staat in contact met zijn hart. Te hoog, dan heeft hij liever rede en logica dan diepere emoties en denkt hij te veel. Anderzijds, als de dwarsstreep helemaal niet door de stok heen gaat, is hij misschien onoprecht en staat hij los van zijn gevoelens.

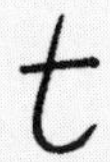

Streep door het midden: Over het geheel genomen een oprecht persoon die meent wat hij zegt en zegt wat hij meent. Het is misschien niet altijd de waarheid, maar hij gelooft het. Gevoelens gaan diep. Emoties worden openlijk getoond. Waarschijnlijk betrouwbaar, hartstochtelijk als hij wordt geprikkeld en met een zorgzame aard die het waard maakt hem te kennen.

Van achteren gesteund: Deze persoon heeft een vast patroon van gedrag en overtuigingen, dat zijn wereldvisie vormt. Onstandigheden in de kindertijd hebben een blijvende indruk achtergelaten. Gevoelens en denkbeelden zijn oprecht en standvastig, maar ze zijn gevormd door jaren van ervaring en 'oefening'. Denkt dat hij weet wat goed is en wat er gedaan moet worden om de zaken te verbeteren.

Hoge dwarsstreep: Een denker. Verkiest logica, ideeën, een eerlijke gedachtewisseling boven vertoon van emoties. Is misschien bang zijn gevoelens te tonen of niet op zijn gemak bij de kracht ervan. Blijft graag binnen bekende grenzen. In zijn ogen zijn emoties onlogisch, moeilijk in bedwang te houden. Zoekt in het geheim bevrijding maar vindt het moeilijk grenzen te overschrijden.

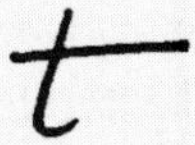

Verlengde dwarsstreep: Sterk in gevoelens, sterk in het uiten van overtuigingen. Vertelt anderen graag wat ze moeten doen, de juiste aanpak van dingen. Denkt dat hij altijd gelijk heeft en vindt dat anderen naar hem moeten luisteren en zijn voorbeeld moeten volgen. Vervelend als hij wordt tegengesproken. Moeilijk mee te discussiëren. Ga geen strijd met hem aan. Reken op problemen als je dat wel doet.

Stok met lus: Worstelt met kwesties van persoonlijke waarde. Onzekerheid en twijfel dragen bij aan de verrichtingen van deze persoon maar kunnen het openlijk uiten van ware gevoelens in de weg staan. Verward over eigen kwaliteiten en behoeften. Wil geruststelling.

Lage dwarsstreep: Verwart liefde met seks. Denkt veel over de fysieke kant van relaties in plaats van diepere gevoelens over te brengen. Een bepaalde mate van sluwheid kan soms ook ten grondslag liggen aan zijn daden. Hij wil maar één ding!

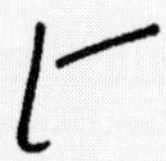

Losse dwarsstreep: Doet alles wat nodig is om resultaten te bereiken. Stevig verankerd gedragspatroon zorgt ervoor dat hij zich aan de regels houdt en verwacht dat anderen dat ook doen. Beweegredenen zijn onaanvechtbaar. Op een bepaald niveau niet in contact met zijn gevoelens. Pas ook op voor een mogelijk wreed trekje.

Dwarsstreep links van stok: Heeft heel wat meegemaakt en doorstaan. Nu probeert hij het verleden achter zich te laten en vooruit te gaan. Zal er niet nog eens intrappen. Diep verborgen pijn zet aan tot huidige daden. Probeert pijnlijke herinneringen uit te wissen maar het is niet gemakkelijk.

Kleine dwarsstreep: Geringe emoties. Niet erg expressief of extravert. Koel, beheerst, gematigd. Veel krachtige gevoelens worden binnengehouden, maar dat levert niet veel voordeel op. Bedaarde acties wekken bedaarde reacties van anderen op. Waar is de hartstocht, het vuur, het enthousiasme?

Bovenhangende dwarsstreep: Vindingrijk, idealistisch, zelfs enigszins afstandelijk. Sterk in gedachten en ideeën, misschien met een dromerige, onrealistische kijk op liefde. Gaat te veel op in zijn eigen wereld om ooit volledig in de jouwe op te gaan. Neem hem zoals hij is of neem hem niet.

Dwarsstreep wijst omhoog: Heeft stevige overtuigingen en is er trots op. Twistziek als hij uitgedaagd wordt. Neigt ertoe op zijn eigen oordeel te vertrouwen en is moeilijk te overtuigen als hij een besluit heeft genomen. Vrienden vinden dat hij niet voor rede vatbaar is. Hij denkt dat hij de antwoorden weet, als anderen hem maar geloofden.

Dwarsstreep wijst naar beneden: Luistert naar anderen en deelt hun meningen en gevoelens. Denkt dat problemen verstandig en gemakkelijk opgelost kunnen worden als iedereen rustig blijft. Niet sterk in verhitte discussies. Geeft misschien toe om anderen een genoegen te doen of voor de gemoedsrust.

Dubbele dwarsstreep: Precies wat het aangeeft. Twee dwarsstrepen wijzen gewoonlijk op bedrog: het teken van een bedrieger, iemand die zijn sporen achter zich uitwist. Wees voorzichtig met je oordeel, pas op voor het meten met twee maten, onverenigbare verplichtingen of een persoon die graag gevaarlijk leeft.

Kapstok: Waarschijnlijk nogal nederig, fatsoenlijk en betrouwbaar. Voelt zich vaak klein en onbeduidend naast anderen. Is bang afgewezen te worden of dat hij te nadrukkelijk aanwezig is, uit angst dat het onaangename gevolgen heeft. In werkelijkheid wil hij bemind worden. Helaas kan hij in het gedrang onder de voet worden gelopen.

Omgekeerde kapstok: Wie ís die gemaskerde vreemdeling? Persoonlijke gegevens worden verborgen gehouden tot de schrijver het moment gekomen acht om zijn diepste geheimen prijs te geven – misschien wel nooit. Sommige kwesties worden opzettelijk over het hoofd gezien of uit het zicht gehouden. Hij denkt dat het beter is als je gewoon van niets weet.

Omgekeerde kapstok met lus: Deze persoon vindt dat bepaalde emotionele kwesties niet besproken dienen te worden of zelfs maar genoemd. Die hebben we allemaal, denkt hij, dus waarom zou ik anderen met mijn problemen opzadelen? Houd ze bedekt en je houdt ze in veiligheid, is de logica erachter.

Naar achteren en erdoorheen: Reken op een mate van stijl en elegantie. Veel lol ook. Hoewel achter deze uiterlijke façade een vastberaden, slim en soms tamelijk prikkelbaar karakter kan schuilgaan. Laat je niet bedotten – je hebt hier te maken met een sociaal ervaren en vaardig iemand, hoezeer hij dat ook probeert te verbergen.

Achtersteun plus naar achteren en erdoorheen: Verstrikt in een wirwar van emoties. Kan onderhoudend en levendig zijn en zorgeloos lijken, maar hij tracht zich los te maken van conditionering uit de kindertijd en de wensen van ouders en anderen die aan hem opgelegd werden toen hij jong was. Zoekt nog steeds zijn eigen weg.

Dubbele t, *met stevige dwarsstreep*: Je krijgt wat je ziet. Deze persoon is rechtdoorzee en meent precies wat hij zegt. Doorzichtige motieven vertalen zich in duidelijke, onmiskenbare daden. Hij is gecoördineerd en resoluut en houdt doorgaans vast aan zijn overtuigingen en principes.

Kleine linker t, *hoge rechter* t: De schrijver oogt zelfverzekerder en efficiënter dan hij zich werkelijk voelt. Vanbinnen is hij bescheiden, nederig en onzeker over wie hij echt is en wat hij wil. Hij zit gevangen in een schijnbaar onstuitbare tredmolen. Moet op adem komen en nadenken over zijn mogelijkheden.

Dwarsstreep alleen door linker t: Diepe gevoelens en overtuigingen worden vaak niet of verkeerd geuit. Deze persoon weet niet hoe hij zijn gedachten onder woorden moet brengen, waardoor zijn beweegredenen verkeerd begrepen kunnen worden. Als hij niet duidelijker is, hoe kunnen anderen dan zijn standpunt kennen?

Veel te hoog: Heeft hoge dunk van zichzelf, wat misschien ongegrond is. Veel van zijn beperkingen gaan aan hem voorbij. Zijn idee van een grenzeloze horizon gekoppeld aan grote persoonlijke verwachtingen kan met het verstrijken van de jaren tot teleurstellingen of frustratie leiden als hij de realiteit niet snel onder ogen ziet.

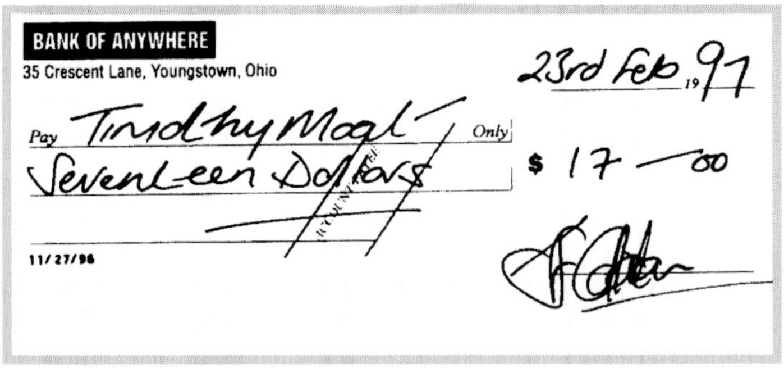

Zie je dat deze man geen dwarsstreepjes op de t's op zijn check schrijft, wat op een mate van onoprechtheid wijst. Hij heeft het contact met zijn emoties of bewustzijn op een bepaald niveau verloren. Dat wil niet zeggen dat hij oneerlijk is, maar een t met een losse dwarsstreep zoals deze is vaak een aanwijzing dat iemand alles doet wat gedaan moet worden. Kan meedogenloos zijn, aan eigenbelang denken of, in extreme gevallen, laag zijn. Wees voor de zekerheid extra behoedzaam.

u

> ✍ Het is altijd handig om te weten of nieuwe vrienden of geliefden sociaal en aangenaam gezelschap zullen zijn. De *u* is een tamelijk betrouwbare indicator die ons toont of de schrijver van uitgaan houdt en zich gemakkelijk onder anderen mengt of liever thuis zit met een goed boek.

De eenling

Contact maken is, mits met mate, een belangrijk deel van het leven. Het is goed zo nu en dan te feesten, aan de realiteit te ontsnappen en een beetje gek te doen. Maar tijd voor onszelf is net zo belangrijk.

'Tijd voor jezelf' is een periode van vernieuwing. Zie het als een geschenk aan jezelf, een paar uur per week waarin je de tv uitzet, de telefoon uitschakelt en lichaam en geest langzaam in een toestand van kalme stilte brengt, weg van de drukte van de buitenwereld. Je kunt ook naar een favoriet plekje vluchten, waar het vreedzaam en rustig is. We krijgen enkele van onze diepste gedachten als we bijvoorbeeld in het bos wandelen of op een rots over de oceaan staren of zelfs als we gewoon in een warm aromatisch bad liggen – overal waar we de tijd aan ons zelf hebben en de ruimte om onze geest open te zetten en te laten ademen.

Kalme ontspanning versterkt je bewustzijn doordat het de juiste omgeving schept voor heldere communicatie met je hogere zelf. Langzaam sijpelen waardevolle inzichten en buitengewone inspiratie van de intuïtieve kant van je hersens bij je naar binnen, als je ideeën begint uit te wisselen met het universum. Het is alsof je inlogt in het spirituele Internet! Hier, in dit magische ogenblik, zul je je innerlijke stem tot je horen spreken, die je duidelijke ideeën en aanwijzingen voor het leven geeft. Wat gewoonlijk niet meer is dan een fluistering in de onrust van het dagelijks leven wordt een donderende stem van geruststelling als je je alleen met je gedachten rond laat drijven in de stilte.

Hoe meer we het alleen-zijn cultiveren en in onze dagelijkse routine opnemen, hoe beter we de belangrijke kwesties in ons leven kunnen aanpakken en kunnen beslissen wat de volgende stap op onze spirituele reis moet zijn. Een periode van kalme contemplatie geeft ons alle voeding en energie die we nodig hebben om onze problemen onder ogen te zien en met vertrouwen, wijsheid en veerkracht aan te pakken.

Wat dwazen eenzaamheid noemen,
kennen wijzen als alleen-zijn.
—Ching Chow

u

> **Kijk of** de *u* los staat of verbonden is met de letters rechts en links ervan. Een verbonden *u* wijst op een gezelligheidsdier, terwijl een losse *u* betekent dat de schrijver graag alleen is en niet voortdurend hoeft te worden omringd door massa's mensen.

Verbonden: Heeft graag lol met anderen. Geniet van ontmoetingen en begroetingen, grote partijen. Staat open voor allerlei sociale ervaringen. Variatie is belangrijk. Een redelijk aanbod wordt nooit geweigerd. Voelt zich op zijn gemak in een massa. Liever groepsactiviteiten dan individuele werkjes. Een kroegtijger en ook een beetje een streber op sociaal vlak.

Los: De einzelgänger. Houdt van lezen, mijmeren, muziek luisteren, bezig zijn met een hobby of praten met een goede vriend. Soms wil hij mensen om zich heen en krijgt hij niet genoeg van het uitgaansleven. Maar niet altijd. Soms moet het stil en rustig zijn en wil hij alleen zijn. Geef hem de ruimte.

Smal: Weinig ruimte in de *u* wijst op een beperkte smaak. Deze persoon weet waarvan hij houdt, maar niet meer dan dat. Saai, niet-avontuurlijk, geeft zich niet snel over aan iets dat hem uit zijn bekende wereldje haalt. Beperkt zijn enthousiasme en heeft liever een paar goede vrienden en bekende gezichten dan grote groepen. Dit is een persoon die men moet leren waarderen.

Klein, broos: Rustige persoonlijkheid die streeft naar rustig vermaak. Gaat nooit te ver; zelden of nooit gênant luidruchtig. Gaat wel met anderen om, maar probeert binnen een bepaalde groep te blijven. Wil misschien zijn keurslijf afwerpen en doet dat soms ook. Dat is echter zeldzaam. Zal zich naast zeer energieke persoonlijkheden niet op zijn gemak voelen.

Met lussen: Deze persoon houdt van complexe relaties met anderen, al is 'houden van' misschien niet het juiste woord. Niets is simpel. Dwarrelende verborgen gevoelens maken dat anderen nooit weten wat ze kunnen verwachten of waar ze aan toe zijn. Verwarring kan door een duidelijk gesprek worden vermeden.

Plat: Gezellig, maar snel tevreden. Wat er ook gebeurt, waar je ook heen gaat, het maakt hem niet uit. Meestal helemaal niet veeleisend of lastig. Wil dat anderen hem gemakkelijk vinden, maar uiteindelijk kan hij vaag of besluiteloos lijken.

Inwaarts gekruld: Te kieskeurig. Uitnodigingen worden afgeslagen, feestjes veracht, laat mensen zitten. Er zijn barrières. Hij kan een verveeld trekje hebben of zich gewoon bedreigd voelen door te veel activiteit en misschien wil hij de wereld op een afstand houden. Is tevreden met de huidige situatie; heeft geen behoefte aan meer.

V

✍ Dit is vaak een goede manier om te ontdekken hoe ervaren de schrijver in bed is. De letter *v* laat ons zien of hij naïef is en nog steeds leert of een ruimhartige en open houding heeft ten opzichte van seks, gebaseerd op een jarenlange ervaring. De *v* kan zelfs laten zien of deze persoon vandáág in de stemming is voor seks of niet.

Seksuele prestaties

Als je tegenwoordig een glossy blad ziet, tref je er meestal het onderwerp seks in aan, het springt je tegemoet. Wie doet het met wie en hoe vaak? Is die beroemdheid goed in bed? Doet meneer X dat echt bij mevrouw Y, achter gesloten deuren? We zijn langzamerhand geobsedeerd geraakt door het onderwerp.

Maar wat betekent dat eigenlijk, 'goed in bed'? Dat bestaat feitelijk helemaal niet. Het is een mythe. Wat in mijn ogen goed is, kan voor een ander incompetent geknoei zijn. We vergeten het nogal eens, maar seks is een instinctieve aandrang, niet iets dat ons geleerd moet worden! Er is niets mystieks, gevaarlijks of bedreigends aan, niet iets om complexen over te hebben. Natuurlijk is een goede techniek te leren – er zijn duizenden interessante manieren om de ervaring te verfijnen en het voor beide partners prettiger te maken – maar alles wat je moet weten, alle basisregels voor genoegen en bevrediging zijn van nature al geprogrammeerd. Zorgen over onze prestatie – of we het goed doen en aan de verwachtingen van onze partner voldoen – kunnen zelfs maken dat we het helemaal niet meer doen. Waar het echt om gaat, is dat we ontspannen zijn en ervan genieten, dat we het liefdesspel gebruiken als een fysieke uiting van onze gevoelens voor de ander, niet als een soort wedstrijd waarin we proberen indruk te maken op onze partner.

Het geheim van goede seks zit hem erin dat je je overgeeft aan datgene wat op dat moment prettig is. Dat je jezelf bent en altijd spontaan en eerlijk bent ten aanzien van je gevoelens. Je eigen manier is uiteindelijk de enige goede manier. Als jij en je partner beiden gelukkig zijn, dan ben je 'goed in bed' – dat is alles.

Ik weet persoonlijk niets over seks,
want ik ben altijd getrouwd geweest.
—Zsa Zsa Gabor

V

Kijk naar de spreiding van de armen van de *v*. Als ze ver uit elkaar staan en uitnodigend zijn, heeft de schrijver behoorlijke trek in goede seks en ook de juiste ervaring ervoor. Hoe smaller en strakker die armen worden, des te geremder hij waarschijnlijk is – misschien altijd, misschien alleen vandaag. Als een *v* strak is, kun je het maar beter accepteren: hij is gewoon niet in de stemming.

Ver uit elkaar: Onbeschroomde en vrijzinnige kijk op seks. Sluit niets in noch uit. Tot alles bereid. Hij weet waar hij van houdt en doet alles om het te krijgen. Geeft en ontvangt liefde met warmte. Als de *v* niet vastzit aan de letters ervoor en erachter, houdt hij waarschijnlijk van eennachtliefjes en geniet hij van seks om de seks.

Strak: Enigszins geremd – misschien niet altijd, maar nu zeker. Kan een geringe drang tot seks hebben. In het algemeen niet het type dat zich overgeeft aan vreemde of avontuurlijke activiteiten. Bang om zich te laten gaan, onconventioneel te zijn en zich open te stellen voor een bredere ervaring. Remmingen stammen misschien uit de kindertijd, toen seks als iets slechts gold.

Hoge rechterpoot: Of de *v* nu breed of smal is, een hoge rechterpoot betekent dat de schrijver tot daar en niet verder gaat. Reken op een uitdaging. Deze persoon moet verleid en overgehaald worden; wil weten of zijn partner oprecht is en het om de goede redenen doet. Zelfbeschermend, een beetje bang gekwetst te worden. Je kunt kijken, maar niet aanraken!

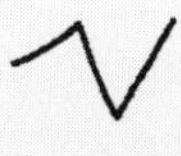

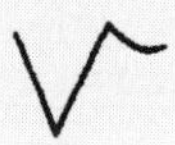

Met wimpels: Wimpels boven aan de *v* geven aan of de persoon het initiatief neemt of wacht tot hij gevraagd wordt. Een *linker*-wimpel betekent dat hij de eerste stap zet en zijn partner naar de slaapkamer troont. Een *rechter*-wimpel zegt: 'Probeer me te pakken!' Vind de juiste formule – romantiek, kaarslicht, muziek – en kijk dan eens wat er gebeurt!

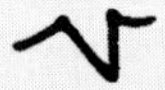

Achterover hellend: Wil avontuurlijk zijn, maar andere factoren staan een prettig tijdverdrijf in de weg. Denkt: misschien zullen anderen het afkeuren of wat zullen mijn ouders zeggen als ze erachter komen? Hij is ofwel een beetje geremd, ofwel terughoudend zich helemaal te laten gaan en zijn natuurlijke aandrang te volgen.

Links geworteld: Heeft behoorlijke ervaring en stevige opvattingen over seks, maar heeft ook heel wat vaste overtuigingen en beperkingen. Zijn houding als volwassene zal afhangen van de opvattingen van zijn ouders over seks toen hij opgroeide. Hij wil misschien wel, maar niet zo graag als zou moeten.

Rechts geworteld: Verleidelijk en charmant. Kent een heel scala aan trucs die effectief zijn gebleken en hij deinst er niet voor terug ze te gebruiken als hij daarmee kan krijgen wat hij wil. Hij weet op grond van ervaring wat wel en wat niet werkt, en hij speelt het spel met volle overgave.

Gesloten: Is in het verleden misschien te vaak gekwetst in relaties of is te bang om het te proberen. Deze persoon koestert een behoedzame, beperkende houding, die maakt dat hij terugdeinst waar hij zijn kans had moeten grijpen. Moet zichzelf de vraag stellen: 'Waar ben ik nu eigenlijk bang voor?'

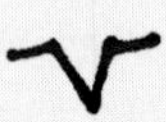

Uiteen getrokken: De schrijver zit in een emotionele strijd, waarschijnlijk vrijwillig. Hij gebruikt allerlei trucjes om mogelijke partners te krijgen en hij geniet zeker van de jacht – hoe groter het drama, hoe beter het is. Wil gewild zijn, maar houdt ervan te doen alsof hij moeilijk te krijgen is.

Afgerond: Deze persoon is jong en naïef of houdt te lang vast aan houding uit zijn jeugd. Hij belooft speels, onschuldig, teder genoegen, maar qua techniek kan hij verfijning of lef missen. Moet nog een boel leren.

Klein: Emoties worden binnengehouden. Iemand met een beperkte seksuele horizon en een onvermogen ware gevoelens openlijk te uiten. Mogelijk een kouwe kikker, moeilijk op te winden. Misschien ontdooit hij als je zijn vertrouwen eenmaal hebt gewonnen en toont hij verborgen warmte en hartstocht. Heb geduld.

Groot, wijd open: Alles kan. Seks dient voor persoonlijke goedkeuring. Het liefdesspel is een compensatie voor verregaande onzekerheid. Wat oogt als een gezonde of zelfs gulzige honger naar fysieke actie kan slechts een uitnodiging zijn om te zeggen: 'Schat, je was geweldig!'

Met lus: Zorgen en zelftwijfel worden gekoppeld aan seksuele activiteit. Kan zich niet helemaal blootgeven vanwege een reserve aan emotionele bagage, die definitief opgeruimd moet worden. Voelt zich misschien achtergesteld of beperkt door persoonlijke angsten of reserves. Een nieuwe levensvreugde is vereist.

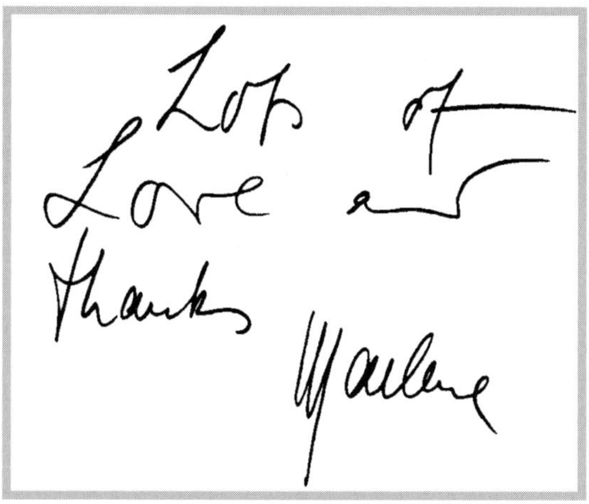

Het krachtige en levendige handschrift van filmster **Marlene Dietrich**. *Haar* v, *met wimpels aan beide kanten, laat zien dat zij heel graag met mannen flirt en hen naar zich toe trekt, vooral voor steun en geruststelling. Maar er was een innerlijke strijd. Als ze leed, wilde ze dat haar mannen dat wisten. Ik ben ervan overtuigd dat ze van een beetje theater hield!*

W

✍ Een handig hulpmiddel om te bepalen hoe enthousiast de schrijver is en welk soort energie ten grondslag ligt aan zijn daden. Aan de hand van de *w* kunnen we vaststellen of hij licht ontvlambaar of ontspannen is, snel onder de indruk of tamelijk kritisch. Hij laat ons in bepaalde gevallen ook zien of deze persoon de eigenschappen van een winnaar heeft.

Enthousiasme

Ieder van ons heeft een hartstocht, voor sport bijvoorbeeld, voor vissen, koken, astronomie, postzegels, wat dan ook. We weten niet waarom, het valt niet uit te leggen, maar deze activiteit trekt ons als een magneet aan. Er is niets wat ons zo gelukkig maakt of onze fantasie zo prikkelt. Als we dit toch altijd konden doen, dan voelden we ons pas echt fantastisch!

Maar hoeveel mensen zijn er wel niet die bij het kiezen van een baan hun hartstochten totaal over het hoofd zien, het soort werk waar ze echt warm voor zouden lopen de rug toekeren ten gunste van saai en geestdodend werk waar ze naar eigen zeggen volstrekt ongeschikt voor zijn? 'Het levert toch geld op,' zeggen ze, vermoeid hun schouders ophalend. Jaren later beseffen ze natuurlijk dat deze voorkeur voor geld een vergissing was, maar dan is het vaak al te laat; dan kunnen ze alleen nog maar dromen van wat ze hadden kunnen zijn, als...

Waar je enthousiasme naar uitgaat, zit ook je hart. Leef je hartstochten dus naar hartenlust uit, laat ze voor jou werken. Wees niet zo laf allerlei excuses te verzinnen: 'Ik ben te oud.' 'Daar heb ik de opleiding niet voor.' 'Ik kan zo'n risico niet nemen, ik moet een gezin onderhouden.' Natuurlijk zijn die dingen belangrijk, maar het zijn niet de énige overwegingen. Laat je besluiten niet sturen door zelftwijfel, vooral bij zaken die zo belangrijk zijn voor je persoonlijke geluk als je carrière; nee, geef je over aan dat enthousiasme. Het geluk staat echt aan de kant van de dapperen, net zoals het de lustelozen, de cynici en de onverschilligen de rug toekeert. Zodra we ons talent paren aan moed en toegewijde daadkracht, worden we dapper en onstuitbaar. Hoe onbereikbaar onze dromen ooit ook leken, ze liggen nu, misschien voor het eerst, voor het grijpen. Je hartstochten wijzen de weg naar je lotsbestemming, bestrijd ze dus niet – geef eraan toe.

Iedereen heeft zijn eigen bestemming;
het enige gebod is haar te volgen,
te aanvaarden, waar ze ook toe leidt.
—Henry Miller

W

Kijk naar de verhouding van de twee holtes van de *w*. Zijn ze gelijkmatig en stevig, wat enthousiasme aangeeft? Of zwak en onregelmatig, wat betekent dat de schrijver snel geprikkeld is en zijn energie verspilt? Zo ja, dan vergooit hij zijn leven misschien ook – door eeuwig onbereikbare dromen na te jagen.

Stevig, krachtig, beide kanten gelijk: Kenmerk van een echte enthousiasteling. Kieskeurig in wat hij doet. Verspilt geen tijd aan een of andere gril. Moet weten of zijn inspanningen beloond zullen worden. Als zijn belangstelling is gewekt, zal hij een groot aanhanger zijn, positief en stimulerend. Sleept anderen mee in zijn opwinding.

Zijpoten te hoog: Geestdriftig over alles en iedereen. Enthousiasme staat in geen verhouding tot het onderwerp. Ziet mogelijkheden in ideeën waar anderen die niet zien, maar kan onverstandig handelen. Is te veel op zoek naar het aangename aspect. Verspilt mogelijk waardevolle tijd en energie, maar zegt: 'Ach wat doet het ertoe, als we lol hebben?'

Stevig, maar scherp: Beheerst. Is oprecht enthousiast, maar verspilt geen energie. Wil dat alles goed georganiseerd is. Coördinatie van de middelen is belangrijk. Vindt chaotische situaties verontrustend en wanorde frustrerend. Je kunt de teugels beter strak in handen houden en ervoor zorgen dat alles vlotjes verloopt.

Wegvliegende staart: Deelt zijn enthousiasme met anderen. Wil graag meewerken aan een gezamenlijke inspanning. Prikkelt de verbeelding van anderen in de hoop hen over te halen. Goede leidersgeest. (Als deze *w* los staat van de letters eromheen, dan wil de schrijver anderen bij zijn plannen betrekken, maar als zij geen belangstelling hebben gaat hij net zo lief alleen verder.)

Armen naar binnen gedraaid: Teken van een winnaar. Wil de beste zijn. Echter niet alleen maar winnen, hij wil dat men hem zíet winnen. Wat heeft het anders voor zin? Zal zijn best doen om te slagen, maar hij verwacht beloningen voor zijn inspanningen – lof, aandacht, geld, íets.

Wuivend in de wind: Doet alsof hij over alles onaangedaan is, maar diep vanbinnen wil hij heel graag dat anderen meedoen. Hij probeert verleidelijk te zijn, maar dit kan voortkomen uit een lage dunk van zichzelf. Hij wil geaccepteerd worden en kan prikkelbaar worden als hij wordt genegeerd.

Hoog in het midden: Onstuimig. Zet zich honderd procent in voor plannen, al maakt hij soms de verkeerde keuzen. Is graag betrokken bij situaties en bezigheden terwijl zijn verstand hem misschien ingeeft dat hij zich gedeisd moet houden. Als er problemen zijn, haalt hij zijn schouders op en zegt hij: 'Ach, zo is het leven,' om door te gaan met het volgende dat hem in het oog springt.

Klein: Niet zichtbaar enthousiast. Geringe en lusteloze inspanningen. Elke activiteit moet de moeite waard en gerechtvaardigd zijn. Meer een volger dan een leider. Als hij opklimt heeft hij veel volgelingen nodig om hem gerust te stellen dat hij op de goede weg is. Zou er baat bij hebben als hij blijk gaf van wat hartstocht.

Bolvormig: Enthousiast, maar ook defensief als hij wordt bekritiseerd. Niet het type dat zomaar opgeeft. Wil graag dat anderen zijn plannen goedkeuren en eraan meedoen. Als ze dat niet doen, zal hij zich gekwetst voelen. Breekbaar ego moet voorzichtig aangepakt worden.

Opgerekt: Zelfzuchtig, constant in zijn voorkeur en gewoonten. Wil de dingen doen waar hij zin in heeft en geeft daarom niet snel toe aan de wensen van anderen. Voelt zich verkrampt of claustrofobisch als anderen te veel van hem eisen. Laat hem zijn eigen gang gaan.

X

> Een *x* geeft ons een goed beeld van de betrouwbaarheid van de schrijver. Is hij trouw aan zijn partner bijvoorbeeld? Meent hij het echt als hij zegt: 'Jij bent de enige voor mij?' De *x* laat ook zien of deze persoon een loyale werknemer zal zijn of het type dat eeuwig naar nieuwe mogelijkheden uitkijkt?

Verplichting

Voor sommigen is het idee van verplichtingen al beladen met gevaren. Zij steken hun nek niet te ver uit uit angst dat iemand hun hoofd eraf zal hakken. Dus huren ze liever een flat dan dat ze zich verbinden aan een lening en hem kopen; je hoort dat ze zullen gaan trouwen en zes maanden later gaat het huwelijk niet door omdat ze bang zijn geworden. Een zweempje verantwoordelijkheid en ze speuren naarstig naar een vluchtroute.

En dan heb je de besluitelozen. In hun ogen is er altijd een kans dat iets groters en mooiers en spannenders om de hoek ligt te wachten, wat ze natuurlijk zouden mislopen als ze zich te snel tot iets anders zouden verplichten. Ze blijven dus zoeken, van het ene enthousiasme naar het andere springend, zonder ooit lang genoeg stil te staan om een verschil te zien. Zij jagen hun hele leven illusies na, rusteloos zoekend naar de volgende klápper, die hun zelden vreugde of geluk geeft als hij zich voordoet, domweg omdat hun ogen alweer speuren naar de volgende klápper!

Door je aan wat dan ook te binden, loop je het risico teleurgesteld te worden – je koopt een dure tweedehands sportauto net als ze de productie van onderdelen ervan stilleggen; je trouwt met A en ontdekt dat B knapper is of in betere kringen verkeert – maar verbintenissen hebben hun eigen voordelen. Je krijgt de naam betrouwbaar te zijn. Als je eenmaal je handtekening hebt gezet, weten anderen dat ze erop kunnen vertrouwen dat je je karwei zult afmaken. Ze zien dat het je menens is, dat al je inspanningen, emoties en energie gericht zijn op dit ene resultaat. Alles of niets, je zúlt iets bereiken. Niets of niemand kan een persoon in de weg staan die weet wat hij wil en die vastbesloten en toegewijd genoeg is om het te krijgen.

Qua beloften zijn alle mensen eender,
alleen in hun daden verschillen ze.
—Molière

X

✍ **Kijk naar** de totaalvorm van de *x*. Ziet hij eruit als een kruis? Zo ja, dan is de schrijver zowel in zijn werk als in zijn relaties toegewijd en geeft hij alles wat hij heeft aan zijn partner en collega's. Lussen wijzen op een verborgen agenda, iemand die zich niet openlijk en geheel kan binden.

Kruis: Een verlangen om zich te binden. Geeft recht uit het hart in de hoop hetzelfde terug te krijgen. Misschien iets te optimistisch en vriendelijk, maar hij weet dat onvoorwaardelijk geven veel goodwill genereert en genereuze beloningen brengt. Kan uitgebuit en teleurgesteld worden, maar dat is een geringe prijs.

Met lus: Heeft reserves. Mist vertrouwen. Niet bereid tot het uiterste te gaan. Kan ontwijkend zijn als hij in de hoek gedreven wordt. Neem zijn beloften met een korreltje zout. Veel heimelijke gedachten gaan schuil achter flinterdunne excuses. Verward over zijn eigen behoeften, dus kan hij ook niet aan die van anderen voldoen. Moet zijn prioriteiten opnieuw vaststellen, anders kan hij doelloos gaan ronddobberen.

Lange stok naar linksboven: Mogelijk te veel afhankelijk van partner. Als niet aan zijn behoeften wordt voldaan, is hij gedesillusioneerd, en ook onzeker als de realiteit van een relatie niet aan zijn verwachtingen voldoet. Wil gerustgesteld worden, zoekt steun en tekenen van stabiliteit. Zou er veel baat bij hebben onafhankelijker te worden en zelf beslissingen te nemen.

Rug aan rug: Naïef, beminnelijk, betrouwbaar. Verplicht zich te snel, belooft alles, geeft onvoorwaardelijk. Kinderlijke visie op liefde. Moet in bepaalde opzichten nog volwassen worden. Beschermt zijn hart tegen de realiteit, kan de cynische werkelijkheid niet onder ogen zien. Diep gekwetst door afwijzingen. Genegenheid kan intens en allesverslindend zijn. Laat hem voorzichtig vallen.

Onderlus: Vindt het onaangenaam ware gevoelens te tonen, gewoon omdat zijn ware gevoelens te somber of te intens zijn. Oude angsten liggen onder de oppervlakte op de loer en opgekropte seksuele en emotionele energie zoekt naar een uitweg. Kan zich pas aan een ander binden als hij zich helemaal aan zichzelf heeft gebonden.

Lange stok naar rechtsboven: Wil altijd de overheersende partner zijn. Wil misschien te graag winnen, bereid al het nodige te doen om situaties naar zijn hand te zetten. Als de partner dat accepteert is het goed. Anders kan het tot dagelijkse machtsstrijd en ongeluk leiden.

Klein: Eenvoudige verplichting. Heeft misschien niet genoeg fantasie om ontrouw te zijn. Maar speel niet met zijn genegenheid, want dan kan hij gaan zwerven. Wees eerlijk tegen hem en hij blijft bij je; permitteer je je vrijheden in de liefde, dan kan hij wel eens op zoek gaan naar iemand die zijn aandacht meer waard is.

Te groot: Gevoelig. Bereid alles te geven en te riskeren, maar weet niet altijd aan wie. Wil ten koste van alles bevrediging. Kan zich problemen op de hals halen door te gretig te zijn. Streeft naar perfectie maar treft alleen geschipper aan. Het streven naar persoonlijke bekrachtiging kan een wissel trekken op zijn energie.

Gekanteld: De partner van de schrijver verplicht zich doorgaans in hoge mate, of doet tenminste meer zijn best dan de schrijver. Deze persoon kan zich een gevangene of een Jan Hen voelen, of voortdurend op zijn verplichtingen als partner gewezen worden.

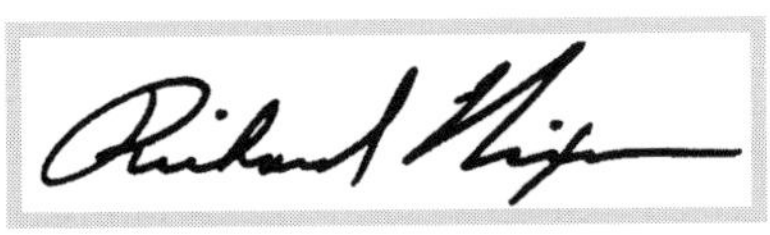

Een man die niet hoeft te worden voorgesteld: de lange schuine streep in **Richard Nixons** x *laat zien dat hij bijna té toegewijd was aan zijn verrichtingen. Hij was bereid alles te doen om situaties in de hand te houden en hij moest altijd het laatste woord hebben, of hij nu gelijk had of niet.*

y

✍ De letter *y* beslaat een breed scala aan situaties, die allemaal iets te maken hebben met verantwoordelijkheid. Als je wilt weten of iemand betrouwbaar met geld is en zijn rekeningen op tijd betaalt, of hij een taak liever delegeert dan zelf doet, of hij kan omgaan met verwijten als hij een fout maakt, dan geeft de *y* de antwoorden.

Verantwoordelijkheid nemen

Mensen zijn eigenzinnige wezens. We zijn de vindingrijkste en krachtigste soort op de planeet – berekend op actie, gemáákt om te scharrelen en allerlei uitdagingen bij de hoorns te vatten – en toch staan de meesten van ons erop ver beneden ons kunnen te werken, tweedeklas door het leven reizend terwijl we ons gemakkelijk eersteklas kunnen veroorloven als we ons maar voldoende inspannen.

De enige manier om te ontdekken waartoe we in staat zijn, is door onszelf op de proef te stellen, verder te gaan dan wat we al kunnen en naar iets hogers te streven. We zijn voorbestemd grote dingen te bereiken, hoger te reiken en verder te reizen dan we onszelf doorgaans toestaan, dus je kunt wat dit betreft je verbeelding de vrije loop laten. Denk groot. Haal jezelf uit de sleur en durf een plan of avontuur uit te stippelen dat je over de grenzen die je jezelf gesteld hebt heen tilt. Voor sommigen is hun eerste kind meer dan genoeg avontuur. Zij vinden het al een hele verantwoordelijkheid om hun kind door de mijnenvelden van de eerste levensjaren te loodsen. Anderen hebben hetzelfde gevoel bij het beginnen van een eigen bedrijf, of het leiden van een gaarkeuken voor de daklozen, of het weggooien van hun creditcards en sinds jaren weer leven van hun inkomen. Het doet er niet toe wat je doet, zolang het je maar uit de sleur van de routine haalt die je 'normaal' vindt en het je naar onontgonnen gebied leidt.

En als de dingen fout gaan en niet zoals je had gehoopt, dan is dat ook goed. Knijp er niet stilletjes tussenuit en geef anderen niet de schuld voor jouw fouten; neem de verantwoording voor elke nieuwe ontwikkeling, positieve of negatieve, en accepteer deze als een stap op weg naar een vervolmaakt, verstandiger en tevredener bestaan. Weet dat je over alle middelen beschikt om elke gevaar de baas te zijn. Meer zelfs.

De stommiteiten waarvan een mens het meeste spijt heeft,
zijn die welke hij niet begaan heeft toen hij de kans had.
—Helen Rowland

y

Kijk naar de staart van de *y* – hoe hij zwaait en de grootte van de lus, als er een is. Een zwaai naar links betekent dat iemand de verantwoordelijkheid aankan. Alles wordt zorgvuldig en op het juiste tijdstip gedaan. Naar rechts betekent dat iets uiteindelijk gedaan wordt. Hoe groter de lus, des te meer de persoonlijke zorgen en verantwoordelijkheden van de schrijver boven andere zaken in het leven gaan.

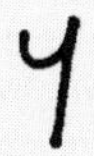

Staart recht naar beneden: Kalm onder druk. Aanvaardt verantwoordelijkheid, pakt problemen met een vaste hand aan. De verantwoordelijkheid kan niet verder worden afgeschoven. Niet iemand die delegeert als hij daar geen goede reden voor heeft. Als er deadlines zijn, zal hij die niet overschrijden. Rekeningen worden gewoonlijk op tijd betaald. Telt graag mee. Wauw!

Staart met lus: Kalme, weloverwogen handelingen. Brengt eigen belangen graag in evenwicht met externe taken. Hoe groter de lus, hoe meer de schrijver zich bezighoudt met persoonlijke zaken. Hij denkt dat hij verantwoordelijkheid aankan. Maar schijn kan bedriegen. Onverwachte gebeurtenissen kunnen de kalme façade ontwrichten.

Binnenwaartse krul: Durft de verantwoordelijkheid aanvankelijk misschien wel aan, maar zal bij de eerste de beste tegenslag dekking zoeken. Kan er helemáál niet tegen als hij de schuld krijgt! Hij kan gewoon niet geloven dat iemand hem fouten durft aan te wrijven. Als hij de eindverantwoording heeft, reken dan op een woede-uitbarsting.

Lange uithaal: Bereid al het mogelijke te doen om een goed resultaat te garanderen, maar als er een crisis is zal hij proberen de schuld op een ander te schuiven. Niet iemand die vrijwillig fouten opbiecht als er een alternatief is. Waarom zou je de schande van schuld op je nemen als je de kritiek op een andere arme sukkel kunt schuiven? Een beetje laf, maar sluw.

Lus met wimpel: Bewust van verantwoordelijkheden, gaat er op een zakelijke manier mee om. Stelt anderen op de eerste plaats en zijn eigen zaken op de tweede. Gelooft in het leveren van een positieve bijdrage en verwacht daar wel bij te varen. Is waarschijnlijk een bekwaam en toegewijd lid van de gemeenschap.

Wegvliegende staart: Delegeert graag. Als het lijkt alsof hij meer presteert dan anderen, komt dat misschien doordat hij anderen zijn werk laat doen! Slimmerik. Zijn aanpak of activiteiten zijn niet altijd even duidelijk, dus stel vragen en verzeker je ervan dat hij zich aan zijn beloften houdt.

Puntige staart: Kritisch. Kan veel problemen tegelijk aan, met nog diverse andere kwesties op een laag pitje. Verantwoordelijk maar druk. Zegt waarschijnlijk tegen anderen wat ze moeten doen en geeft hun een richtinggevoel, maar of hij weet wat goed voor hemzelf is, is een andere zaak.

Verborgen staart: Deze persoon lijkt een open boek, die mensen en bijkomende verantwoordelijkheden verwelkomt, maar diverse details worden geheim gehouden. Hij kan ook relevante gegevens negeren in plaats van er iets mee te doen. Misschien niets onheilspellends, maar kijk voor de zekerheid nog een keertje goed.

Met grote uithaal: Scherp, knorrig. Heeft het gevoel dat hij al te veel moet doen. Anderen maken de dingen alleen maar erger. Neemt een defensieve houding aan om anderen op afstand te houden. Is er goed in mensen te vertellen wat ze wel en niet kunnen doen, maar dat is gewoon zijn manier om de zaken een beetje onder controle te houden.

Voorover gebogen: Staat momenteel te veel onder druk – kan de spanning niet aan. Heeft het gevoel dat hij zich iedere dag in het strijdgewoel begeeft en worstelt om overeind te blijven. Misschien schudt hij nieuwe verantwoordelijkheden liever van zich af dan dat hij de extra drukte onder ogen moet zien. Is aan een lange vakantie toe.

Staart helt naar links: Betrouwbaar, slim en alert. Betaalt zijn rekeningen ruim op tijd en wordt nogal gespannen als financiële kwesties in de knoei raken. Streeft naar betrouwbaarheid en verwacht van anderen dat ze hem eerlijk behandelen. Gelooft dat hij mogelijke rampen kan voorkomen door 'de zaak in handen te nemen'.

Staart helt naar rechts: Er ligt te veel werk en er is zo weinig tijd. Hij weet niet waar hij moet beginnen. Sommige taken worden door tijdgebrek nooit volbracht. Betrouwbaar en zijn hart zit op de juiste plaats, maar hij moet leren delegeren.

Staart met krul naar achteren: Grappig, speels en een beetje stout, met heel wat in petto. Hij lijkt van buiten heel ernstig en onschuldig, maar je kunt er donder op zeggen dat hij achter de schermen allerlei slechts in de zin heeft. Zijn behoefte de massa een stap voor te blijven heeft iets duivels.

Rond en naar beneden: Waarschijnlijk iemand die moeilijke karweitjes uitstelt of onvoltooid werk verborgen houdt voor degenen die hem erom zouden kunnen bekritiseren. Hij is bang dat anderen hem van matige prestaties zullen beschuldigen en daarom ontloopt hij dit soort confrontaties.

Scherp, met lus: Pas op! Hij heeft iets in de zin, al weet je niet wat. Hij heeft vaak het gevoel dat externe krachten tegen hem zijn, dus moet hij vertrouwen op zijn vasthoudendheid en vindingrijkheid om het probleem aan te pakken. Hij heeft er een hekel aan verstrikt te raken of onderdrukt te worden, maar het gebeurt. Een vechter.

Open achterzijde: Allerlei lastige taken slokken de tijd van deze persoon op terwijl hij liever elders pret maakt. Hij vindt dat anderen hun deel van de last moeten dragen door een deel van het saaie werk aan te pakken, maar dat doen ze niet en hij zit er voortdurend mee opgescheept. Wie zei dat het leven eerlijk is?

Omhoog en naar beneden: Niet het type dat je het hele verhaal vertelt. Hij volgt zijn eigen agenda en kan daarbij tamelijk egoïstisch en veeleisend zijn. Wil dat anderen zich aan zijn plannen aanpassen. Als ze dat niet doen, stuurt hij ze weg en vindt hij iemand die instemt met zijn agenda. Dynamisch en razend makend.

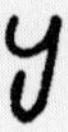

Bescheiden opwaartse staart: Iemand die zijn eigen tempo volgt. Hij wikt en weegt, hij denkt na en doet pas iets als hij er klaar voor is. Er kunnen tekenen van aarzeling zijn, maar het is waarschijnlijker dat je te maken hebt met een rustige, contemplatieve ziel. Haast hem niet. Hij komt heus wel over de brug

Platte bovenkant: Verdiept in zaken, misschien te verdiept, zo erg dat hij de basale genoegens van het leven vergeet. Deze ontschieten hem, omdat hij met zijn gedachten elders is. Hij moet zijn herinnering opfrissen over de zin van zijn leven en ontdekken wat hij mist.

Z

✍ Hier zien we hoe kritisch de schrijver kan zijn. Hoe reageert hij op andermans visie en ideeën? De vorm van de *z* vertelt ons of hij een goed beoordelingsvermogen heeft en over de noodzakelijke wijsheid beschikt om te onderbouwen wat hij zegt of dat er een hele hoop onzin uit hem komt als hij zijn mond opendoet.

Beoordelingsvermogen

Een van de grootste bedreigingen voor het succes van een idee of plan is ongevraagd advies – goedbedoelde woorden van ouders, vrienden, partners en allerlei andere lieden die beweren dat ze het beste met je voor hebben, maar wier mening vaak meer problemen veroorzaakt dan oplost.

Je kent de oplossingen voor de problemen al, maar je weet alleen niet dát je ze kent. Je hoeft alleen maar af te stemmen op je eigen oordeel, de zachte stem van je intuïtie die diep vanuit je onderbewustzijn klinkt. Dit is je interne loodssysteem. Als je het de kans geeft zal het je zonder mankeren naar het licht leiden. Als je een sterke neiging hebt iets te doen of ergens heen te gaan en je weet niet waarom of waarvoor, je hebt gewoon een knagend gevoel in je achterhoofd dat je dat zou moeten doen, dan is dat de stem van je intuïtie, met duidelijke instructies om je in de juiste richting te wijzen. Handel onbevreesd overeenkomstig die oproep, zonder aarzelen, en je zult nooit verdwalen.

Verspil je tijd niet aan zorgen over de woorden van cynici en twijfelaars. Zij scheppen er het grootste genoegen in jouw fantasie op te stoken met zo veel angsten en onzekerheden dat je nog voor je begonnen bent afziet van je plannen. En negeer alle goed bedoelende lieden die je overspoelen met hun huisbakken wijsheid, of je het nu horen wilt of niet. Je intuïtie wéét wat goed voor je is; anderen denken dat te weten. Zodra je het leven door het prisma van hun mening gaat bekijken, draag je de controle over je carrière, je geluk, je identiteit en je lot over aan het woord van een ander.

Ik houd van kritiek, zolang
het onvoorwaardelijke lof is.
—Noel Coward

Z

Kijk naar de structuur van de *z*. Als hij de gewone zigzagvorm heeft, dan vertrouwt de schrijver op zijn oordeel en benadert hij ideeën van anderen soms kritisch. Of bungelt hij als een 3-vorm onder de schrijflijn? Iemand die een 3-vorm gebruikt, beschikt gewoonlijk over veel wijsheid en kan anderen de weg wijzen.

Zuivere zigzag: Goed oordeel. Uit alleen kritiek als hij iets constructiefs te zeggen heeft, dus zijn mening is waarschijnlijk de moeite waard. Heeft altijd een mening. Geeft visie graag te kennen. Zelfs als hij geen oordeel geeft, weet je dat hij erover denkt. Je kunt dus beter om zijn bijdrage vragen dan een waardevolle mening missen.

Open 3-vorm: Kritiek geschraagd door wijsheid. Hoe groter de onderlus, des te groter zijn begripreserves. De schrijver heeft heel goed in de gaten hoe dingen werken. Combineert levenservaring met een natuurlijk diepzinnig inzicht. Wend je tot hem voor hulp en aanmoediging in tijden van spanning.

Gesloten 3-vorm: Heeft een uitgesproken levensvisie, maar die kan nogal star zijn en echte wijsheid gaat verloren in de stroom der meningen. Deze schrijver kan als hij wil afstemmen op zijn intuïtie en goede adviezen geven, maar hij vertrouwt zijn innerlijke stem niet zo. Geeft de voorkeur aan logica en rede, ook al laten die hem soms in de steek.

Naar links hangende zigzag: Wijst graag op fouten, al zal hij eerder gedreven worden door het verlangen de dingen correct te doen dan door kwaadwillendheid. Kritische houding kan conflicten veroorzaken. Ziet snel een fout, niet scheutig met goedkeuring. Zou zich moeten inhouden en wachten tot iemand zijn mening vraagt.

Naar rechts hangende zigzag: Geeft niet snel een visie en mening. Overdenkt eerst de situatie. Als hij een kritische noot heeft, zal hij die zorgvuldig formuleren. Maar zelfs dan bijt hij liever zijn tong af dan dat hij zijn mening geeft, vooral als het gevaar bestaat dat hij anderen beledigt.

Naar beneden gebogen: Deze persoon heeft een duidelijke mening over wat hij leuk vindt en wat niet, maar houdt die meestal voor zich. Hij geeft niet snel zijn mening en hij wil de jouwe zeker niet horen. Dit leidt vaak tot een patstelling. Laat hem; dwing niets af.

Achterwaarts getrokken: Sluw en scherpzinning met een oog voor details. Heeft over bijna alles een mening. Kan veroordelend zijn, zelfs wreed, in zijn beoordelingen, al denkt hij dat het in ieders belang is. Meester van de vernietigende blik en veelzeggende knipoog. Onverdraagzaam.

Hoog: Verwachtingsvol, enthousiast. Uit graag kritiek, maar zonder iemand te kwetsen. Wil gewoon, als een gretige hond, meedoen. Denkt dat alles op zijn pootjes terechtkomt. Vanbinnen is hij zelf bang voor kritiek, en daarom probeert hij anderen niet te bekritiseren.

3-vorm met doorlopende krul: Hier zit wijsheid in, maar die wordt verborgen gehouden. De schrijver geeft zijn meningen niet vrijelijk prijs, al zullen zijn advies en visie nuttig zijn als hij ze uiteindelijk geeft. Nuttig om te kennen maar denk niet dat hij je beschermengel zal zijn.

3-vorm met nauwe krul: De weinige wijsheid die er is, wordt tamelijk angstvallig bewaakt. Antwoorden worden alleen met moeite eruit getrokken. Hij wil zich niet met anderen bemoeien; en hij wil ook niet dat anderen hun neus in zijn zaken steken. Hij is tevreden met de kennis die hij heeft en houdt die voor zichzelf.

Alfabet A–Z

A

✍ De *A* zegt iets over de doelgerichtheid van de schrijver. Met hoeveel zelfvertrouwen neemt hij beslissingen en onderneemt hij dingen? Is hij zich bewust van zijn sterke en zwakke punten? Weet hij waar hij naartoe gaat en zo ja, hoe standvastig streeft hij zijn dromen na?

Onafhankelijkheid

Er is veel moed voor nodig om je eigen weg te banen in het leven. Onafhankelijkheid houdt in dat je zo zeker van jezelf bent en van de kant die je op moet, dat je gaandeweg je eigen regels vaststelt, niet gehinderd door twijfels en zonder te bezwijken voor de druk van buitenaf. Je kunt anderen om raad vragen, maar alleen jij kunt de antwoorden geven.

Ik zeg dat er moed voor nodig is, omdat tegenwoordig zo veel mensen behept lijken te zijn met een schapenmentaliteit. Ze willen bij de kudde horen, erin passen en doen wat iedereen doet. 'Ik voel me prettig, ik voel me zeker, wat zou ik nog meer willen?' zeggen ze. En op het eerste gezicht lijkt dit risicoloze duikgedrag tamelijk aantrekkelijk. Maar zij begrijpen misschien niet dat ze telkens wanneer ze een ander het denkwerk laten doen, een deel van hun eigen unieke identiteit prijsgeven en daarmee de kans om van hun leven iets heel speciaals te maken. Door zich te conformeren, geven zij de voorkeur aan apathie boven daadkracht en kijken ze hulpeloos toe hoe de voorspoed hun door de vingers glipt en talloze kansen op geluk aan hen voorbijgaan.

Je moet 'jezelf weten te redden, niet van anderen afhankelijk zijn', zoals de Boeddha zegt. De wil van de massa is heel sterk; welke richting je ook kiest, wat je doel ook is, er liggen diverse onbeduidende figuren in een hinderlaag op je te wachten om je te bekeren tot hun geloof dat zegt: ga nergens heen, doe niets. Verzet je uit alle macht tegen hun toenaderingen. Als je je dan toch moet aansluiten bij anderen, zorg er dan voor dat dat mensen zijn die je de weg kunnen wijzen naar een betere aanpak van dingen en die resultaten willen behalen en een rol van betekenis willen spelen, in plaats van steeds te zoeken naar de gemakkelijkste weg. In feite bestáát er geen gemakkelijke weg. Die heeft nooit bestaan. De weg naar mondigheid is bezaaid met moeilijkheden die we moeten overwinnen door middel van directe actie die gestoeld is op ons eigen oordeel en onze eigen taxatie van de situatie, niet door een of ander bureau te vragen onze problemen op te lossen. Doe er dus alles aan om onafhankelijk te zijn. Keer de kudde de rug toe en volg altijd, áltijd je eigen weg.

Voetstappen in de tijd ontstaan niet door stil te zitten.
—Spreekwoord

A

✍ **Kijk naar** de kracht van de *A*. Is hij hoog en kloek of is hij verschrompeld? Hoe robuuster hij is, des te onafhankelijker de schrijver zal zijn. Een verschrompelde *A* wijst op een kuddegeest. In zijn zwakke ogenblikken gaat de schrijver op in de massa in plaats van voet bij stuk te houden.

Rechtop, puntig: Sterk genoeg om de meeste stormen te weerstaan. Maakt persoonlijke keuzen zonder rekening te houden met wat anderen ervan vinden. Is redelijk maar laat zich niet intimideren of onder druk zetten. Beheerst, behoedzaam, bewust van eigen kracht, in staat onafhankelijke beslissingen te nemen en eigen agenda te bepalen.

Rechtop, afgerond: Gemakkelijk en toegankelijk. Meent dat hij een goede strategie heeft, maar hij kan worden overgehaald ervan af te wijken. Niet zo star dat hij andere mogelijkheden uitsluit. Doet zijn uiterste best de omstandigheden in de hand te houden, maar laat zich in bepaalde opzichten graag meevoeren. Moet standvastiger zijn.

Puntmuts: Enigszins gespannen. Er gebeurt een heleboel, veel problemen komen op hem af. Wil soms opgeven en opnieuw beginnen. Sporen van bedroefd- en vermoeidheid onderstrepen een onzekere houding. Voelt zich geïntimideerd en bedisseld door de buitenwereld. Heeft geruststelling en een helpende hand nodig.

Grote a in onderkast: Tamelijk onafhankelijk. Ervaring biedt noodzakelijke munitie voor de meeste situaties. Laat zich niet meer zo eenvoudig van de wijs brengen. Beziet de wereld zoals hij is en weet gewoonlijk onderscheid te maken tussen iets dat de moeite waard is en tijdverspilling. Reserves aan wijsheid wijzen op begrip maar ook op verzet tegen veranderingen.

Dwarsstreep met lus: Kampt nog steeds met zeer oude emotionele kwesties, die vrijheid en goede ondernemingen in de weg staan. Hij lijkt sterk en veerkrachtig, maar onder de oppervlakte zit zelftwijfel en zorg die zijn inspanningen ondermijnen. Het wordt tijd dat hij wat ballast afwerpt.

Wegvliegende dwarsstreep: Vraagt anderen om hulp, steun en antwoorden. Probeert dingen in zijn eentje rond te krijgen, maar het gaat gewoon niet. Hij moet weten of zijn omgeving het goedkeurt, of tenminste niet afkeurt. Bij kleinere kwesties weet hij zich te redden, maar bij grotere heeft hij hulp nodig.

Naar achteren wegvliegend: Overbelast. Vertrouwt te veel op gedateerd advies en de mening van anderen. Hun aanpak schept een precedent, dat hij steeds volgt en waar hij naar verwijst. Hij neemt niet genoeg het heft in handen en hij schuift de verantwoordelijkheid misschien te veel af op een ander.

Driehoek: Zeer onafhankelijk, op het koppige af. Een onafhankelijk denker die redelijke adviezen in de wind slaat en zijn hart volgt. Oprecht, scrupuleus en geneigd tot geringschatting van meningen die niet met de zijne overeenkomen. Levendig, standvastig, een echte vernieuwer.

Driehoek met uithaal: Deze persoon heeft iets te zeggen. Hij beschikt over een natuurlijke vitaliteit en veerkracht en ook een programma waar hij zich tamelijk strikt aan houdt. Bij onderhandelingen geeft hij even veel weg als hij krijgt en hij verwacht gunstige voorwaarden. Hij kan niet tegen onkunde en domheid.

Ineengeschrompeld: Stemmingen worden door anderen bepaald. De schrijver heeft zijn zeggenschap overgedragen aan de grillen van anderen en is nu overgeleverd aan externe krachten. In bepaalde opzichten voelt hij zich verslagen en heeft hij het opgegeven ooit nog uit te breken. Verzamelt moed en zelfvertrouwen om boven de massa uit te stijgen.

Zwaai naar beneden: Wil onafhankelijk, zonder tussenkomst, over problemen kunnen nadenken; stelt andermans voorstellen niet op prijs. Wijst externe adviezen af uit angst dat deze de situatie destabiliseren en hem van de wijs brengen. Geef hem niet je mening, tenzij hij erom vraagt.

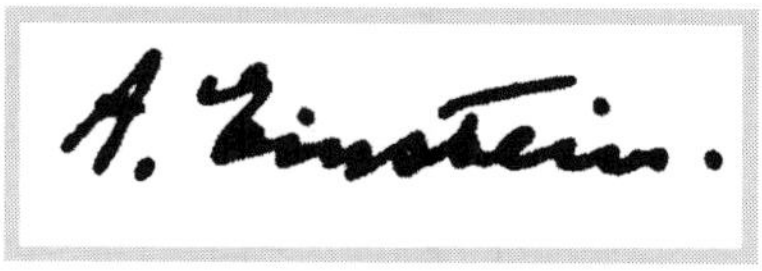

Albert Einstein. *Een briljant man met een zeer analytisch verstand. De* A *is robuust, wat wijst op onafhankelijkheid, en is van een man die tamelijk zeker was van zijn overwegingen en waarden. Hij wist wat hij bedoelde, ook al gold dat niet voor zijn omgeving! Niet iemand die zich zomaar van de wijs liet brengen.*

B

✍ *B* staat voor intimideren. Wil de schrijver zijn zin hebben, ook al moet hij daarvoor mensen opzijschuiven? Of is hij gereserveerder en bang anderen zijn wil op te leggen uit angst dat ze hem zeggen op te houden? Vaak maskeert uiterlijk krachtsvertoon onderhuidse zwakheden. Beoordeel het boek nooit naar de omslag.

Karaktersterkte

Soms ontmoet je mensen die zo'n sterke persoonlijkheid hebben dat ze waar ze ook komen een explosieve indruk maken. Hun persoonlijkheid kan in eerste instantie zo overheersend lijken dat die overkomt als overweldigend, beangstigend zelfs. Maar als je je in hun positie verplaatst en de wereld door hun ogen bekijkt, besef je dat het allemaal toneel is: de luide stem, de stemmingswisselingen, de eisende toon – het is een intelligent in elkaar gezet theaterstuk dat ontworpen is om aandacht te krijgen of, en dat is waarschijnlijker, ter verdediging dient tegen aanvallers.

Diep vanbinnen komt de brutale, veeleisende persoon eigenliefde tekort. Wat voor de buitenwereld kracht lijkt, is nep. Ware kracht, innerlijke rust of zekerheid die zorgt voor persoonlijke tevredenheid en stevige relaties met wederzijds vertrouwen, ontstaat als je jezelf accepteert zoals je bent – in voor- en tegenspoed, je goede en je slechte kanten – en vervolgens die persoon ook echt probeert te zijn. Anderen willen de ware jou zien, niet een of andere ingewikkelde mystificatie. Ze willen graag begrijpen wat je achtergrond is, zodat ze een emotionele band met je kunnen hebben; ze vinden het niet erg als je niet perfect bent. Zij zijn zelf niet perfect, dus verwachten ze dat ook niet van jou. Bovendien zou er niets meer zijn om naar te streven, als je wel perfect was, toch? Het leven zou saai zijn.

Wees aardig voor jezelf. Erken dat je naast allerlei fouten ook veel uitstekende kwaliteiten bezit – die moet je de kans geven uit de verf te komen. Vergeet niet dat de rest van de wereld je inschat zoals je jezelf inschat. Als je jezelf liefhebt en respecteert, zullen anderen dat ook doen.

Gedraag je als een lam en de wolven zullen je verslinden.
—Anoniem

B

Kijk naar de omvang van de onderste buik van de *B*. Hoe groter die is, des te sterker de schrijver vanbuiten zal overkomen. Als de buik ook nog tegen de volgende letter van het woord aanschurkt, is de schrijver vrijpostig, mogelijk overheersend en wil hij zijn zin doordrijven.

Onderbuik van gemiddelde grootte: De schrijver weet wat hij wil en verwacht dat ook te krijgen, maar hij voelt geen aandrang op zijn strepen te gaan staan. Als iets gezegd of gedaan moet worden, zal hij zich niet drukken. Heeft waarschijnlijk natuurlijk gezag zonder een beslissing te forceren. Hij meent het serieus en anderen zien dat in.

Grote onderbuik: Maak plaats, hij komt eraan! Iemand om rekening mee te houden. Sterk, vrijpostig, vaak opstandig als zijn eisen niet worden ingewilligd. Maakt zijn punten hartstochtelijk duidelijk door zich te onderscheiden en anderen in beweging te brengen. Leunt niet achterover en laat zich niet onder de voet lopen in de drukte. Verwacht serieus genomen te worden.

Kleine onderbuik: Niet assertief genoeg. Wil niet opgaan in de massa of hooghartig overkomen. Nogal bevreesd en onzeker over zijn eigen kracht. Houdt zich gedeisd. Door schade en schande wijs geworden, denkt hij. Herinnert zich hoe gekwetst hij de laatste keer was en durft zijn hol niet nog eens te verlaten. Moet meer van zich afbijten.

Stomp: 'Ik weet wat ik weet, dus denk maar niet dat je me op andere gedachten kunt brengen' – zo luidt de boodschap hier. Als een koperen steelpan: sterk, bestendig en met een bijna onverwoestbare bodem. Verdraagt de hitte en zal niet verzwakken. Is vanbinnen misschien niet al te zeker, maar dat verbergt hij goed.

Met een lus van onderen: Vraagt op de man af wat hij wil. Niet iemand die bang is voor afwijzingen. Volgens hem kun je het altijd proberen. Waar het ook om gaat, als er resultaten moeten worden behaald en actie moet worden ondernomen, is hij de juiste man.

Uit elkaar getrokken: Ondanks zijn beste bedoelingen zorgen moeilijke omstandigheden en externe druk ervoor dat deze persoon zijn voornemens uit het oog verliest. Hij duwt ertegen en trekt eraan, hij doet wat hij kan, maar het is een zware opgave. Hij verliest. Het wordt tijd dat hij rust neemt, zijn positie heroverweegt en een nieuwe aanpak probeert.

Zwaai naar achteren: De visie van de schrijver op huidige omstandigheden wordt beïnvloed door ervaringen uit het verleden en zijn opvoeding. Maar dit hoeft niet slecht te zijn. Conditionering en ervaring kunnen samen vaak tot een reusachtige energie leiden. Mogelijk wijs en onverwacht goed op de hoogte.

Naar voren geschoven stok: Een vechter die tegen beter weten in doorgaat. Een gedreven persoon. Veel persoonlijke kwesties die teruggaan tot zijn jeugd verhinderen progressie en maken dat hij harder zijn best doet dan hij zou moeten doen. Hij zou verder kunnen komen, als hij zich ontspande en ophield met duwen.

Gerimpelde buiken: Is zo nu en dan gespannen en bang; kan dat moeilijk verbergen. Het leven lijkt vol te zitten met nare wendingen en het kost veel energie om die op afstand te houden. Er zijn momenten dat hij het gevoel heeft dat het hem allemaal te veel wordt. Hij kan nu geen tegenslagen meer gebruiken.

Overhangende bovenbuik: Mist zelfvertrouwen; nogal zwak vanbinnen. Heeft de neiging de slachtofferrol aan te nemen en onder druk te heftig te reageren. Hij is te snel gekwetst en hij heeft er moeite mee na een teleurstelling of schijnbare mislukking terug te veren. Dit kan zo niet doorgaan. Hij moet hoognodig wat weerbaarder worden.

Stok met lus: Achter de activiteiten van deze persoon gaan heel wat gedachten en innerlijke vragen schuil, waarschijnlijk veroorzaakt door gebeurtenissen of conditionering in zijn jeugd. Achter alles wat hij doet zit grote bezorgdheid of zijn verrichtingen wel de juiste zijn. Lichtelijk verward.

Puntig: Scherp en tamelijk vasthoudend in het najagen van zijn doelen. Hij kan onbuigzaam zijn en anderen al gauw onbedoeld irriteren. Zij geven hem misschien de dingen waar hij om vraagt om hem een genoegen te doen. Zijn aanpak heeft iets onverzettelijks: dingen worden geregeld, maar ten koste waarvan?

C

> Sommige mensen hebben een grote honger naar kennis – nieuws, opinies, feiten, onbelangrijke dingen, wat dan ook. Overal halen zij informatie vandaan. Anderen zijn kieskeuriger. Zij willen niet alles weten, alleen de relevante dingen. De *C* vertelt je wie wie is.

Kennis

Je kent het gezegde 'kennis is macht'? Dat is tot op zekere hoogte waar, maar het is niet de hele waarheid. Kennis wordt pas echt macht als ze goed gebruikt wordt; daarvóór is het niet meer dan een hoop gegevens. Als we onze kennis niet positief gebruiken zodat het op een of andere manier bijdraagt aan onze persoonlijke groei en die van anderen, dan kunnen we haar net zo goed niet hebben. Je kunt 's werelds grootste geleerde zijn of een fanaat op het gebied van trivialiteiten, maar als al die kennis alleen maar in je hoofd blijft zitten, wat heb je er dan aan?

Het vergaren van kennis zou een ongedwongen genoegen moeten zijn. Je leert het snelst als iets je fascineert. Het is daarom heel logisch als je een baan kiest die tot je verbeelding spreekt en die het echt leuk maakt om de kneepjes van het vak te leren, als je van plan bent hetzelfde werk dag in, dag uit te doen en duizenden uren van je kostbare leven erin te stoppen. Uiteindelijk bepaalt de moeite die je ervoor doet of je wel of niet gelukkig bent in je werk, maar het is onvoorstelbaar hoeveel mensen die simpele waarheid niet inzien. Ze begrijpen het gewoon niet. Ze begrijpen niet dat werk een aangename ervaring zou moeten zijn. In hun beleving zijn hobby's en sport dingen om van te genieten; een baan is iets anders: zwaar werk, een noodzakelijk kwaad waarmee de rekeningen worden betaald zodat je je kunt ontspannen en meer vrije tijd hebt. Maar is dit niet weer onze oude vriend 'kuddegedrag'? Zo hoeft het niet te zijn. Hoe kan men per slot van rekening van je verwachten dat je je met hart en ziel overgeeft aan een baan die je ontzettend saai vindt?

Als je geboeid bent door wat je doet, heb je geen moment spijt van de tijd die je eraan besteedt. Als je er niet voor betaald werd, zou je het waarschijnlijk voor niets doen. Zoals ik al zei, hebben we allemaal minstens één grote hartstocht, iets dat ons enthousiast maakt en wat het leren ervan eenvoudig maakt. Deze hartstocht is de sleutel tot je bestemming. Laat een ander het saaie werk doen; jij blijft bij datgene waarvan je houdt en door dat te doen breng je jezelf op één lijn met je ware doel en kom je steeds dichter bij het leven dat je voorbestemd bent te leiden.

Je kunt beter staande sterven dan op je knieën leven.
—Dolores Ibarruri

C

✍ **Kijk naar** de ruimte binnen de *C*. Hoe meer ruimte erin zit, hoe meer kennis deze persoon vergaart en hoe beter hij informatie absorbeert. Een *C* met heel weinig ruimte binnenin is van iemand met een zeer beperkte belangstelling, die weet wat hij leuk vindt en daaraan vasthoudt.

Gemiddelde grootte: Slim, met een brede belangstelling. Zuigt kennis op en vindt duidelijk voldoening in leren, maar kan een manusje-van-alles zijn. Is op zijn vakgebied waarschijnlijk een expert. Ook al heeft hij de verkeerde baan gekozen, hij zal toch proberen carrière te maken.

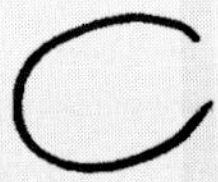

Groot, diep: Een onderzoekende geest met een grote honger naar kennis. Een wendbare, levendige aanpak zorgt ervoor dat hij beter dan anderen nieuwe ideeën kan aanpakken en ze aan zijn behoeften aanpast. Kan afdwalen, al was het alleen maar omdat alles zo fascinerend is. Moet zich iets meer op één ding richten.

Ondiep: Zeer kieskeurig. Alleen geïnteresseerd in bepaald soort informatie. Ziet van verre al wat onzin is. Deze persoon heeft soms een beperkte kijk op de wereld en een bekrompen standpunt. Kan interessante feiten missen doordat hij zich maar op één ding richt. Zou moeten proberen zijn horizon te verbreden.

Met lus: Een lus wijst op een scala aan vooroordelen die kennisvergaring in de weg staan, met starre overtuigingen. Vaak het resultaat van ervaring. Deze schrijver heeft veel levenslessen gehad. Tegenwoordig houdt hij zich vast aan oude angsten, zorgen en vooroordelen. Een gewoonte die moeilijk te doorbreken is.

Klein: Wat niet weet, ... Leren is geen prioriteit. Hij neemt genoegen met het beproefde en laat anderen zich vermoeien in hun streven naar kennis. Meer informatie leidt alleen maar tot meer complicaties; in zijn ogen wordt het leven eenvoudiger naarmate je minder weet.

Achterwaartse lus: Beperkt door oude ideeën die nog steeds de neiging hebben alles wat hij leert te kleuren. Hij zal waarschijnlijk niet accepteren dat hij een beperkt verstand heeft. Desondanks houdt hij vast aan veel vooroordelen die ruime gedachten in de weg staan.

Scherpe blokkade: Hij zegt: 'Ik wil het gewoon niet weten, goed?' Cynisch, geblokkeerd, onbeweeglijk. De schrijver kan heel goed leren, maar er zijn obstakels waar niets overheen komt. Hij moet proberen rigide gedachtepatronen te laten varen en een paar nieuwe ideeën omarmen.

Naar voren hellend: Ongelukkig over gang van zaken. Hoe meer hij ontdekt, des te slechter bevalt de situatie hem. Blijft maar nieuwe verschrikkingen ontdekken. Hij probeert nieuwe crises af te houden terwijl hij de huidige problemen aanpakt. Ik denk dat hij vindt dat het leven momenteel uit de hand loopt. Zorg dat je er weer vat op krijgt!

Met klein lusje: Deze persoon heeft een paar zware lessen geleerd; als gevolg daarvan zijn een paar ideeën stevig verankerd, om nooit meer te verdwijnen. Voor hem zijn feiten feiten, dus verspil geen tijd aan gediscussieer.

Met achtersteuntje: Hij is bereid zijn kennis uit te breiden, maar vindt het moeilijk vastgeroeste gedachtepatronen aan te passen. Hij benadert nieuwe informatie zeer kritisch. Dit gaat terug tot zijn opvoeding en culturele invloeden.

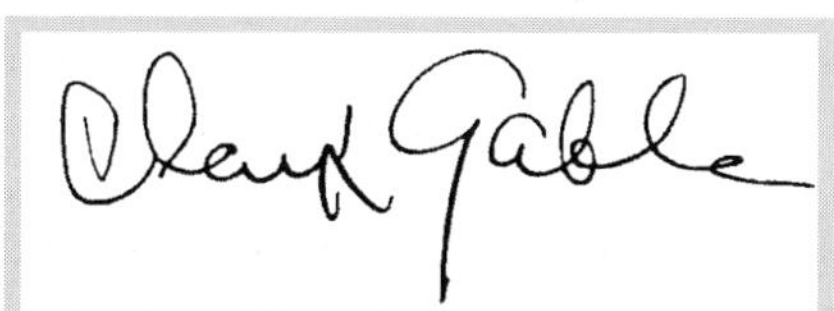

Een man die dacht dat hij alles wist. ***Clark Gables*** C *is gesloten en hoekig, en blokkeert een heleboel belangrijke informatie. Hij had behoorlijk veel verstand van bepaalde onderwerpen en hij wilde graag nieuwe dingen proberen en veel onderzoeken, maar als hij eenmaal ergens over had nagedacht, dan viel daar niet meer aan te tornen.*

D

> ✍ De *D* laat zien hoe vasthoudend de schrijver kan zijn als het erop aankomt. Is hij het type dat blijft doorgaan tot hij tegen de verwachtingen in wint en zijn dromen werkelijkheid worden, of geeft hij bij de eerste de beste tegenslag al op?

Doorzettingsvermogen

Een van mijn moeders favoriete uitspraken was: 'God houdt van doorzetters', en ik heb in mijn eigen leven altijd ervaren dat dat waar is. Doorzettingsvermogen en hard werken leveren samen een eigen speciale magie op. Zoals Vidal Sassoon zei: 'Alleen in een woordenboek staat succes voor werk.' Om een doel te bereiken is een plan niet voldoende – iedereen is altijd wel een kéér iets van plan – je moet ook uithoudings- en doorzettingsvermogen hebben die nodig zijn om dat plan met succes uit te voeren. Niets kan degene verslaan die als een automaat doorzet en die weigert op te geven, zelfs als alles tegen lijkt te zitten.

Natuurlijk moeten je plannen goed gefundeerd zijn, of ze nu enorm ambitieus of tamelijk veilig en niet-avontuurlijk zijn. Waarom zou je je tijd verspillen aan een halfslachtige fantasie die toch nooit gerealiseerd kan worden? Gebruik je verstand. Onderzoek je doel, toets het en vraag zo nodig advies aan een kenner; dan pas kun je aan de volgende fase beginnen. Want als de funderingen zwak zijn, kun je nog zo goed je best doen, één trillinkje, één tikje tegen het zelfvertrouwen en het hele bouwwerk stort in, met medeneming van al je dromen.

De andere belangrijke sleutel voor doorzettingsvermogen: houd vast aan je oogmerk. Wees geen vlinder die van het ene naar het andere doel fladdert en houd er niet halverwege mee op omdat niets lijkt te lukken. De resultaten waar je op uit bent, liggen misschien om de volgende hoek op je te wachten – morgen, overmorgen, volgende week – je zult het pas weten als je geduld hebt en doorgaat. Dat maakt het leven zo prachtig. Het kan onvoorspelbaar zijn, het kan soms ook verwarrend en geheimzinnig en frustrerend zijn, maar het ontvouwt zich altijd, áltijd in jouw voordeel. Geloof dat, vertrouw erop en zet hoe dan ook door. God houdt echt van doorzetters!

De toppen waar de groten der aarde verkeren
Bereikten zij niet met één sprong, onverwacht
Waar hun companen de slaap prefereerden
Zwoegden zij opwaarts, gestaag in de nacht.
—Henry Wadsworth Longfellow

D

Kijk naar de omvang van de buik van de *D*. Hoe groter die is, hoe meer doorzettingsvermogen de schrijver zal hebben. Een *D* met een grote buik wijst op een sterke persoonlijkheid, iemand die geen nee accepteert. Een kleine, nauwe *D* is gewoonlijk van een voorzichtig iemand die niet zo vastbesloten is en wiens voornemens voortdurend veranderen.

Gemiddelde buik: Weet wanneer hij zijn plannen moet doordrukken en wanneer hij geduld moet hebben en zijn tijd moet afwachten. Vindt het onaangenaam anderen te dwingen bevelen op te volgen, maar zal al het nodige doen om de zaak aan de gang te houden. Niet iemand die zomaar opgeeft. (Als de *D* de volgende letter raakt, is de schrijver iets vrijpostiger dan als dat niet het geval is.)

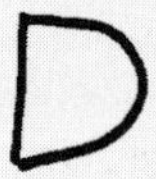

Bovenmatige buik: Laat duidelijk zien wie de baas is. Wil graag gezien worden. Verwacht van anderen dat ze hun opdrachten uitvoeren. Deze persoon is dominant, vaak overweldigend en zal niet ophouden voor het werk klaar en de buit binnen is. Vrijpostig en volhardend. Het is moeilijk voor hem zich níet te laten gelden.

Dunne buik: Timide, kruipt niet uit zijn schulp. Bij het eerste teken van een tegenslag wil hij instinctief terugdeinzen en opgeven. Komt tekort in afwerking. Gedachtegang: 'Prestaties impliceren risico's met kans op mislukken, wat verlegenheid kan veroorzaken en die onderstreept alleen maar mijn gebrek aan zelfwaarde. Waarom zou ik het dan proberen?' Hier is een grondige revisie van basale levensprincipes vereist.

Onderlus: In zijn omgang met mensen kiest hij voor de directe aanpak. Alleen zo krijg je iets gedaan. Hij denkt, waarom zou ik mijn tijd verspillen aan het geven van hints of door er omheen te draaien? Legt de feiten op tafel en heeft lak aan de consequenties. Achter zijn verrichtingen kan een strategie en gewiekstheid schuilgaan.

Te grote buik, kleine stok: Een groot deel van het karakter van de schrijver is uiterlijk vertoon. Wat op het oog zelfvertrouwen is, is niet meer dan een masker voor de innerlijke onzekerheid. Compenseert zijn innerlijke zwakte door anderen te commanderen en doorgaans overdreven gedrag.

Achterzwaai: Daden zijn sterk beïnvloed door gebeurtenissen en ervaringen uit de kindertijd of het verre verleden. Hij denkt dat zijn gedrag gerechtvaardigd is, omdat hij als kind leerde zo te reageren. Zijn vasthoudendheid dient misschien gewoon om zijn waarde aan anderen aan te tonen.

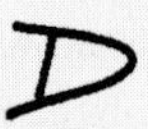

Puntig: Scherpe, no-nonsensehouding. Misschien geen meedogenloos iemand, maar hij kan zo nu en dan zeker lastig zijn en anderen onder druk zetten zich op een bepaalde manier te gedragen en te doen wat hij wil. Vasthoudend als hij een doel in het vizier heeft. Gaat op zijn eigen voorwaarden met het leven om.

Neerwaarts, puntig: Zal zéker een paar mensen ondersteboven lopen als hij doortastend en vasthoudend op zijn doel afgaat. Hij wil alles nu en hij verwacht dat anderen aan de kant gaan om de eenvoudige reden dat hij eraan komt. Ongeduldig. Haat afstel. Heeft een opgeblazen eigendunk.

Met lus: Gedachten gaan de ene kant op, daden de andere. Deze persoon heeft veel kanten, al blijkt dat misschien niet bij de eerste ontmoeting. Twijfels en andere zorgen versperren hem de weg naar de grote prijs. Deze worden als oude plaatjes steeds maar weer in zijn achterhoofd afgespeeld.

Megafoon: Vurig, strijdlustig, vastbesloten. Laat zich niet gemakkelijk verslaan of van de wijs brengen. Een echte vechter die er alles aan doet om te winnen. Een sterke overlevingsdrang, wat tot confrontaties kan leiden en een algemene vlucht van degenen die niet zo alert en gevat zijn. Pas op.

Rondzwaai: Een drijvende kracht met vastomlijnde prioriteiten. Deze schrijver weet precies wat hij wil en is vastbesloten het te krijgen; hij duwt iedereen opzij bij het najagen van zijn doel. Indrukwekkend, moeilijk af te leiden, met motivaties die moeilijk te doorgronden kunnen zijn.

Met uithaal: Wil de baas spelen. Waant zich superieur en bekritiseert anderen vanwege hun zwakheden. Deze persoon wordt gedreven door de beste bedoelingen en hij accepteert geen uitvluchten of besluiteloosheid. Dingen moeten op zijn manier worden gedaan en liefst nú!

Met bolletje: Emotionele vooroordelen en twijfels spoken in alle beslissingen rond. Er zitten reserves en onzekerheden in zijn hoofd die maken dat hij niet het beste uit zichzelf haalt. Hij twijfelt iets te veel en maakt zich onnodig zorgen, terwijl er juist nu directe actie nodig is.

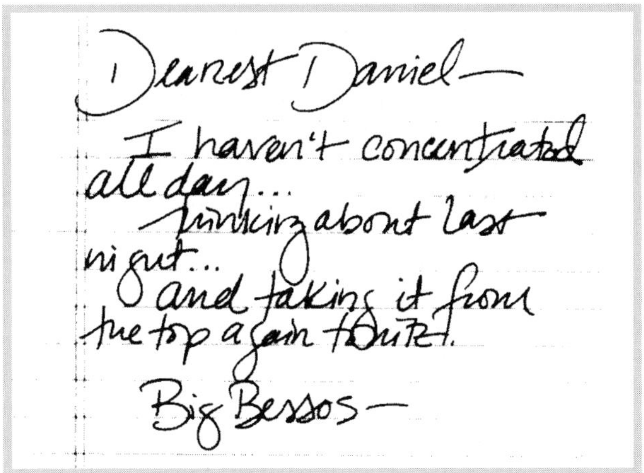

Een sterk, overheersend individu. Dat blijkt wel uit de reusachtige, uitpuilende D's – een duidelijk teken dat deze vrouw weet wat ze wil in het leven en dat niemand haar zal tegenhouden. Krachtig, fier en niet het type om ruzie mee te maken!

E

✍ Iemands hele levenshouding komt tot uitdrukking in de manier waarop hij de *E* schrijft. Deze doet de mentale, emotionele en seksuele energie van de schrijver uitkomen, zodat je snel kunt zien of hij vaste overtuigingen, geïnspireerde ideeën en een gezond libido heeft, en ook of hij iets goed kan overbrengen of juist verlegen is.

Zelfexpressie

Veel mensen, en dan bedoel ik ook véél, doen om welke reden dan ook zo goed mogelijk hun best om hun diepere creatieve aandrang te onderdrukken. Het is idioot. Waarom zou je een deksel op al die prachtige mogelijkheden leggen? Als je bijvoorbeeld wilt proberen portretten te schilderen, waarom niet? Je bent dan misschien niet een nieuwe Monet of Cézanne, maar wat geeft het? Daar gaat het niet om. Vul je leven met ervaringen, niet met excuses, en uit jezelf zoveel mogelijk.

Aarzel niet. Wees spontaan, wees dapper, wees onmatig, wees degene die doet wat anderen niet durven te doen! Wil je dansen, dans dan. Als je gedichten wilt schrijven, maar een waardeloze dichter bent, doe het dan toch. Liever slechte poëzie dan helemaal geen poëzie. Laat je hart zich uitspreken. Welke aandrang je ook voelt, en hoe belachelijk of buitenzinnig die anderen ook lijkt, als jij je er geweldig bij voelt, onderdruk die dan niet maar dóe het. Duizenden stimulerende avonturen liggen op dit moment op je te wachten. Als je de energie niet kunt opbrengen om eraan te beginnen, hoe komt dat dan? Wat houdt je tegen? Angst? Gêne? Of heb je je laten misleiden en denk je dat je te oud bent? Zo ja, het enige wat je zeker weet is dit: terwijl jij thuis talloze excuses bedenkt, zijn anderen al bezig en zij vinden het heerlijk.

Wat heb je te verliezen, zolang je plannen niemand kwaad doen of op een of andere manier indruisen tegen andermans rechten? Kom op dus! Het is tijd om de wereld te laten weten dat je er bent, dat je gelukkig bent en dat je gaat doen waar je zin in hebt zolang het nog kan. Kom in beweging – en uit jezelf!

Alleen hij die niets doet maakt een fout.
—Frans spreekwoord

E

Kijk naar de totaalvorm van de *E* en naar de lengte en kracht van de eventuele dwarsstrepen. De bovenste streep hangt samen met mentale energie; de middelste met overtuigingen en de kracht van gevoelens; de onderste streep met seksuele energie. Als ze krachtig zijn, is het zeer waarschijnlijk dat de schrijver ook krachtig is op die gebieden.

Krullend: Spontane zelfexpressie. Kan lichtvaardig, maar ook zorgzaam zijn. Hij gelooft dat alles mogelijk is voor degenen die hun best doen. Denkt niet te veel over het waarom en het waarom-niet, gaat gewoon op pad en begint. Stelt gedachten en ideeën vaak voor diepere gevoelens, maar wat dan nog? Gretig, enthousiast en overal klaar voor.

Krullend, met lus: Wil spontaan zijn en avonturen beleven, dus in gedachten is hij zeker bereidwillig. Maar er komt iets tussen: twijfels, angst, aarzeling. Hij kan zich niet ontdoen van het gevoel dat het al te laat is. Beperkt zich tot meer conventionele doelen en negeert alles wat verlegenheid zou kunnen veroorzaken. Met de nodige inspanning zou hij zich van zijn ketenen kunnen ontdoen.

Gevorkt: Goed spreker. Heeft heldere ideeën die geschraagd worden door diepe gevoelens en hij wil dat iedereen luistert en hem begrijpt. Blijft graag aan het woord uit angst dat iemand hem tegenspreekt. Levendig en opgewekt. Als hij ook nog doelgericht is, kan hij tot grote hoogten stijgen.

Krachtig, scherp: Geeft openlijk uiting aan zijn gevoelens, overtuigingen en visie. Heeft ook een gezond libido. Is doorgaans niet bang zich kwetsbaar op te stellen; bereid het risico te nemen gekwetst te worden om het leven beter te begrijpen. Leeft voor geven en nemen, het komen en gaan van menselijke interactie. In contact met diepste emoties.

Bovenste dwarsstreep te laag: Deze persoon verkeert in de verkeerde kringen of verspilt zijn tijd aan werk of hobby's die te min voor hem zijn. Hij is beter dan hij denkt en hij kan tot grotere intellectuele hoogte stijgen, dus waarom zou hij het risico niet nemen en zich ertoe zetten?

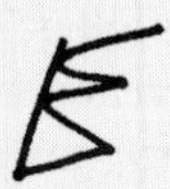

Aaneengeregen dwarsstrepen: Hij spant zich voor alles met dezelfde energie – intens of apathisch – in. Zijn levenshouding heeft iets raadselachtigs. Soms kan het hem allemaal niets schelen, soms juist wel maar dan ook in hoge mate. In het laatste geval smelten al zijn emoties en impulsen samen.

Losse dwarsstrepen: Deze persoon is onbewogen en gereserveerd en hij staat om een of andere reden niet meer in contact met zijn ware gevoelens. Zijn reacties zijn afgestompt door het leven en zijn nu geconditioneerd en automatisch, wat tot ongeïnspireerd gedrag leidt. Hij moet de knopen ontwarren die ervoor hebben gezorgd dat hij los staat van zijn emoties.

Omhoog wijzende dwarsstrepen: Onwrikbare gewoonten, niet voor rede vatbaar en luistert niet naar ideeën van anderen. Weet heel goed wat hij wil en hoe anderen zich behoren te gedragen. Kan zijn zelfexpressie verstarren door te strikt te zijn en niet met anderen van gedachten te wisselen.

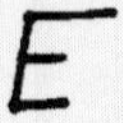

Lange bovenste dwarsstreep: Weet zijn ideeën heel goed te uiten. Maakt zijn opvattingen over veranderingen en verbeteringen graag kenbaar. Soms stelt hij zijn mening in de plaats van gevoelens uit angst dat hij zich openstelt voor pijn en misbruik. (Korte dwarsstreep duidt op het tegenovergestelde.)

Lange middelste dwarsstreep: Spreekt recht uit het hart. Hij streeft naar acceptatie en liefde door hartstochten en overtuigingen openlijk te uiten. Hij kan soms twistziek zijn, maar alleen omdat hij vertrouwt op zijn eigen oordeel en vindt dat anderen naar de stem van zijn hart moeten luisteren. (Korte dwarsstreep duidt op het tegendeel.)

Lange, omhoog wijzende onderste dwarsstreep: Heeft nogal veel belangstelling voor seks – om te doen, om over te praten en om mee te experimenteren. Denkt vaak, bijna te vaak, aan seks en veel van zijn daden worden gestuwd door zijn libido. Nooit volledig tevreden. (Korte dwarsstreep duidt op het tegenovergestelde.)

Onderste dwarsstreep met lus: Wijst op remmingen en achtergehouden seksuele energie. Het kan ook wijzen op een mogelijke verwarring van de schrijver ten aanzien van seksualiteit of seksuele voorkeur. Grotere openheid en bereidheid taboes onder ogen te zien zouden nervositeit over seks kunnen verhelpen. Het wordt tijd dat hij erover praat.

Naarbinnen gerichte krullen: Beschermend. Deze persoon is bang zijn gedachten, gevoelens en seksuele behoeften bloot te stellen aan een nauwkeurig onderzoek of kritiek. Hij oogt afstandelijk of gereserveerd, zelfs als hij ontspannen zou moeten zijn. Iets in hem zegt: 'Geef je niet helemaal. Houd iets achter.' Moet voorzichtig worden aangepakt.

F

✍ De *F* geeft het communicatievermogen van de schrijver aan. Je kunt in één oogopslag zien of hij een luisteraar of een prater is, of hij dingen met overtuiging zegt omdat hij vindt dat zijn mening serieus genomen moet worden, of dat hij bij bijna alles wat hij zegt onvoldoende zelfvertrouwen heeft.

Goede communicatie

Telkens wanneer we openlijk aan anderen onze gedachten en gevoelens kenbaar maken, geven we een klein stukje van onszelf weg. En zoals voor alle vormen van geven geldt: hoe genereuzer we zijn en hoe meer we proberen met anderen in contact te komen, niet alleen op geestelijk maar ook op emotioneel niveau, des te groter zal onze beloning zijn.

Echte grote communicatoren zijn trouwens, zelfs in deze moderne elektronische tijd, toch zeldzaam, dus je kunt best een pionier op dit gebied zijn. Wees niet risicoloos door alleen met vrienden en collega's te spreken, mensen die zeker positief op je zullen reageren. Waarom zou je niet zo nu en dan een risico nemen? Toon belangstelling voor mensen die je nog nooit hebt gezien en luister naar hún verhaal. Iedereen weet wel iets dat jij niet weet; iedereen heeft wel iets meegemaakt dat bij jou aansluit. Een schijnbaar toevallige opmerking van een volslagen onbekende wijst vaak, als die op het juiste moment wordt gemaakt, de weg naar antwoorden op diepere vragen waar je misschien al tijden mee worstelt: 'Moet ik een andere baan zoeken of blijven zitten waar ik zit?' 'Is dit het geschikte moment om die auto te kopen?' 'Hoe vind ik een nieuwe vriendin?'

Ik denk dat de antwoorden waarnaar we zoeken, ergens op ons liggen te wachten, op dit moment; dus kunnen we er op zijn minst klaar voor zijn. Dat betekent dat we alert moeten zijn. Jouw boodschap kan elk ogenblik arriveren: terwijl je een tijdschrift leest, in een reclameleus langs de weg, of zelfs in een toevallige opmerking van een onbekende in de lift. Blokkeer de deur naar wijsheid niet omdat je het idioot vindt klinken dat een volslagen onbekende jou een levensles kan vertellen. Het ís ook idioot, maar het gebeurt keer op keer. Probeer het maar. Durf buiten de grenzen van het bekende en vertrouwde te treden; temper je verzet een beetje en communiceer! Je zou weleens versteld kunnen staan van wat je te horen krijgt.

Ik ben hier om luidruchtig te leven.
—Emile Zola

F

> **Kijk naar** de richting van de twee dwarsstrepen. Wijzen ze naar voren of naar achteren? Krachtige voorwaartse dwarsstrepen horen bij een zeer communicatief persoon, terwijl achterwaarts gerichte dwarsstrepen erop wijzen dat de schrijver eerst denkt en dan spreekt en veel voor zich zal houden. Hij zegt niet altijd waar hij aan denkt.

Standaard dwarsstrepen naar voren: Duidelijke uiting van gedachten en meningen. Verwacht serieus genomen te worden. Direct en oprecht. Zegt wat gezegd moet worden en is oprecht bezorgd. Is misschien niet buitengewoon tactvol, maar luistert gewoonlijk wel voor hij een oordeel velt. Solide, betrouwbaar, sterk.

Extra lange bovenste dwarsstreep: Wil heel graag zijn zegje doen. Eist dat anderen de oren spitsen. De uiting van ideeën en meningen is belangrijker dan gevoelens. Mogelijk luidruchtig, waarschijnlijk bemoeizick; zal een kans om zijn mond open te doen niet laten lopen. Stelt voortdurend vragen. Zijn persoonlijkheid kan soms overweldigend zijn.

Standaard dwarsstrepen naar achteren: Onder de oppervlakte gebeurt een heleboel – hangt samen met gevoelens maar ook met spijt over dingen uit het verleden. Hij heeft veel ideeën, veel meningen maar hij wacht het geschikte moment af om ze te openbaren. Laat zich aan de ene groep anders zien dan aan de andere. Is misschien te bescheiden of bang voor snelle betrokkenheid. Een outsider.

Naar achteren gekruld: Gaat nog steeds om met oude vertrouwde mensen en zaken. Heeft veel ervaring en past die toe op huidige problemen. Heeft nauwe omgang met degenen die al in zijn kringetje zitten, maar maakt niet snel nieuwe vrienden en is niet uit op de wijsheden van onbekenden.

Klimmende dwarsstrepen: Wil gewoon niet luisteren! Misschien legt hij zich erbij neer dat men het niet eens kan worden, maar verandert niet graag van gedachten. Het probleem is dat hij oprecht meent dat hij altijd gelijk heeft en dat hij bang is ongelijk te krijgen. Hoe meer hij je probeert te overtuigen, hoe minder je hem gelooft.

Afdalend: Voelt zich zwak en onzeker. Heeft niet genoeg wilskracht om zich tegen de mening van anderen te verzetten en stemt meestal liever met ze in dan dat hij de strijd aangaat. Hij is misschien te volgzaam en loopt het risico straks helemaal geen eigen mening meer te hebben.

Lus met achterzwaai: Geanimeerd en voortvarend, maar stilletjes bang dat zijn eigen meningen niet acceptabel of 'juist' zijn. Daarom ondersteunt hij zijn eigen mening met die van anderen. Niettegenstaande het uiterlijk vertoon is hij vanbinnen tamelijk verward, onzeker, een beetje bezorgd.

Hoog, fragiel: Denkt dat hij verkeerd wordt begrepen. Deze persoon kan zijn tijd verspillen door over principes te discussiëren en anderen te overtuigen, om vervolgens alleen maar verward te worden. 'Waarom begrijpen anderen me nooit?' jammert hij. Misschien doet hij te veel zijn best.

Vooruitstekende bovenste dwarsstreep: Heeft genadeloze kritiek op mensen en hun werk. Zijn oordeel kan hard en onverbiddelijk zijn als hij in de stemming is en hij is ook behoorlijk gevat. Hij is analytisch en zijn oordeel is meestal juist, een weergaloze gave waar anderen soms jaloers op zijn.

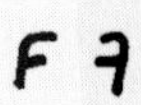

Klein, zwak: Niet echt van nature een communicator. Rustige meningen en gevoelens die hij voor zich houdt, wanneer ze waarschijnlijk geuit zouden moeten worden. Aan de persoonlijke ontwikkeling moet nog flink gewerkt worden, maar hij moet gedreven worden door de wens meer emotioneel contact met anderen te krijgen.

Bovenste dwarsstreep krult omhoog: Tamelijk trots op zijn eigen meningen en ideeën; hij denkt dat ze onberispelijk zijn. In zijn ogen zijn bepaalde dingen zo voor de hand liggend dat ze bekend geacht mogen worden. Hij wil niet dat anderen de pret bederven door zijn mening te bekritiseren, dus houdt hij die voor zich.

Bovenste dwarsstreep krult omlaag: Deze schrijver is uitgeput van zijn inspanningen. Al zijn pogingen zijn ideeën over te brengen lijken tot niets te hebben geleid en hij begint langzaamaan de moed te verliezen. Hij moet doorgaan, ook al is zijn ego gekwetst. Spreek en men zal luisteren.

Bovenste dwarsstreep met uitsteeksel: Meningen zijn gevormd door het verleden en oude conditionering. Hij weet veel, en veel lessen doorsijpelen zijn gedachten en meningen. Hij wil waarschijnlijk zijn kennis aan anderen doorgeven, wat tot frustratie kan leiden als ze zich verzetten.

G

✍ Uit de letter *G* kunnen we iemands houding ten aanzien van risico's afleiden. Neemt hij graag risico's? Probeert hij gretig allerlei verschillende ervaringen uit – eten, vakanties, muziek, sport – of is zijn horizon beperkt? Sommige mensen weigeren zich buiten hun vertrouwde omgeving te begeven. Met behulp van de *G* pikken we hen er zo uit.

Risico

Niets van blijvende betekenis wordt bereikt zonder enig risico. Er zouden geen shows op Broadway zijn, er zouden geen huishoudelijke artikelen worden gemaakt, geen auto's ontworpen, er zou geen vliegtuig opstijgen, geen bedrijf zou tot bloei komen, als er niet ergens iemand was die op zijn gevoelens afging en een kansje waagde.

Succes is niks als het te gemakkelijk wordt bereikt. Als bij alles wat je probeert het succes verzekerd is, als alles wat je wenst je zo in de schoot komt vallen zonder dat je je er een hand voor uit hoeft te steken, zou je het dan niet vanzelfsprekend vinden? Natuurlijk. Dat geldt voor iedereen. Uiteindelijk word je aartslui en ga je neerkijken op je nieuwe rijkdommen. Iemand heeft ooit gezegd: 'Zonder gevaar wordt het saai.' En het is risico dat voorziet in dat gevaar. Zekerheid, gemak, voorspelbaarheid – deze dingen hebben in een krankzinnige, chaotische wereld iets aantrekkelijks, maar ze leiden uiteindelijk tot niets, behalve stilstand misschien. Je moet altijd in beweging blijven, jezelf steeds weer opnieuw uitvinden en risico's blijven nemen.

Het hoeft niet meteen iets vreselijk ambitieus te zijn. Misschien kun je proberen je horizon iets te verbreden, de grenzen die je voor jezelf hebt vastgelegd iets oprekken om te kijken of ze meegeven. Je kunt bijvoorbeeld van je hobby je werk maken of meer te weten komen over aandelen en obligaties en voor het eerst gaan investeren; maar het kan ook zoiets eenvoudigs zijn als de volgende keer eens ergens anders op vakantie gaan: niet naar zee maar bijvoorbeeld naar Finland. Waar het om gaat is dat je je wat minder vastklampt aan enkele oude gewoonten en de vrijheid weer neemt spontaan nieuwe paden te betreden. We worden trouwens toch omringd door gevaren – we nemen tegenwoordig een gigantisch risico door alleen de straat maar over te steken – dus waarom zou je ze niet grijpen voor ze jou grijpen?

Neem risico! Riskeer alles!
Trek je niets aan van de mening van anderen ...
Doe wat het moeilijkste voor je is. Kom voor jezelf op.
—Katherine Mansfield

G

Kijk naar de grootte van de opening van de *G*. Hoe groter en dieper die is, des te meer behoefte de schrijver heeft aan nieuwe ervaringen en hoe meer risico's hij zal nemen. Als de opening is versperd, zal hij niet snel iets nieuws proberen en zal hij mogelijk veel positieve, bevredigende ervaringen mislopen.

Grote opening: Veel risico's. Staat voor alles open. Wil graag experimenteren, uit de sleur losbreken en nieuwe gebieden onderzoeken. Hij maakt echter niet altijd de slimste keuze, maar als je het niet probeert, weet je het nooit, toch?

Gesloten opening: Weinig risico's. Niet bereid zijn vertrouwde terrein te verlaten. Ervaringen uit het verleden hebben hem laten zien dat risico's problemen opleveren. Nieuwe ideeën worden kritisch onderzocht voor ze worden geaccepteerd. Moet avontuurlijker zijn. Breek die geest open!

Met lus: Gematigd risico: Hij heeft al heel wat meegemaakt. Gedachten, zorgen en vooroordelen staan genoegens in de weg. Benadert nieuwe ervaringen met uitgemaakte gedachten. Niet echt geblokkeerd, meer vastgeroest in oude gewoonten. Wat er ook gedaan wordt, verwacht niet dat hij er snel en enthousiast aan meedoet.

Voederplankje: Weinig risico. Als de krul van de *G* boven de horizontale streep bengelt, dan kiest deze persoon zijn activiteiten zorgvuldig uit. De geest is ruimdenkend en nieuwe horizonten kunnen lonken, maar er leiden zo veel wegen heen. Wil zorgvuldige voorbereiding voor hij zich buiten de vertrouwde omgeving waagt.

Smal: Volgt een weinig riskant beleid. Heeft beperkte belangstelling voor nieuwe ondernemingen en mist ongetwijfeld wat gezonde nieuwsgierigheid. Wat hij ook aanpakt, hij heeft de neiging dat vastberaden te doen en binnen strikte grenzen te blijven. Hij moet wat vaker uit de band springen, eerlijk gezegd.

Grote lus: Als deze persoon al risico's neemt, dan pas na veel denkwerk en voorbereidingen. Staat zichzelf niet toe te snel in beweging te komen, uit angst dat hij zijn positie verliest. Vastgeroeste visie maakt dat zijn geest niet openstaat voor veel mogelijkheden. Kan weleens achter het net vissen.

G *op een standaard*: Zeer star betreffende sommige kwesties. De horizon van de schrijver wordt beperkt door sociale en culturele blokkades. Hij is grootgebracht met bepaalde onwrikbare ideeën en wil die nu niet meer veranderen, ook al lijken ze gedateerd. Deze overtuigingen staan positieve groei in de weg.

Naar achter getrokken opening: Happig op veranderingen en nieuwe sensaties, maar zijn plezier wordt vaak vergald door andere factoren: vastgeroeste houding, conditionering enzovoort. Heeft het gevoel dat er van twee kanten aan hem wordt getrokken en dat hij gedwongen wordt zo veel mogelijk te pakken zolang het nog kan.

Boven- en onderlus: Neemt weleens een risico, maar er zijn veel obstakels op de weg naar voldoening. Levensvisie is beperkt. Heeft er moeite mee spontaan en vrijdenkend te zijn bij nieuwe situaties. Oude gewoonten zijn moeilijk af te leren.

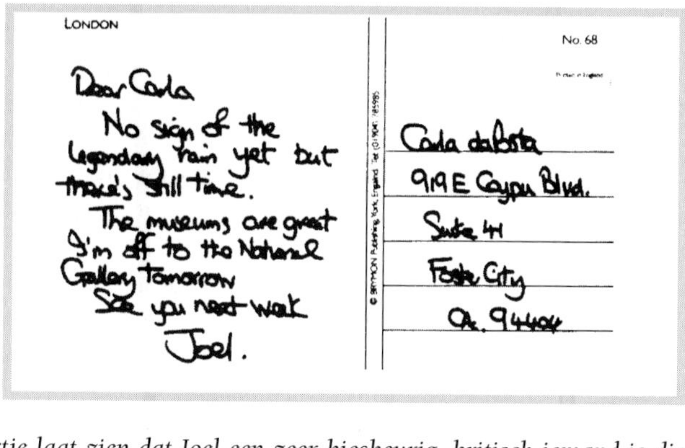

Dit ansichtkaartje laat zien dat Joel een zeer kieskeurig, kritisch iemand is die niet snel een risico zal nemen, op zijn werk, thuis of waar dan ook. De G is groot en rond, met voldoende ruimte voor nieuwe ervaringen, maar hij is bijna afgesloten, wat aantoont dat alles en iedereen kritisch onder de loep wordt genomen voor hij zich bindt of steun betuigt. Een herkauwer..

H

> ✍ Als je een *H* ziet in een handschrift, weet je het antwoord op de vraag: hoe is het gesteld met het machtsevenwicht tussen de schrijver en zijn huidige partner? Hoe functioneert het duo? Zijn ze intiem of afstandelijk? En wat vinden ze vooral aantrekkelijk aan elkaar, geest, lichaam of ziel?

Verenigbaarheid

Verenigbaarheid kan voor de lange of voor de korte termijn gelden. Twee mensen beginnen een relatie in de wetenschap dat ze bepaalde overeenkomsten hebben. Misschien hebben ze dezelfde interesses, een vergelijkbare levensvisie, een zelfde baan – deze en nog veel andere factoren vormen de lijm van verenigbaarheid die hen aaneensmeedt. Als alles volgens plan verloopt, zal de band niet alleen blijven bestaan, maar na verloop van tijd ook opbloeien tot iets mooiers en diepers.

Maar met het verstrijken van de jaren ontdekken mensen dat hun leven zich in vreemde en volstrekt onverwachte richtingen ontwikkelt. Misschien beginnen ze halverwege met een andere baan, krijgen ze nieuwe vrienden, beginnen ze aan een fascinerende hobby die de partner niet leuk vindt, krijgen ze genoeg van seks, vatten ze een passie op voor wijn, wat dan ook. Maar het betekent dat veel van de factoren die de lijm van verenigbaarheid vormden en die zo essentieel leken te zijn toen ze begonnen aan hun relatie, iets van hun schittering kunnen gaan verliezen. Het voelt allemaal gewoon anders aan, alsof de wind opeens is gedraaid. Als liefde, respect en wederzijds begrip de basis blijven vormen van een huwelijk, dan is dat geweldig en zal het standhouden; maar zo niet, waarom zou je dan doorgaan met dat huwelijk?

Natuurlijk kent ieder huwelijk wel onverwachte, turbulente momenten; dat betekent niet altijd het einde van de relatie. Grote beroering kan het duo soms zelfs een perfecte gelegenheid bieden om hun gevoelens voor elkaar opnieuw te evalueren, problemen te bespreken en tot meer wederzijdse steun en begrip te komen. Maar zo niet... als alles wat we weten en voelen ons zegt dat het gewoon niet meer gaat, als het negatieve het positieve overheerst, als het gewoon verstandig is onze koffers te pakken en weg te gaan, welke andere optie is er dan nog? We moeten aanvaarden dat de ene fase van ons leven tot een eind komt en dat een nieuwe fase, die nieuwe relaties en meer groeimogelijkheden biedt, om de hoek op ons ligt te wachten. Ga dan weg.

Vrouwen zijn zo oud als ze zich voelen;
mannen zijn oud als ze hun gevoelens verliezen.
—Mae West

H

Kijk naar de twee stokken van de *H*. Zie deze als twee personen en stel je de vraag: staan ze dicht tegen elkaar aan of ver van elkaar af? Is de ene stok langer dan de andere? Als het een gelukkige en evenwichtige relatie is en beide partners het gevoel hebben dat ze nog steeds leren en groeien, zullen de twee stokken dicht bijeen staan, even groot en verbonden zijn.

Zonder franje, recht: Eenvoudig, evenwichtig, liefdevol, wederzijds ondersteunend, gelijk verdeelde verantwoordelijkheid. Gelijkgestemde hartenklop, wat kracht en begrip genereert. De lijm houdt, maar zonder een van beiden te verstikken. Goed en stevig, met een hoge mate van fysieke aantrekking.

Rechterstok met lus: Belooft een boeiende tijd. De partner van de schrijver brengt misschien moeilijkheden in de relatie. Of ze stribbelen soms tegen óf ze zijn tweeslachtig: heen en weer geslingerd tussen totale overgave aan de relatie en verlangen naar persoonlijke vrijheid. Er zit een onbalans in, een onzekerheid die onuitgesproken blijft.

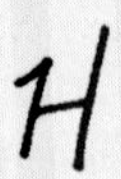

Langere rechterstok: De schrijver verheerlijkt partner, plaatst zijn of haar liefde op een voetstuk, geeft misschien niet voldoende ruimte. Dit heeft iets allesverslindends. Blinde aanbidding. Schrijver aanvaardt te veel te goeder trouw. Kan gekwetst worden als het fout gaat. Moet realistischer zijn ten aanzien van de fouten van de partner en niet te veel vanzelfsprekend vinden.

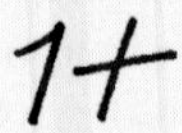

Dwarsstreep gaat wel door rechter- en niet door linkerstok: De schrijver gebruikt de relatie voor zijn eigen doelen. Heeft de moed verloren. Heeft die speciale gevoelens niet meer. De liefde is misschien weggekwijnd, maar de band blijft bestaan dankzij zijn persoonlijkheid. De relatie is misschien vastgelopen. Ernstige kwesties moeten onder ogen worden gezien.

Dwarsstreep gaat door rechterstok heen: Het lijkt erop alsof de partner van de schrijver echt aan de haak is geslagen! Aan deze relatie liggen sterke gevoelens ten grondslag. De partner voelt zich door de persoonlijkheid of aandacht van de schrijver misschien soms vastgepind of opgesloten. Als dat zo is, dan moeten die gevoelens openlijk worden besproken.

Hoge dwarsstreep: Deze relatie is gebaseerd op een intellectuele band: gedeelde gezichtspunten en een onderzoekend trekje zorgen voor de essentiële vonk. De pret komt meer uit het verstand dan het hart. De schrijver vindt het onaangenaam zijn verstand door zijn hart te laten leiden. Geeft liever uiting aan zijn ideeën dan aan zijn emoties.

Diagonaal: Misschien een onevenwichtig koppel, hoewel de uitkomst positief kan zijn. De partners halen ieder iets anders uit de relatie en stoppen er hun eigen kwaliteiten en sterke punten in. Tegengestelden trekken elkaar aan, zoals men zegt.

Lussen aan beide stokken: De relatie functioneert als een wederzijds ondersteuningssysteem. De partners helpen elkaar bij de aanpak van problemen en hun eigen kwesties. Deze mensen zullen elkaar zo nu en dan bijzonder irriteren vanwege ieders zwakheden, maar dit kan zelfs een essentiële vonk aan de relatie toevoegen.

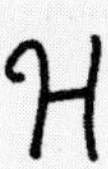

Krul aan linkerstok: Deze persoon sleept allerlei emotionele problemen uit eerdere relaties achter zich aan. De partner van de schrijver moet dit accepteren, aangezien ze niet verdwijnen. Oude wonden kunnen pijn doen, maar de schrijver ziet het probleem niet onder ogen. Het wordt tijd verder te kijken.

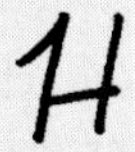

Lage dwarsstreep: Sterke, stevige band. Seks speelt ongetwijfeld een grote rol bij het in stand houden van de liefde. Als ze niet vrijen, dan denken ze aan vrijen – en veel ook! Ondanks hun verschillen, en ook al hebben ze sterk verschillende interesses, hebben ze onder de oppervlakte een sterke band.

Dwarsstreep met lus: Het kost de schrijver moeite vrijelijk, openlijk en onvoorwaardelijk liefde te geven. Er zijn onderdrukte gevoelens en twijfels, verwarring en geschipper. Deze persoon rekent er misschien zelfs op gekwetst te worden om die verwachting vervolgens te zien uitkomen. Moet meer vertrouwen hebben en minder gevoelig zijn.

Stokken staan dicht opeen: Twee mensen die nauw verbonden zijn. Ze hebben misschien beperkte interesses en hun leven is soms misschien weinig avontuurlijk, maar de steun voor elkaar is grenzeloos. De band tussen de schrijver en zijn partner is hecht en ook al zijn er problemen, ze blijven toch bij elkaar.

I

✍ Een *I* vertelt ons hoeveel behoefte de schrijver eraan heeft mensen om zich heen te hebben. Is hij onafhankelijk en kan hij zelf belangrijke beslissingen nemen of heeft hij steun van anderen nodig en wil hij voortdurend gerustgesteld worden voor hij actie onderneemt?

Onafhankelijkheid

Niemand begrijpt jouw zaken zo goed als jij. Niemand gaat met evenveel zorg en enthousiasme met jouw zuurverdiende geld om als jij, en jouw belangen gaan niemand – zelfs niet de meest geliefde en zorgzame en intieme persoon uit je leven – aan het hart zoals jouzelf. Je hebt niet meer dan je hebt, dus is het logisch dat je ervoor zorgt. Onafhankelijk zijn betekent dat je de volledige verantwoordelijkheid voor je lotsbestemming op je neemt. Zodra je mensen macht over je geeft en voorwaarden laat stellen – wat je moet doen, wat je niet mag doen, ja meneer, nee meneer, drie tassen vol, meneer – ben je verloren; je valt ten prooi aan omstandigheden en zult altijd eerst toestemming nodig hebben voor je de volgende stap kunt zetten.

Als je voor een grote beslissing staat, stel dan vragen, win zoveel mogelijk relevante informatie in, denk er zelfs over na wat anderen ervan vinden als je denkt dat dat helpt, maar uiteindelijk moet je het besluit zelf nemen, afgaande op je eigen oordeel en principes. Laat je altijd leiden door je hart en geef nog geen centimeter toe aan conventies en heersende opvattingen. Als je het bijvoorbeeld heerlijk vindt alleen te zijn en een levenslange relatie in jouw ogen een gevangenisstraf van veertig jaar is, houd dan vast aan die overtuiging. Je moet trouwens toch nooit trouwen, alleen maar omdat al je vrienden het doen en jij niet de vreemde eend in de bijt wilt zijn. Als het van begin af aan verkeerd lijkt, dan zul je er direct spijt van krijgen als je 'ja' zegt. Zo moet je ook onafhankelijk en sterk genoeg zijn om nee te zeggen als je het gevoel hebt dat vrienden je aanzetten tot een verkeerde daad, iets dat aan je geweten knaagt en je ongemakkelijk maakt. Vertrouw op je intuïtie en loop weg.

Het zal niet eenvoudig zijn – het goede doen is dat nooit – maar alle goedkeuring in de wereld is geen snars waard als je die verkrijgt door je principes te verraden. Maar als het om jouw leven gaat en wat jij ermee doet, weet níemand beter welke weg je moet volgen dan jij.

Niet temidden van de drukte in de straat
Niet tussen het gejuich van grote menigten
Maar in onszelf liggen triomf en nederlaag.
—Henry Wadsworth Longfellow

I

Kijk naar de hoogte van de *I* en hoe dicht hij bij de overige letters staat. Als hij krachtig en hoog is en veel ruimte om zich heen heeft, is de schrijver onafhankelijk en neemt hij vol vertrouwen zijn eigen beslissingen. Maar als de *I* zwakjes is of dicht tussen de andere letters ingeklemd zit, heb je te maken met iemand die voortdurend gerustgesteld moet worden.

Eén streep, met ruimte: Extreem onafhankelijk iemand. Wijst op heldere gedachten en besluitvaardigheid. Bereid alles te proberen, wat de grootste voordelen oplevert. Maakt een duidelijk plan en is zeker genoeg van zijn beslissingen om ze te verdedigen. Zal niet op anderen willen leunen of om hulp vragen tenzij het echt niet anders kan.

Met dak- en onderstreep: Weet het leven aangenaam te maken en probeert zich tot het bekende te beperken. Een gewoontedier dat de omstandigheden liever aanpast aan zijn eigen voorkeuren. Hoe breder en opvallender de dwarsstrepen worden, des te meer deze persoon gericht is op behoud. Houdt zijn territorium zelfzuchtig in de gaten.

Met lus: Streeft misschien naar totale onafhankelijkheid, maar andere factoren staan in de weg. Verantwoordelijkheid jegens anderen kan zijn geestdrift ondermijnen. Hij heeft plichtsbesef, maar ook verwachtingen die hij in vervulling wil zien gaan. Dit alles maakt het allemaal alleen maar zwaarder en belemmert de vrijheid waarnaar deze persoon sterk verlangt.

Een gewicht meeslepend: Deze schrijver worstelt momenteel met gebeurtenissen terwijl hij ook problemen heeft met oude herinneringen uit het verleden. Het kan ook het recente verleden zijn, maar deze emotionele last slaat hem terneer. Wil ontsnappen maar kan dat niet. Er is te veel gebeurd. Het is tijd het puin van vorig jaar op te ruimen en door te gaan.

Een gewicht meeslepend, geen bovenlus: Een sterk, vastberaden individu. Veel belangrijke gebeurtenissen uit het verleden zijn nog steeds beladen. Het kunnen positieve en negatieve herinneringen zijn, maar in beide gevallen ontkomt de schrijver niet aan de uitwerking ervan, die op een nauwelijks merkbare maar belangrijke manier zijn leven binnensluipt.

Achterwaarts kijkend: Wijsheid- en kennisreserve met mogelijk besef van culturele en familiegeschiedenis. Het is even belangrijk waar deze persoon vandaan komt als waar hij heen gaat. Een onafhankelijke, haast ongehoorzame aard die hardhandig gevormd is door een brede ervaring.

Losse dak- en onderstreep: Vast, maar ook vrij. De schrijver stelt strikte grenzen maar kan daarbinnen ook flexibel blijven. Hij zal nieuwe dingen uitproberen en hij zit niet zo vast aan routine dat hij niet zo nu en dan kan experimenteren. Een eigenaardig mengsel van zelfbeheersing en gemakzucht.

9-vormig: Zijn hoofd zit vol met gedachten, trots, oordelen, twijfels, allemaal ineen, en hij kan ze niet van zich afschudden. Misschien wil hij dat ook niet, vooral als deze hem de kracht geven om de dagen door te komen. Zo niet, dan moet hij zijn geestelijke ketens afwerpen.

2-vormig: Het kost veel moeite 'in het heden' te leven. Deze persoon heeft er moeite mee aan het verleden te ontsnappen en zich uitsluitend op het heden te concentreren. Prettige en nare ervaringen uit het verleden hebben een zeer grote invloed gehad, en dus is het moeilijk ze te vergeten. En waarom zou hij ook?

Zigzag: Het innerlijk zelf wordt geblokkeerd. Externe factoren – werk, gezin, geld – vreten aan deze persoon. Er gaat zo veel moeite verloren aan het beheersen van de verschillende elementen, dat veel essentiële persoonlijke behoeften over het hoofd worden gezien. Moet afremmen en laten gaan.

Met lus en krullen: Probeert opgewekt te blijven, maar dat is moeilijk als aan zo veel 'kwesties' het hoofd moet worden geboden, die grotendeels door anderen zijn veroorzaakt. Hij probeert zijn doelen te bereiken terwijl hij tegelijkertijd bergen complicaties en problemen moet oplossen. Slaagt er maar net in erboven te staan!

Vishaak: Een trage starter, iemand die met het klimmen der jaren geleidelijk aan, en zeer traag, zijn zaakjes voor elkaar krijgt. Hij is in veel opzichten tevreden over zichzelf en vraagt niet om al te veel veranderingen in zijn wereld. Hij kruipt uit de schulp van het bekende en het gelijksoortige om zich te doen kennen.

Naald: Een bazige persoonlijkheid, iemand met een sterk verlangen invloed op anderen uit te oefenen en zijn boodschap te laten horen. Zijn onafhankelijkheid wortelt in invloeden uit zijn kindertijd. Vastberaden, met het vermogen situaties te keren en dingen vooruit te laten gaan.

Tweedekker: Een echte controlefreak. Alles wordt zorgvuldig voorbereid en gecoördineerd en op zijn juiste plaats gelegd. De schrijver wil de baas zijn over zijn eigen lot, dus vrienden en familie moeten passen in zijn plannen en ideeën, want anders kon er wel eens ernstige onenigheid ontstaan.

Slaphangende dakstreep: De druk neemt toe, wat plannen en dromen in gevaar brengt. Hij doet zijn uiterste best de status quo te handhaven, maar het ziet ernaar uit dat de zaken uit de hand lopen. Enerzijds wil hij zijn handen ervan aftrekken en de dingen op hun beloop laten, anderzijds wil hij zijn greep versterken en de dingen beheersen.

Met lus, dik: Zelftwijfel bedrukt hem. Zijn gedachten zijn verdoofd door zorgen en angsten, die grotendeels irrelevant en drukkend zijn. Deze persoon vecht kansloos maar dapper door. Al heeft hij veel in zijn mars, hij weet dat hij zichzelf tekort doet door daar niet naar te leven.

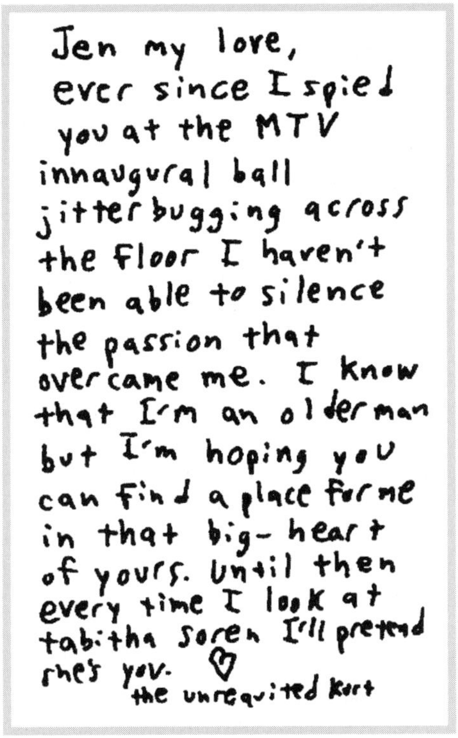
Jen my love,
ever since I spied
you at the MTV
innaugural ball
jitterbugging across
the Floor I haven't
been able to silence
the passion that
overcame me. I know
that I'm an older man
but I'm hoping you
can find a place for me
in that big-heart
of yours. Until then
every time I look at
tabitha soren I'll pretend
she's you. ♡
the unrequited Kurt

Ien, mijn liefste,
Ik zag je op het MTV-bal dansen over de vloer. Ik heb de hartstocht in mij sindsdien niet kunnen doven. Ik weet dat ik wat ouder ben, maar ik hoop dat je in dat grote hart van je een plaatsje voor mij hebt. Ik zal tot dan telkens wanneer ik Tabitha Soren zie, doen alsof zij jou is.
De onbeantwoorde Kurt

Valentijnskaartje. Een nogal gespannen en wispelturig iemand. Alle letters staan los, wat er gewoonlijk op wijst dat de schrijver een heleboel emoties opkropt. De I's hebben allemaal een dak- en onderstreep, wat aantoont dat dit iemand met nogal vaste gewoonten is. Hij heeft duidelijke sympathieën en antipathieën; bovenal heeft hij een afkeer van veranderingen want die brengen zijn levenspatroon in de war.

J

✍ Als iemand vriendelijk en toegankelijk is en graag vriendschap sluit, dan wordt dit weerspiegeld in de manier waarop hij zijn *J* schrijft. Deze zegt ook iets over zijn houding jegens persoonlijke relaties. Stelt hij zich vrij op tegenover zijn partner of is hij een jaloerse minnaar?

Vriendschap

Niemand kan zich veroorloven vriendschap als iets vanzelfsprekends te beschouwen. Er moet onvermoeibaar met dezelfde hoeveelheid toewijding aan gewerkt worden als we investeren in een bloeiende onderneming. Echte vrienden zijn moeilijk te vinden; ze zijn zelfs zo zeldzaam dat we ons gelukkig mogen prijzen als we er in ons leven een stuk of vijf hebben.

Een ware vriend is iemand tegen wie je alles kunt zeggen, iemand die zonder verder te vragen iets voor je doet en die meelevend naar al je problemen luistert zonder te oordelen. Zulke vrienden geven je vaste grond onder de voeten; ze geven je het gevoel dat jouw bestaan een ander echt iets kan schelen. Je kunt zonder gêne samen lachen en huilen, trots zijn op elkaars prestaties en vreugde en verdriet delen. Ze prijzen je enthousiast als je het goed doet en ze zijn diplomatiek als je het niet goed doet en ze spannen zich onvermoeibaar in om trouw en ondersteunend te zijn in de moeilijkste perioden. Echte vrienden houden niet van je vanwege je geld of je positie of omdat je iets voor hen kunt doen, maar omdat je bent wie je bent. Punt uit.

Natuurlijk zijn veel van de mensen die we 'vrienden' noemen helemaal geen vrienden; dat zijn kennissen. Ze zijn er voor een bepaalde tijd, een week, een jaar, vijf jaar – zolang als nodig is om ons op een of andere manier te helpen door ons een belangrijke les te leren of ons van de huidige koers naar een andere te leiden – en dan zijn ze weer weg. En hoe pijnlijk het ook is als ze weggaan, we moeten er niet aan vastklampen. Het zijn tenslotte zigeuners, voorbijgangers; we bezitten ze niet. Wees dus zo verstandig ze los te laten. Koester de vrienden die je voor altijd steunen, en wees degenen die dat niet doen dankbaar. Ze zijn allebei nuttig.

Je krijgt meer vrienden in twee maanden
door je voor anderen te interesseren
dan je in twee jaar krijgt door te proberen
anderen voor jou te interesseren.
—Dale Carnegie

J

Kijk naar de openheid van de *J*. Staat hij wijd open als een grote gapende mond of is hij gesloten en heeft hij een lus? Een open J wijst erop dat de schrijver het prettig vindt een heleboel vrienden en kennissen in zijn leven te hebben. Hij is niet bezitterig of 'plakkerig'. Een gesloten J duidt op het tegenovergestelde. Hij heeft een paar goede vrienden voor het leven.

Rechtop, wijdopen: Een evenwichtig, ontspannen benadering van vriendschap. Mensen komen en gaan in het leven van deze persoon zonder verplichtingen of beperkingen. Hij is niet bezitterig of jaloers. Iedereen wordt voor het feest uitgenodigd en ze kunnen vertrekken wanneer ze willen. Verandert zijn vriendenkring voortdurend, wordt altijd omringd door interessante mensen. Veel pret.

Met lus en gesloten: Kiest zijn vrienden zorgvuldig uit. Hoe groter de onderlus is, hoe meer mensen toegelaten worden. Vindt dat vriendschap langdurig moet zijn en dat eraan gewerkt moet worden. Streeft naar begrip, sympathie, oprechte gesprekken, reële adviezen en eerlijke, onvoorwaardelijke liefde. Dat is alles.

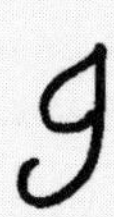

Bovenlus: Niet gemakkelijk te winnen. Waarschijnlijk een goede netwerker. Heeft veel vrienden en kennissen, maar hij wil er graag op kunnen vertrouwen dat er na alle voor- en tegenspoed ten minste een paar overblijven voor als het echt nodig is, voor echte steun en een schouder om op uit te huilen. Heeft het gevoel dat hij alles aankan als zijn vriendenkring achter hem staat.

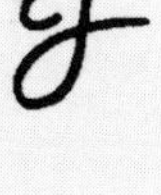

Met lus: Hij houdt vast aan zijn goede vrienden wat er ook gebeurt. Heeft een A- en een B-lijst, zorgvuldig uitgezocht en gescheiden gehouden. Kwaliteitscontrole is belangrijk: nieuwe vrienden moeten aan bepaalde vereisten voldoen en van een bepaald soort zijn. Hecht veel waarde aan familie en nauwe relaties; koestert deze uiterst liefdevol.

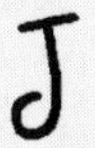

Naar binnen wijzend: In het leven van deze persoon komen veel mensen langs, maar ze geven hem niet de tijd of aandacht waar hij recht op meent te hebben. Hij wil respect en vriendschap maar krijgt die niet altijd. Hij acht zichzelf laag en anderen voelen dit aan, dus worden zijn behoeften over het hoofd gezien.

Gesloten, vinnig: Zeer selectief ten aanzien van de mensen die hij toelaat tot zijn vriendenkring. Pas op, want misschien heeft hij een geheime agenda en gebruikt hij de mensen die hij ontmoet om hem te helpen zijn doelen te bereiken. Kan een goede vriend zijn, maar hij kan ook bezitterig zijn. Moeilijk om aan zijn greep te ontsnappen.

Scheve dwarsstreep: Voelt zich bedreigd door te veel aandacht. Vermoedt dat anderen iets van hem willen als ze vriendschap met hem sluiten, dus kiest hij zijn vrienden zorgvuldig uit. Ze moeten een doel dienen en zijn leven op een of andere manier verrijken. Houdt alle anderen op een afstand.

Onderlus, met dwarsstreep: Heeft graag veel vrienden, maar slechts een enkeling komt ver genoeg om tot het kleine kringetje van deze persoon gerekend te mogen worden. Hij heeft een nauwe band met een handjevol uitgelezen vrienden, en andere verbintenissen zijn meestal nogal oppervlakkig. Kan overkomen als een kil iemand.

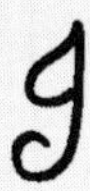

Met lus en vinnige krul naarbinnen: Is in het verleden misschien slecht behandeld door vrienden en geliefden, Thans voelt hij zich veronachtzaamd of een slachtoffer. Mogelijk 'kiest' hij zijn vrienden niet goed en probeert hij banden aan te trekken met mensen die kennissen zouden moeten blijven en houdt afstand tot mensen die heel goede vrienden zouden zijn.

Gelust, met staart: De schrijver is in het verleden door menigeen in de steek gelaten of teleurgesteld. Hij heeft geleerd kritischer te zijn en hun onduidelijke gedrag beter voorbereid te benaderen. Hij koestert nu degenen die hij vertrouwt; anderen kunnen de pot op. Er blijft echter een zekere spijt of bedroefdheid.

Lage lus: Heeft heel weinig bijzondere vrienden. Dat zijn echt goede vrienden, zij kennen de waarheid en zij zullen nooit roddelen. Alle anderen zijn slechts passanten. Ze komen langs en hebben het naar hun zin, maar ze komen nooit op de A-lijst.

John Lennon *was te oordelen naar zijn handtekening in zijn hart tamelijk nederig, maar ook extreem gevoelig en idealistisch. De J laat zien dat hij tweeslachtig was ten aanzien van de aandacht die hij kreeg. Zijn scherpe opmerkzame esprit was een nevenproduct van zijn onzekerheid én een verdedigingsmiddel tegen buitenstaanders die te dicht in de buurt dreigden te komen van de privé-persoon achter de publieke figuur.*

K

✍ De *K* staat voor initiatief ontplooien. Hij vertelt je of de schrijver natuurlijk gezag heeft en anderen aanspoort. Geeft hij vertrouwen zodat anderen zijn beslissingen respecteren of is hij zwak en bang zijn mening te uiten voor het geval anderen het niet op prijs stellen?

Initiatief

Succes komt niet vanzelf. Iemand moet het laten gebeuren. Iemand moet het initiatief nemen en de bal aan het rollen brengen. En in jouw leven moet jij dat zijn.

Iedere nieuwe dag moet een stap op weg zijn naar de vervulling van je belangrijkste plannen en dromen. Maar zelfs als die 'plannen en dromen', zoals bij zo veel mensen, nog in hoge mate werk in uitvoering zijn en je nog niet weet wat het zal worden, laat dat je er dan niet van weerhouden iets te ondernemen: doe nu iets, wát dan ook, wat voor je gevoel een stap in de goede richting is. Bel een paar mensen, vraag je vrienden of zij goede ideeën hebben over de volgende te zetten stap, ga naar een bibliotheek, kijk in de kranten naar mogelijkheden... als je maar aan de gang blijft. Misschien kun je nergens heen, maar laat het tenminste lijken alsof je ergens naar op weg bent. Ga niet urenlang tv kijken in de hoop dat je inspiratie krijgt. De kans is groot dat dat niet gebeurt. En gebeurt het wel, dan ben je tegen die tijd te futloos en apathisch om iets te ondernemen. Als je de vaart eenmaal te pakken hebt, moet je die erin houden door elke dag positieve activiteiten te ondernemen. Het is meestal zo dat onze doelen duidelijker en de kans op succes groter worden naarmate we meer ons best doen.

Het is jóuw initiatief, jóuw doorzettingsvermogen dat het verschil uitmaakt tussen wel en niet krijgen wat je wilt, tussen een vervolmaakt, bevredigend en op eigen voorwaarden geleid leven hebt en jaren van routine waarin je gewoon voortdobbert, doelloos op weg naar niets. Het leven is een spel: de volgende zet is altijd aan jou.

Het ei moet barsten voor de vogel kan vliegen.
—Alfred, Lord Tennyson

K

> **Kijk hoe** ver de armen van de *K* reiken. Een lange, krachtige bovenarm duidt op een dominante persoonlijkheid, iemand die initiatieven en krachtige, onafhankelijke beslissingen neemt. Een lange onderarm is van een minder sterk iemand: de strateeg die zijn plannen geheim houdt en stilletjes zijn eigen agenda uitvoert.

Wijd uitstaande armen: Sterk, stabiel, invloedrijk. Een echte aanzetter die alles voor zich uit duwt, als een sneeuwschuiver. Coördineert veel taken tegelijkertijd; er glipt niets door de mazen van het net. Heeft een goed oog voor het grotere geheel en hij zet anderen aan tot grote prestaties. Een leider van de kudde.

Lange, krachtige bovenarm: Sterk, met verborgen krachten. Deze persoon meent het serieus en accepteert geen geklooi. Legt anderen zijn wil op, verwacht gehoorzaamd te worden en resultaten te bereiken. Als grove tactiek wordt gemaskeerd door charme, pas dan op: de kern van zijn persoonlijkheid is hard als staal. Kan terugbijten.

Pincet: Alert, levendig en sluw. Zit je altijd van alle kanten achter de broek. Kan zijn wilskracht gebruiken om anderen zijn ideeën op te leggen. Altijd op zoek naar nieuwe mogelijkheden, de grote kans. Strategisch, slim, gedreven door eigenbelang om gekozen doelen te bereiken. Moet niet onderschat worden.

Lange armen met aanzet achter de stok: Activiteiten worden gevoed door behoefte aan erkenning. Doet zijn uiterste best om de zegen van anderen te krijgen. Zal naar goedkeuring streven door meer zijn best te doen, initiatief te nemen, punten te scoren. Kreeg als kind niet genoeg steun. Vond dat hij meer verdiende en hunkert er zelfs nu nog naar. Kan krachtig en veeleisend zijn.

Korte armen: Richt zijn inspanningen op een beperkt gebied. Deze persoon heeft er geen behoefte aan op een groot doek te schilderen; dat is zijn stijl gewoon niet. Hij krijgt dingen op zijn eigen manier gedaan zonder krachtig of dominant te zijn. Zal anderen niet snel bevelen geven, uit angst dat ze terugslaan. Gestage werker.

Losse armen: Verzwakt langzaamaan onder druk. Hij probeert alles te omvatten maar stukje bij beetje verliest hij de controle. Maakt stroeve gebaren om steun te krijgen. Anderen verwachten gewoon te veel van hem. Hij jongleert met te veel ballen, wetend dat ze elk moment stuk kunnen vallen.

Lange onderarm: Kenmerk van 'de versierder'. Het type dat charme en andere gladde methoden gebruikt om dingen gedaan te krijgen. Hij weet dat ze werken en dat men welwillend reageert en doet wat hij wil, dus waarom zou hij zijn werkwijze veranderen? Een schoonheid zonder een beest te zijn.

Achterwaarts getrokken stok: Deze persoon twijfelt vaak waar besluitvaardigheid vereist is. Een stemmetje in hem zegt: 'Weet je het wel zeker?' Natuurlijk weet hij het niet zeker. Hoe zou hij kunnen met zo veel lessen en ervaringen uit het verleden die hem nog steeds achtervolgen? Moet twijfels overwinnen en zichzelf zijn.

Lange, losse bovenarm: Gebruikt kracht en robuuste methoden zonder zich af te vragen waarom. Zijn daden kunnen hard, werktuiglijk, ondoordacht en bijna onstuitbaar zijn. Hij is wel charmant maar zet anderen ook onverholen onder druk. Hij is misschien geen dwingeland, maar hij krijgt dingen wel gedaan.

Beverige onderarm: Een timide persoon die op eventuele toeschouwers krachtig wil overkomen. Hij is er niet zeker van dat hij over de capaciteiten beschikt om invloed te hebben, maar probeert het toch maar. Hunkert naar goedkeuring en respect en misschien krijgt hij dat nog ook, al verliest hij op dit moment de slag.

Lange, losse onderarm: De schrijver beschikt over een bepaald soort schijncharme waar sommigen misschien intrappen maar zeker niet iedereen. Loze woorden worden gebruikt om voor een gladjes verlopende, geslaagde actie te zorgen, al doorzien slimmere mensen dit direct. Wendt alles aan om zijn doel bereiken.

Ronde onderarm: Zit anderen altijd achter de vodden, soms op een vriendelijke manier, soms met wat meer venijn. Hij weet dat hij het snelst resultaten bereikt door zich langs obstakels een weg te banen. Charme en overreding werken niet altijd!

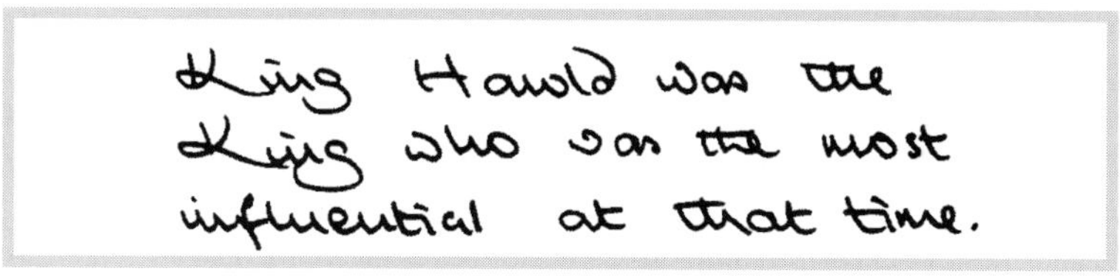

Koning Harold was toen de invloedrijkste Koning.

Een prachtig voorbeeld van K's met armen waarvan de aanzet achter de stok ligt, wat op een hevige hunkering naar liefde wijst. Deze persoon heeft een onverzadigbare behoefte aan erkenning en doet wanhopig zijn best genegenheid en lof te winnen. Het geven en krijgen van liefde gaat met veel verwarring gepaard en zij overcompenseert dit door respect en bewondering van anderen te eisen.

L

> De letter *L* heeft betrekking op taboes, meestal ten aanzien van seks. Sommige mensen vinden de huidige openhartige houding tegenover dit onderwerp echt gênant. Zij praten er niet graag over want zij vinden dat seks privé moet blijven. Anderen zijn veel minder geremd en begrijpen niet waar men zich druk over maakt.

Remmingen

Seksuele remmingen komen vaak voort uit traditionele religieuze opvattingen, maar even vaak zijn deze misverstanden van generatie op generatie doorgegeven. Het zaad van het schuldgevoel over seks, dat in de kindertijd is gezaaid, wordt gedurende de rest van het leven geoogst. Sommige volwassen die zelf al kinderen hebben, voelen nog steeds verlegenheid en gêne bij dit onderwerp.

Elk jaar kom ik in allerlei uithoeken van de wereld om lezingen te houden over de positieve kracht van grafologie, waarbij ik laat zien hoe deze kracht ook kan worden gebruikt om ons leven meer zin te geven. Natuurlijk komt het onderwerp seks en seksualiteit ook wel eens ter sprake, aangezien niemand zichzelf als een volledig volgroeid, volwassen mens kan beschouwen als hij of zij voortdurend in angst zit over deze volstrekt natuurlijke energieën en deze onderdrukt. Maar de reactie die ik krijg als ik dit onderwerp ter sprake breng is buitengewoon fascinerend. Je kunt de spanning in de zaal voelen. Er zijn mensen die zich duidelijk al bedreigd voelen door het noemen van het woord seks; voor hen zit er een gevaarlijk luchtje aan, dat wijst op iets decadents, onuitsprekelijks en verkeerds.

Elk taboe is slecht voor de geest, want het beperkt ons vermogen te leren en te groeien. De beste manier – misschien zelfs wel de enige manier – om dat taboe te ontdoen van zijn vermogen ons te shockeren en van ons stuk te brengen, is dezelfde manier die we voor alle angsten toepassen: door diep adem te halen, ons ernaar toe te wenden en ze onder ogen te zien. Omdat onze ouders nou eenmaal in onverlichte tijden zijn opgegroeid, hoeven wij toch niet beperkt te worden door hun verouderde visies. Wij worden bevrijd van gêne en angst door af te rekenen met deze illusies, door het ondenkbare te durven denken en misschien zelfs door het ondoenlijke te doen – of wat dan ook, als het ons in staat stelt ons openlijk te uiten, op een manier die onze diepste gevoelens respecteert.

Er is niets waaronder het lichaam lijdt
waar de ziel geen baat bij heeft.
—George Meredith

L

Kijk naar eventuele lussen in de *L* – deze wijzen op zorgen en misschien zelfs remmingen. Het kan een langdurig complex over seks of iets anders zijn, maar de lus kan ook staan voor reserves die de schrijver momenteel heeft.

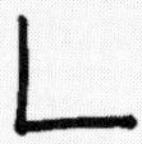

Rechthoekig: Heeft waarschijnlijk een ruime, zelfs onbekrompen kijk op seks. Hij praat er misschien niet altijd over, maar hij is niet bang zijn gevoelens te uiten. Is in staat seksueel open te zijn en te geven en te ontvangen. Of deze houding tot uitdrukking komt in fysieke uitvoering is iets heel anders, maar de geest is tenminste bereid!

Lus in basis: Bepaalde onderwerpen – seks, drugs of andere kwesties – geven een ongemakkelijk gevoel en worden niet onder ogen gezien. Niet bereid er openlijk over te spreken of principes in gevaar te brengen. Heeft er moeite mee de conditionering uit de kindertijd los te laten en zijn eigen gedachten te ontwikkelen. Heeft geleerd dat bepaalde handelingen ethisch fout zijn en gelooft daar nog steeds in.

Boven- en onderlus: Is als gevolg van angst niet in staat zich te ontspannen. Te veel vragen en gedachten weerhouden hem van onvoorwaardelijk genoegen. 'Ben ik goed genoeg?' 'Is dit goed of fout?' 'Ben ik nog wel geïnteresseerd?' In zijn hart wil hij zich waarschijnlijk volledig kunnen uiten, maar hij kan zich niet laten gaan. Het wordt tijd dat hij zich ontspant en zich aan die fantasieën overgeeft!

Met knik: Oogt open en gemakkelijk ten aanzien van de meeste zaken, maar hij lijdt ook wel aan zelftwijfel. Hij vraagt zich af of hij echt aan de verwachtingen kan voldoen. Misschien twijfelt hij op dit moment zelfs wel over zijn seksuele voorkeuren. Hij struikelt voortdurend over zijn eigen besluiteloosheid ten aanzien van wat hij moet doen. Moet meer onderzoeken en zijn horizon verbreden. Als het wat lijkt, doen.

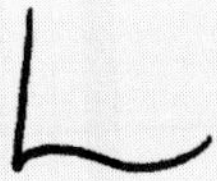

Buiten proporties: Wijst op een overdreven belofte ten aanzien van seksuele prestaties. Deze persoon lijkt uitnodigend en aantrekkelijk, maar dat is deels niet meer dan uiterlijk vertoon. Hij wil zich heel graag bewijzen en genegenheid geven en krijgen. Hij is waarschijnlijk in veel opzichten heel leuk, maar daar moet misschien wel een prijs voor worden betaald.

Smal, diep: Moeilijk te begrijpen en zelfs nog moeilijker te bevredigen. Er moet voldaan worden aan specifieke behoeften, maar welke? Het kost moeite in het innerlijk van deze persoon door te dringen, en het kan even duren voor zijn behoeften en wensen duidelijk worden. Maar het wachten wordt waarschijnlijk wel beloond.

Wijdopen: Wil heel graag allerlei seksuele ervaringen beproeven. Een vrije geest, in sommige opzichten naïef, met een onkritische smaak en weinig regels. Alles kan. Vindt het misschien moeilijk een definitieve band met een partner aan te gaan, al was het alleen maar omdat zijn eisen aspecifiek zijn. Niet gemakkelijk vast te pinnen.

Gelust, met wimpel: Heel veel taboes! Behoedzaam, defensief en – wees gewaarschuwd – ook snel geshockeerd. De schrijver sluit zich af van veel waardevolle ideeën en ervaringen die zijn geest en ogen zouden openen. Hij houdt niet van experimenten, dus stel het niet voor. En ga niet te ver!

Ondiepe rechthoek: Ongeïnspireerd. Een geringe belangstelling voor lichamelijke of erotische dingen. Wat hij ook van zulke dingen denkt, hij houdt ze voor zichzelf. Tot op zekere hoogte ruimdenkend. Vindt het niet nodig aan anderen te laten weten wat hem opwindt en het kan hem ook niet schelen hoe dat bij anderen is gesteld.

Bovenlus: Is misschien niet echt geremd, maar hij ziet het niet zo zitten alles naar buiten te gooien en onmatig te zijn. Benadert drugs, seks en andere taboes met enige reserves. In het juiste gezelschap zou hij je kunnen verrassen. Maar doorgaans is hij niet zo open als het lijkt.

Lange stok, korte dwarsstreep: Denkt en praat iets te veel zonder er iets aan te doen. Hij filosofeert misschien wel over seks en ethische kwesties, maar dat zijn slechts woorden. Waarschijnlijk zal hij uiteindelijk niet snel experimenteren en zijn wildste fantasieën uitleven.

Korte stok, lange dwarsstreep: Hij denkt niet veel na over het seksuele proces en de principes; hij doet het gewoon en doet waar hij zin in heeft. Hij wordt gedreven door natuurlijke impulsen en zal niet gefixeerd raken door het ethische vraagstuk. Hij weet wat hij leuk vindt; anderen moeten zich er niet mee bemoeien.

M

✍ De *M* laat zien hoeveel controle de schrijver heeft over zichzelf en zijn emoties. Geeft hij relaties de kans zich gewoon te ontspinnen of is hij het type dat strenge regels stelt? Wil hij met andere woorden altijd zijn zin hebben?

Zelfbeheersing

Een van de grootste uitdagingen waar we in het leven voor staan, is honderd procent eerlijk over onszelf te zijn – wie we zijn, wat onze goede en slechte kanten zijn, de aard van onze seksualiteit en bovenal de kracht van onze gevoelens – maar zoals we al eerder zagen is het niet eenvoudig zo eerlijk te zijn.

Vrouwen vinden het over het algemeen gemakkelijker hun emoties te uiten dan mannen. De gemiddelde man vindt gevoelens vaag en onvoorspelbaar, ongrijpbare en ondefinieerbare dingen die je niet zoals voetbal of auto's kunt begrijpen. In een ideale wereld (dat wil zeggen ideaal voor meneer Doorsnee!) zou een strikte grens worden getrokken binnen relaties: de vrouw bekommert zich om de dingen die met gevoelens te maken hebben – koestering, ondersteuning, verzorging – zodat de man zijn jager/verzamelaarsrol kan spelen: de kost verdienen, de garagedeur repareren, voetballen met de kinderen of iets anders dat in zijn ogen tot het mannenwerk 'behoort'. Meneer Doorsnee wil zelfbeheersing tonen en hij zal tot het uiterste gaan om zijn ware gevoelens te onderdrukken in plaats van ze te uiten en het risico te lopen voor gek te staan. Vanbinnen is hij misschien zo mak als een lammetje, maar als uit zou lekken dat hij lief en zorgzaam is, zal iedereen in de buurt hem een doetje vinden. Althans dat denkt hij.

Ik weet wel dat dit niet voor alle mannen geldt. Ik weet ook dat er vrouwen zijn die net zo bang zijn om hun gevoelens te uiten. Maar door zo ons best te doen de hele tijd onszelf te beheersen, lopen we veel van de vreugde en dramatiek mis die samenhangen met de vrije expressie van emoties. Net zoals een groot schilder elke kleur op zijn palet kan gebruiken voor een prachtig kunstwerk, zo moeten wij onbevreesd onze gevoelens spontaan uiten in al hun schakeringen en nuances. Waarom zouden we minder doen? Waarom zouden we een vage schets maken op het doek des levens als we met iets meer inspanning een meesterwerk kunnen maken?

Alleen de middelmatigen zijn altijd in topvorm.
—Jean Giraudoux

M

✍ **Kijk naar** de structuur van de M. Is hij puntig en verstard? Zo ja, dan vertoont de schrijver veel zelfbeheersing en probeert hij de ontwikkeling van relaties stevig in de hand te houden. Als de letter zacht en ontspannen is, dan gaat hij openlijker en volwassener met gevoelens om.

Afgerond, twee poortjes: Sterke drang blijvende relaties op te bouwen die gebaseerd zijn op echte emotionele vrijheid en veel geven en nemen, waarbij beide parters een afgesproken rol vervullen. Hier is sprake van een eenheid – sterk, met een stevige, liefdevolle band die zo nu en dan hapert maar die niet snel verbroken zal worden.

Puntig: Beheerst, onbuigzaam, gereserveerd, onvolwassen. De schrijver heeft zekerheid en voorspelbaarheid nodig en hij probeert regels voor de relatie te stellen. Hij moet het territorium kennen voor hij zich kan ontspannen. Is onzeker over het tonen van emoties. Hij is uit op liefde maar kan er nooit van genieten.

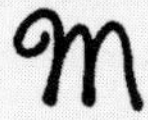

Met lus: De schrijver brengt een karrenvracht aan emoties in in de relatie. Dit maakt het moeilijk tevreden te zijn. Hij kan zijn emotionele reacties niet goed beheersen noch van het moment zelf genieten; er komen te veel andere factoren tussen: zelftwijfel, zorgen, problemen, angsten. Het wordt tijd oude wonden te laten helen.

Haakvormig: Culturele invloeden spelen een grote rol bij de visie van de schrijver op een huwelijk en een relatie. Deze persoon heeft al veel vastomlijnde visies en verwachtingen. De partner van de schrijver moet deze aanvaarden en zich eraan aanpassen, want anders kunnen er problemen ontstaan. Kan beperkend en zelfs verwarrend zijn.

Enkelvoudige poort: Weet zich geen raad met overdreven vertoon van emoties. Heeft er geen behoefte aan grote hartstochten met een partner te delen. Wat telt is vriendschap, een maatje hebben, iemand aan zijn zijde met wie hij zijn interesses en wel en wee kan delen.

Uitgespreide poort: Gelooft waarschijnlijk dat zijn relatie de best mogelijke is, maar ziet niet in dat diepere emoties en begrip meer geluk zouden genereren. Hij verzet zich tegen mensen die menen dat het allemaal te oppervlakkig is.

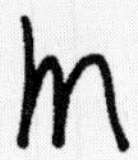

Hoge linkerstok: Deze persoon houdt zich aan normen die een ander heeft gesteld, gewoonlijk de ouders. Hij brengt deze veeleisende principes mee in een relatie en hij verwacht dat zijn partner zich aan zijn regels houdt. Dit kan moeilijk zijn, wat mogelijk tot strubbelingen leidt.

Smalle poortjes: Dit soort betrokkenheid mist bezieling, ruimdenkendheid en fantasie. Als duo zijn zij bang het grotere emotionele beeld te onderzoeken. Zij beperken zich tot het gebruikelijke, het risicoloze en doen hun best elk 'gevaar' ten koste van alles te vermijden. Er zijn te veel opgekropte emoties.

Zeer smalle poortjes: Duidt op diep opgekropte emoties. Veel gevoelens worden onderdrukt en veel gedachten worden niet uitgesproken. Het samenzijn is een uithoudingsproef geworden en mist de elektrische vonk van het begin. Extreme zelfbeheersing leidt tot frustratie.

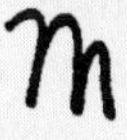

Linkerpoort groot, rechter klein: De schrijver is de drijvende kracht achter de relatie. Of zijn partner het nu leuk vindt of niet, hij ziet zichzelf als de hoeksteen en daarom als de belangrijkste van de twee. Kan tot afhankelijkheid leiden. Dit soort kwesties moet worden besproken.

Klein: Regelmatig en beheerst. Smacht ernaar zijn ketenen af te werpen en diepere emotie te voelen, maar het is moeilijk aan een levenslange gewoonte te ontsnappen. Maar er zijn groeimogelijkheden. De schrijver zou er baat bij hebben zijn aandacht te verleggen van zijn werk, tv of wat dan ook naar de vraag hoe hij meer voldoening zou kunnen halen uit de relatie.

Afhangende rechterstok: Deze persoon doet zijn best relaties te beschermen en indringers buiten te houden. Hij is tevreden met de huidige gang van zaken. Hij ziet het gezin als een sterke, onafhankelijke, ondersteunende eenheid en dat wil hij zo houden, zonder inmenging van buitenaf.

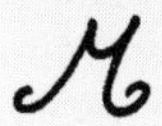

Elastisch: Een vrije jongen – misschien niet in werkelijkheid, maar zeker in zijn geest. Doet waar hij zin in heeft, wat kan betekenen dat hij de regels enigszins vrij interpreteert en hoopt dat niemand het merkt. Bezit een zekere mate van kwajongenscharme, maar hij is soms ook egoïstisch. Hij is niet zo amusant als hij denkt.

Twee evenwichtige, afgeronde poorten: Een eenvoudige maar diepgaande band vormt de basis van deze liefdevolle relatie. Deze twee zullen elkaar steunen, emotioneel en ontspannen zijn, en tevreden met het wederzijds geven en nemen. Als ze eraan werken beschikken ze over het recept voor succes en geluk.

Scherpe rand: Moedig, onafhankelijk, maar mogelijk zo nu en dan moeilijk lief te hebben. De schrijver wil relaties onder controle houden en de sterkste van de twee zijn en niet te veel ruimte geven, omdat hij dan het risico loopt dat hij voor een zwakkeling wordt gehouden. Zijn ouders hebben heel wat om zich voor te verantwoorden.

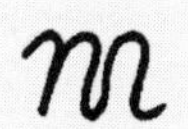

Kronkelend: Als de twee poorten los staan, heb je te maken met twee mensen die nauw verbonden lijken te zijn, maar dat in veel belangrijke opzichten niet zijn. Ze leiden hun eigen leven, hebben hun eigen interesses en vrienden, toch slagen ze er op een of andere manier in de relatie in stand te houden. Mooi als het werkt.

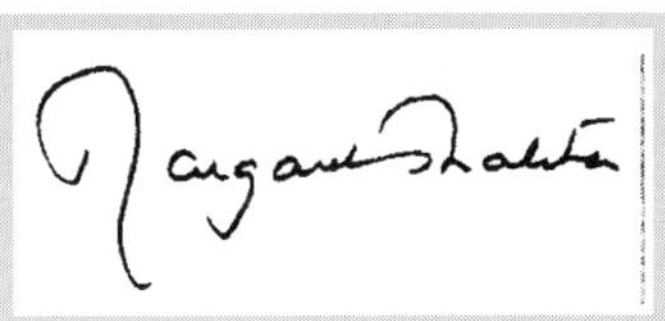

Margaret Thatcher. *Deze gigantische* M *toont het belang van de familie-eenheid aan. Hij zegt: 'Mijn relatie is de pijler van mijn leven en die zal ik beschermen.' Zij is meer uit op vriendschap en trouwe steun van geliefden dan op overdreven emoties. Een praktische en nuchtere vrouw.*

N

✍ Hoe gaat de schrijver om met kritiek en afwijzingen? Daar draait het om bij de *N*. Is hij stabiel en heeft hij zelfvertrouwen? Stapt hij er zo overheen omdat hij diep vanbinnen een onwankelbaar vertrouwen in zichzelf en zijn daden heeft? Of kruipt hij in zijn schulp als hij op verzet stuit of afgewezen wordt?

Omgaan met afwijzingen

Niemand vindt het leuk om te falen en niemand wil worden afgewezen. Afwijzingen vormen vaak de pijnlijkste herinneringen uit onze kindertijd: het eerste vriendje of vriendinnetje dat het uitmaakt; die keer dat je ouders woest werden omdat je een slecht rapport had; de dag dat je vlak voor een belangrijke wedstrijd uit het schoolteam werd gezet. Dat doet allemaal pijn. En toch is de invloed die het op je heeft niet zozeer afhankelijk van de ervaring zelf maar van de manier waarop je ermee omgaat.

Mogelijkheden zijn net deuren, waarvan er honderden in de toekomst voor je staan. Sommige – een paar – zijn open, je kunt er zo doorheen: dat zijn jouw deuren, zij zullen je naar grotere voldoening en begrip leiden en ze staan daar gewoon te wachten tot jij naar binnen gaat. Wat de overige betreft, die zijn afgesloten. Iemand anders heeft er de sleutels voor. Het probleem is alleen dat je het verschil niet kunt zien; op het eerste gezicht lijken ze nogal op elkaar. De enige manier om het zeker te weten is door de deurklink naar beneden te drukken tot je er een vindt die meegeeft. Voor de meeste van ons betekent dit dat we heel wat klinken moeten proberen! Maar afwijzing is gewoon een natuurlijk onderdeel van dat proces; het heeft te maken met ontdekkingen, centimetertje voor centimetertje vooruit schuifelen, vaststellen wat wel en wat niet goed voor jou is. Wat de vreselijkste afwijzing lijkt, kan uiteindelijk een reuze slimme zet van het universum blijken te zijn, een teken dat de weg waarop je zit nergens toe leidt en dat je het elders nog eens moet proberen.

Ga dus altijd wijs om met afwijzingen. Stap eroverheen. Deins niet achteruit en ga zeker niet jezelf als een tweederangs persoon of een mislukkeling beschouwen, alleen maar omdat iemand anders jouw talenten niet even hoog inschat als jijzelf. Wees volhardend, verwacht meer en blijf die deurklinken proberen.

Je kunt fouten alleen vermijden door ervaring op te doen.
Je kunt alleen ervaring opdoen door fouten te maken.
—Anoniem

N

✍ **Kijk naar** de totaalvorm van de *N*. Is hij evenwichtig en recht? Zo ja, dan is de schrijver waarschijnlijk uitgebalanceerd en passen alle stukjes van zijn leven mooi in elkaar. Als de *N* uit balans is of als de rechterstok de lucht in steekt, is de schrijver niet zelfverzekerd genoeg.

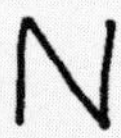

Rechtop, stevig: Heeft genoeg zelfvertrouwen om tegenslagen voor lief te nemen. Tamelijk stabiel en veerkrachtig. Een houvast voor degenen die niet zo zelfverzekerd of bekwaam zijn en die zich aan een sterker iemand moeten kunnen optrekken. Hij kan onwankelbaar zijn tijdens een crisis maar hij moet oppassen dat anderen zijn energie niet ondermijnen en afhankelijk worden.

Hoge rechterstok: Bang afgewezen te worden. Dit kan komen door lichamelijke straffen uit kindertijd: 'Niet slaan! Niet slaan!' Of misschien is hij als kind geïntimideerd en is hij nog steeds bang in het nauw gedreven te worden. Doet van alles om pijn te ontwijken: kan liegen, slinkse methoden gebruiken of anderen de schuld geven. Wankel zelfvertrouwen. Moet assertiever zijn.

Tunnel: Veel vonken en veerkracht. Heeft een innerlijk gevoel van eigenwaarde, gekoppeld aan een overtuiging dat alles mogelijk is. Als deze persoon al nerveus is, dan merk je dat nauwelijks. Hij wil doorgaan en risico's nemen. Hij gelooft dat iedereen die bereid is iets te proberen en hard te werken, goede dingen zal krijgen. Dus blijft hij proberen.

Uitgespreid: Wil graag extra verantwoordelijkheid nemen, maar hij kan te veel vingers in te veel pap hebben. Verzwakt door gebrek aan gerichtheid. Neemt de schuld van anderen op zich. Externe factoren slokken zijn tijd op en ondermijnen zijn prestatievermogen. Zoekt een ontsnappingsroute, of althans een kans weer op adem te komen.

Met lus: Heeft veel overtuigingen en principes, geput uit levenservaring, die de achtergrond vormen van zijn kracht, begrip en aanpak. Dat is zijn uitrusting om met mensen om te gaan en dat zijn zaken waar hij op terug kan vallen als zaken fout lopen. Hij vindt dit zeer geruststellend.

Benepen: Doet te veel zijn best zijn gekozen doelen te bereiken in plaats van te genieten van eenvoudiger voordelen. Heeft een hekel aan kritiek en hij hoopt problemen te vermijden door zijn ogen te sluiten voor veel moeilijke situaties. Zou zijn horizon moeten verbreden zonder zich te veel te belasten.

Omgekeerd: Deze persoon is de gevangene geworden van zijn eigen werkwijze en houding. Misschien heeft hij in het verleden besluiten genomen die hem nu achtervolgen. Of dit nu wel of niet zo is, een defensieve benadering is noodzakelijk om zijn handelingen te beschermen tegen blootstelling aan het licht.

Bollend: Hij lijkt sterk en is krachtig genoeg om anderen daar ook van te overtuigen, maar deze persoon is inwendig onzeker en dit compenseert hij door van anderen te eisen dat zij zijn inspanningen waarderen. Hij schrompelt ineen als zijn zwakke plekken aan het licht komen. Kan geen afwijzing velen. Gaat hardvochtig met anderen om.

Tunnel met linkerkrul: Misschien iets te zelfverzekerd. Wil dat iedereen ziet dat hij zich goed staande houdt en dat hij alles onder controle heeft, maar dit kan een typisch voorbeeld zijn van hoogmoed die voor de val komt. Misschien heeft hij alles wel onder controle, maar kijk het toch maar een keertje na!

O

✍ Je zou kun zeggen dat de *O* betrekking heeft op onschuld. Is de schrijver achter dat wereldwijze uiterlijk eigenlijk nog een kind, nog steeds op zoek naar liefde, genegenheid en goedkeuring? Of heeft de tijd de zachte kantjes eraf gesleten en is deze persoon nu harder en gemener?

Liefde tonen en kwetsbaar zijn

Er is geen mens die er in zijn binnenste niet naar hunkert gewild en geliefd te zijn, gewaardeerd om wat hij is en geapprecieerd om wat hij doet. Ieder van ons streeft naar aansluiting. Veel mensen, en dit geldt vooral in de grote steden, hebben het niettemin opgegeven en spannen zich niet meer in. Zij hebben onprettige ervaringen achter de rug en zijn nu zo bang gekwetst of misbruikt te worden, dat zij een muur rondom zichzelf optrekken, en cynisme en een harde, verbeten houding gebruiken om aanvallers af te slaan. Zo'n leven stelt niet veel voor. Het is eigenlijk helemaal geen leven.

Als we ons hart afsluiten en de zwakkere, gevoeliger kant van onze aard begraven uit angst dat we gekwetst worden, dan ontzeggen we onszelf veel van de mooiste privileges van het leven: liefde, vriendelijkheid, genegenheid, goede wil, kwaliteiten die er in overvloed zijn en waar we alleen maar om hoeven te vragen, als we het risico maar durven te nemen. Kwetsbaarheid is iets góeds. Je open kunnen stellen en zorg voor anderen kunnen tonen, is iets góeds. En onze afwerende houding afzwakken zodat anderen zorg voor ons kunnen tonen, is ook iets góeds. Als die afwerende houding verdwenen is, komen we niet alleen gevoeliger en sympathieker over, maar worden we ook veel aantrekkelijker voor buitenstaanders. Eindelijk zien anderen onze natuurlijke hartelijkheid. En omdat we toegankelijk en ongevaarlijk lijken, durven ze dichterbij te komen om ons wat beter te kunnen bekijken. We worden een magneet die uit alle hoeken nieuwe vrienden en geliefden aantrekt.

Niemand van ons kan altijd een toeschouwer blijven. Ook al hebben we het spel al vele malen gespeeld en hebben we verloren, dan nog is dat geen reden aan de kant te blijven staan. We moeten onze kwetsbare kant laten zien. Natuurlijk zitten er risico's aan vast. En natuurlijk zullen we gaandeweg weleens verliezen. Maar nooit zo vaak als wanneer we helemaal niet spelen.

Help uw broeders boot oversteken en zie!
die van uzelf is geland.
—Hindoeïstisch spreekwoord

O

Kijk naar de grootte en rondheid van de *O*. Iets groots, zoals een bord, wijst op een zeer kwetsbaar karakter, iemand die omwille van ervaring en groei pijn riskeert. Een kleine, strakke *O* kan onder bepaalde omstandigheden wijzen op een hart vol eelt.

Groot, rond: De muren om deze persoon zijn gevallen. Hij probeert zijn zwakkere kant te beschermen, maar slaagt daar niet altijd even goed in. Gevoelig, open en eerlijk, met oprechte gevoelens. Het komt voor dat die emoties niet ingehouden kunnen worden en ze naar buiten stromen, waarbij ze mogelijk anderen overrompelen.

Met lus: Slim en achterdochtig. De schrijver heeft alles al eens gehoord en meegemaakt, dus hij trapt niet meer in oude trucjes. Een deel van deze persoon is onbereikbaar. Hij is bang gebruikt te worden en hij wil zijn zwakheden niet laten zien. De liefde die hij geeft is gemeend, zo ver als die gaat, maar er zit meer in.

Klein, verkrampt: Speelt op veilig. Zal niet snel geëmotioneerd raken of anderen dichtbij genoeg laten komen om schade aan te richten. Hij mist mogelijk een breder scala aan emoties als gevolg van angst gekwetst te worden. Hij haat het idee dat hij kwetsbaar zou kunnen zijn. Hij offert graag groter geluk op als dat betekent dat hij ontkomt aan ernstige verliezen.

Lus naar links: Strijdt op twee fronten tegen het leven: hij probeert vooruit te komen maar wordt tegengehouden door de last van oude ervaringen. Die kunnen van hemzelf zijn of een nevenproduct van ouderlijk trauma (scheiding, misbruik enz.). Hij wil de vrijheid hebben zijn gevoelens openlijk te uiten, maar er komt iets tussen. Wordt het niet eens tijd om die blokkades uit de weg te ruimen?

Bovenwimpel: Kalm, gewoon. Wil geaccepteerd worden, maar hij is waarschijnlijk nogal kieskeurig ten aanzien van wie de sleutel tot zijn hart krijgt. Is bereid alles op het spel te zetten voor liefde, maar alleen met de ware, en het kan wat tijd kosten die te vinden, iemand die goed genoeg is.

Inwaartse lusjes: Bang voor afwijzingen en de pijn in de steek gelaten te worden. Kan het niet verdragen daar weer doorheen te moeten. Er is sindsdien heel wat gebeurd en deze persoon lijkt daar onder bedolven te zijn. Hij moet nodig moed verzamelen. Geef niet op. Betreed het strijdperk weer en neem risico's.

Open, niet aangesloten: Te druk, te gespannen om zijn emoties echt onder controle te krijgen. Er wordt voortdurend van alle kanten aan de schrijver getrokken. Hij lijkt kwetsbaar, maar dat is niet met opzet; het komt waarschijnlijk door een gebrek aan gerichtheid en een leven dat op hol is geslagen.

Met inwendig rondje: Onder het oppervlak loert een boel rauwe emotie, maar er komt maar een klein beetje boven; veel gevoelens blijven verborgen en worden nooit geuit. Zijn daden zeggen dit, zijn emoties dat. Sommigen zullen deze persoon slecht begrijpen.

Benepen: Zorgen van anderen slokken zijn tijd op of hij heeft te veel belangstelling voor hun zaken. In beide gevallen moet hij meer ruimte voor zichzelf vrijmaken en aan vergroting van zijn eigenwaarde werken. Ware liefde is de extra inspanning waard.

Door lus in tweeën gespleten: Verborgen diepten en reserves verdelen de loyaliteit van deze persoon. Hij houdt een deel van zichzelf verborgen en laat alleen die kant zien die iedereen mag zien. Misschien wil hij wel meer met anderen delen, maar iets houdt hem tegen. Het kost tijd om hem te leren kennen.

Een groot, gevoelig handschrift. Deze persoon is zeer verlegen, emotioneel en afwerend, maar hij compenseert zijn zwakheden door een grote persoonlijkheidsshow te geven. De grootte van de O wijst op een teder, vrijgevig en lichtgeraakt hart. Zij geeft haar liefde vrijelijk en biedt veel warmte en koestering aan anderen.

P

✍ De *P* laat zien hoe zeer de schrijver gefascineerd is door de wereld om hem heen, en met name door andermans zaken. Spitst hij de oren voor de nieuwste roddels over vrienden en collega's of is hij egocentrisch, het type dat alleen geïnteresseerd is in zijn omgeving als deze invloed op hem heeft?

Nieuwsgierigheid

Mensen vinden het gewoon heerlijk als je belangstelling voor ze toont. Als je je aandacht kunt verplaatsen van je eigen leven naar dat van hen – hun werk, hun relaties, hun inrichting, de ziekte van hun hond, wat dan ook – dan garandeer ik je dat je al snel de geliefdste buurtgenoot zult zijn. Door de aandacht op anderen te vestigen, geef je hun het gevoel dat ze belangrijk zijn en mensen vinden het echt héérlijk om zich belangrijk te voelen.

Je hoeft het er niet dik bovenop te leggen – kijk en klink gewoon geïnteresseerd. Stel vragen en laat merken dat je luistert naar de antwoorden door meer vragen te stellen naar aanleiding van wat ze zeggen. Vermijd het domme kat-en-muisspelletje waarbij je de conversatie voortdurend op je eigen leven brengt. We praten allemaal graag over onszelf – niemands zaken interesseren ons zoveel als die van onszelf – maar mensen die alleen maar over zichzelf praten, praten ten slotte meestal alleen maar tégen zichzelf. We kennen ons eigen nieuws trouwens toch al; maar we weten niet wat de ander ons te vertellen heeft. Laat hen dus praten. Je zult altijd een positieve reactie krijgen. Meestal zelfs meer dan dat: ze zullen je adoreren.

Nieuwsgierigheid is een uitstekende manier om op de hoogte te blijven. Het is géén goedkoop excuus om je neus in andermans zaken te steken. Positieve belangstelling is één ding, bemoeizucht is iets anders. Ga voorzichtig en vertrouwelijk met geheimen om. Gebruik wat je te weten bent gekomen niet als bewijsmateriaal tegen die ander of om tegen anderen kwaad te spreken. Wat je geeft, krijg je terug, weet je nog? Probeer altijd de eerste met een hartelijke steunbetuiging en de laatste met een kwetsend woord te zijn. Je zult er nooit spijt van krijgen.

Een vriend is een man die alles
over je weet en je desondanks mag.
—Elbert Hubbard

P

Kijk naar de grootte van het oog van de *P*. Hoe groter dat is, des te oplettender en nieuwsgieriger de schrijver zal zijn; hoe kleiner het oog, des te egocentrischer de schrijver is. Een veel te groot oog behoort aan iemand die overal in geïnteresseerd is; niets is te min of onbelangrijk.

Standaard-oog: Oplettend. Wil graag weten wat er gaande is, maar ziet zichzelf zeker niet als een nieuwsgierig aagje. Heeft over allerlei onderwerpen veel informatie. Heeft een arendsblik. Hij mist niet veel van wat er gebeurt, dus probeer hem maar niet te bedotten. Zal zich niet te veel mengen in andermans zaken – of er moet natuurlijk een heel goede reden voor zijn!

Kolossaal oog: Eersteklas nieuwsgierigheid! Wil als een bezetene meer te weten komen en vooraan staan. Blijft maar vragen stellen. Dit kan verwarrend zijn. Mist gerichtheid, dus niets wordt erg goed onderzocht. Zijn verstand werkt als een radar die uit alle richtingen signalen opvangt. Moet leren langer zijn aandacht vast te houden.

Stok met lus, klein oog: Heeft veel aan zijn hoofd. Problemen maken dat hij niet om zich heen kijkt. Hij is in zijn eigen zaken verwikkeld; problemen van anderen zijn minder belangrijk. Als kind heeft hij misschien geleerd zich niet met andermans zaken te bemoeien. Verwacht van hem niet de laatste roddels, want die kent hij gewoon niet.

Plat oog: Niet geïnteresseerd in andermans leven of overtuigingen, tenzij die op een of andere manier zijn leven beïnvloeden. Het kan hem niet schelen wat er aan de hand is – dat zijn zijn zaken niet. Bepaalde dingen zijn heel belangrijk, maar die zijn allemaal privé. Hij is vrijwel niet nieuwsgierig en zal dan ook nooit de roddelkoning van de buurt worden.

Oog wijst omhoog: Straalt natuurlijke superioriteit uit. Heeft een goed oog voor wat anderen van plan zijn, maar hij slaagt erin op te letten zonder het te laten merken. Is ervan overtuigd dat zijn normen en waarden goed zijn, en hij beschermt die meedogenloos. Je moet hem niet onderschatten.

Lijn van oog gaat door stok heen: Heeft overal altijd een antwoord op. Neemt zelden de eindverantwoording; het is de schuld van iemand anders. Doet niets zonder goede reden, hoewel anderen die reden allesbehalve overtuigend vinden. Vangt mogelijk nuttige informatie op en slaat die op voor later gebruik.

Gezwollen: Belust op kennis, vooral op roddels. Is bang iets te missen; wil graag weten wat er aan de hand is. Maar hij zou terrein kunnen verliezen door te veel belangstelling te tonen voor dingen die hem niet aangaan. Anderen kunnen een hekel hebben aan de ongepaste bemoeienis van deze persoon.

Puntig: Scherp en efficiënt en van alles op de hoogte. Hij mist niets, dus probeer het maar niet. Ook al slaag je erin de waarheid te verbergen, hij komt er toch wel achter. Slikt geen onzin. Hij wil het weten en hij wil het nú weten!

Naar achteren getrokken: Een tamelijk nieuwsgierig iemand die niet wil dat anderen denken dat hij bemoeiziek is. Hij voelt zich schuldig als hij zit te vissen, maar hij kan het niet laten. Iets in hem zegt: doe het niet. Hij staat echt te trappelen van ongeduld en hoopt dingetjes te weten te komen.

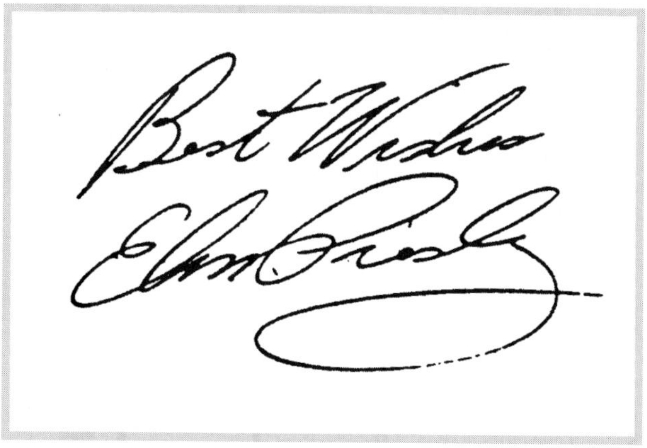

Een kerel die van alles op de hoogte is! **Elvis Presley** *was extreem nieuwsgierig – naar alles en iedereen, op het extreem bemoeizuchtige en bemoeiallerige af. Glitter en goud aan de buitenkant verhullen duidelijk emotionele onzekerheid aan de binnenkant. Hij was bang dat anderen achter zijn rug dingen aan het bekokstoven waren en dus vond hij dat hij altijd zijn vinger aan de pols moest houden. Een man die altijd veel aan zijn hoofd had.*

Q

✍ De Q vertelt ons of iemand praktisch en nuchter is. Beheerst hij zich in noodsituaties of slaat hij bij de eerste tekenen van een crisis op de vlucht? En hoe gaat hij met dagelijkse problemen om? Is hij iemand die overal een antwoord op weet of trekt hij zich meestal terug en laat hij het aan iemand anders over?

Gezond verstand

Emerson schreef ooit: 'Gezond verstand is even zeldzaam als genialiteit.' Twee vrienden van mij vormen het levend bewijs voor deze stelling. Beiden zijn volstrekt onpraktisch: ze kunnen niet koken, hebben geen idee hoe hun video werkt en ze willen niet eens auto rijden uit angst dat ze hun aandacht verliezen en onder een vrachtwagen komen! Niets lukt hun ooit. Waar het ook om gaat, je hoeft ze maar de geringste kans te geven om de dingen in het honderd te laten lopen en op een of andere manier lukt ze dat. Het is een soort gave.

Maar waarom? Waarom kunnen sommigen beter omgaan met de dagelijkse probleempjes dan anderen? Wat mijn vrienden betreft kan ik dat vrij gemakkelijk verklaren. Beiden komen uit tamelijk rijke gezinnen en beiden hadden ouders die zoveel van hen hielden dat ze hen met alle luxe verwenden. Omdat zij dienstmeisjes en hulpjes hadden die alles voor hen deden, leerden zij nooit de basale praktische zaken van het leven. In zekere zin is dat het gemeenste wat ouders hun kinderen kunnen aandoen, ze extreem vertroetelen als ze jong zijn. Tegenslagen, ongelukken, teleurstellingen – het zijn belangrijke lessen in het menselijk leerproces. Alleen als we zelf de antwoorden bedenken, worden we volledig ontwikkelde, praktische volwassenen.

Gezond verstand is een intuïtief gevoel, dat put uit eerdere ervaringen. Het lijkt een beetje op een spier, die zich ontwikkelt en sterker wordt naarmate je hem meer gebruikt. Het is dus logisch dat je vindingrijker wordt als je meer ervaring krijgt, tot je uiteindelijk nooit meer terugdeinst voor een klein of groot probleem. Je stemt gewoon af op je intuïtie, je gezond verstand, en je zegt met het vertrouwen van iemand die de kronkelende zijweggetjes van het leven goed kent: 'Laat mij het maar doen. Ik heb dit al eens meegemaakt, ik weet hoe het moet.'

Ervaring – een kam die het leven je geeft als je haar is uitgevallen.
–Judith Stern

Q

Kijk waar de Q op de schrijflijn staat. Als hij recht op de regel staat, weet je dat de schrijver praktisch en nuchter is. Maar als hij erboven zweeft, heeft hij een onpraktisch, dromerig trekje. Een Q die onder de regel is gezakt, duidt op een schrijver die misschien iets te gevoelig is.

Rond, op de regel: Een tamelijk wijs iemand, die door de jaren heen veel ervaring heeft opgedaan en vertrouwt op zijn daden. Hij geeft meestal goed doordachte adviezen. Hij is bereid van wijzere mensen te leren, maar hun advies moet wel zinvol en oprecht zijn. Hij is gevoelig voor de noden van anderen en gedraagt zich verantwoordelijk in een crisis.

Zwevend: Veel van de ideeën van deze schrijver ontberen realiteitszin. Wil altijd doorgaan en onderzoeken. Kan taken onvoltooid laten in zijn verlangen over te schakelen naar een volgende gróte zaak. Moeilijk te beheersen of te adviseren; waarschijnlijk denkt hij dat hij alles het beste weet. Is snel afgeleid door plannen die aantrekkelijk klinken maar die misschien niet deugen. Moet met beide benen op de grond worden gezet.

Onder de regel: Een praktisch persoon die zo'n beetje de rol van een orakel heeft aangenomen, een alleswetter zelfs, en die nu ontdekt dat de verantwoordelijkheid hem te veel wordt. Of anders eist de huidige druk te veel van zijn reserves aan geduld en diplomatie. Hij wil behulpzaam zijn, maar men maakt gewoon misbruik van hem. Moet onafhankelijker zijn.

Open: Beschikt wel over basale wijsheid en basaal begrip, maar hij weet niet zeker hoe hij die moet gebruiken. Hij is te druk bezig met leren en met experimenteren om zich te concentreren op de kleine lettertjes van het leven. Hij weet waarschijnlijk wel wat hij in een noodsituatie moet doen, maar hij zou nooit beweren dat hij alle antwoorden weet – wat op zichzelf wijs is!

Door staart naar beneden gehouden: Deze dromerige persoon is gedwongen een greep op de realiteit te houden, maar dat is niet eenvoudig. Iets houdt zijn vrije geest aan de grond. Hij wil wegvliegen maar de omstandigheden dwingen tot iets anders. Dit is niet slecht, maar ik denk dat hij dat anders ziet.

Gespleten door lussen: Aan de buitenkant lijkt de schrijver zijn zaakjes voor elkaar te hebben, maar in werkelijkheid is hij misschien niet zo slim als hij eruitziet. Hij heeft twijfels en onzekerheden over wat hij doet, dus controleer nog eens extra voor je hem je huis laat opknappen.

Te groot: Streeft ernaar de grote trooster te zijn. Wil bewonderd en vertrouwd worden, maar misschien weet hij wel niet zoveel als hij denkt. Om geaccepteerd te worden, is hij bereid alles voor iedereen te zijn. Pas op dat hij je leven niet met goedbedoelde adviezen naar zich toe trekt.

Klein: Beperkt verstand. Richt zich op wat hij weet en doet wat hij kan met wat hij heeft. Als hij een praktische kant heeft, zal dit vrij vaak blijken, maar hij is niet gezegend met zo'n brede ervaring dat hij anderen op een ander gebied dan zijn specialisme kan adviseren.

Lange staart: Allerlei ernstige kwesties liggen ten grondslag aan de huidige houding en stemming van de schrijver. Misschien is hij als gevolg van de druk een beetje humorloos. Doelen en dromen worden aangetast door factoren waarover hij geen zeggenschap heeft. Lever geen kritiek op zijn inspanningen, want hij zou kunnen bijten.

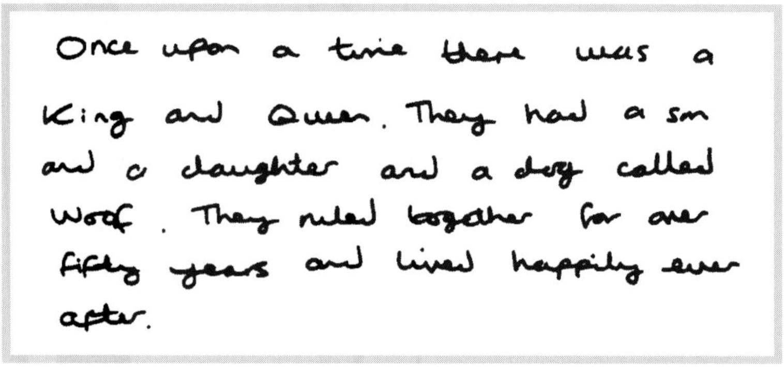

Queen Victoria was van 1837 tot 1901 koningin van Groot-Brittannië.

Een Q die wanhopig wordt van de onkunde van anderen. Zie je hoe plomp hij is en hoe hij zwaar op de bladzijde drukt? Hij heeft niets lichts, niets zorgeloos: dit is een realistische, nuchtere persoon in een omgeving waarin iedereen de antwoorden van hem lijkt te verwachten (wat hij ongetwijfeld stiekem prachtig vindt!). Hij voelt zich overladen en uitgeput.

R

✍ De *R* is een zeer energieke letter, die barst van de wil zaken te regelen en invloedrijk te zijn. Maar hij kan onder bepaalde omstandigheden ook een symbool zijn van iemand die twijfelt en nooit een beslissing durft te nemen. Het is dit conflict in ons allen – tussen de aanhouder en de verlegen persoon – dat de *R* zo fascinerend maakt.

Actie ondernemen

Actie is het magische ingrediënt van elk recept voor persoonlijke vervulling. Ze laat de wereld weten dat je niet meer passief wilt zitten afwachten: noch tot 'het geschikte moment' zich voordoet om aan je doelen te gaan werken (dat doet het nooit), noch tot iemand anders je doelen voor jou zal bereiken (wat niemand doet). Ideeën, dromen, plannen, goede bedoelingen, die zijn uiteindelijk niets waard en zijn voorbestemd loze fantasieën te blijven, leuk maar zinloos, tenzij je iets onderneemt om er munt uit te slaan. Actie bepaalt het verschil. Als de actie constructief is en gericht is op een duidelijk doel, veroorzaakt zij een wervelwind van positieve energie om je heen, die precies de goede omstandigheden creëert om wonderen te laten gebeuren.

Geluk bestaat niet en niets gebeurt toevallig. Je krijgt 'geluk' zodra je je aarzelingen opgeeft, ophoudt een kuil te graven om je in te verbergen en zegt: 'Nu meen ik het. Ik geef niet op voor ik mijn doel heb bereikt.' Zodra je toegewijd bent, zodra het je echt ernst lijkt te zijn, gaat de Voorzienigheid met gespitste oren rechtop zitten en kondigt het succes zich aan. Vanaf dat moment zwaaien deuren die bij eerdere pogingen gesloten bleven, onverwacht voor je open. Vreemde toevalligheden – gebeurtenissen die je niet helemaal kunt verklaren – doen zich haast voortdurend voor: je lijkt op een of andere manier steeds op het juiste moment op de juiste plaats te zijn, in een perfecte positie om voordeel te trekken uit nieuwe mogelijkheden die je zo in de schoot komen vallen.

Wat je doelen en dromen ook zijn, als het goed voor je is als je ze bereikt, kan geen kracht ter wereld je tegenhouden. Niets kan iemand tegenhouden die weet wat hij wil en die bereid is al zijn energie in de vervulling ervan aan te wenden. Als volhardende actie een gewoonte wordt, gebeurt het onmogelijke niet zo nu en dan, maar wordt het de norm.

Een grammetje actie is gelijk aan een ton theorie.
—Friedrich Engels

R

> ✍ **Kijk naar** de groote van het oog van de *R*. Als dat tamelijk groot is, weet je dat de schrijver al gewend is actie te ondernemen. Niets houdt hem tegen. Een klein oog daarentegen wijst op een terughoudender benadering, iemand die lang en diep nadenkt voor hij de volgende stap zet.

Gemiddeld oog: Iemand die spontane actie afwisselt met zorgvuldige voorbereiding. Zal niet overhaast onverstandige besluiten nemen; moet eerst alle feiten weten. Maar als hij zich eenmaal heeft voorbereid, gaat hij doelgericht aan de slag. Hij kan besluitvaardig zijn als het moet en hij heeft een neus voor goede mogelijkheden. Geweldig.

Te groot oog: Twee mogelijkheden: of een briljant improviseerder die elk probleem opslokt en vervolgens een indrukwekkend resultaat uitspuugt, óf enigszins een enfant terrible die impulsief handelt. Hoe het ook zij, de schrijver gaat nonchalant met problemen om en past zijn beslissingen snel aan de omstandigheden aan.

Lange poot: Deze wordt als een blindenstok gebruikt om de grond te voelen, voorbereid op alle mogelijke uitkomsten. Voorzichtig, gestaag, aarzelend en niet snel toegewijd, tenzij hij zeker is van de feiten. Kan een trage zijn die iedereen ophoudt. Maar deze eigenschap kan ook alles goedmaken. Nuttig gezelschap, ook al is hij soms behoedzaam.

Met lus: Voor hij doorgaat overweegt hij van alles: welke invloed zal zijn besluit hebben? Is dit goed? Te veel gedelibereer kan positieve actie in de weg staan. Is misschien achterdochtig en wil niet dat anderen de overhand krijgen. Moet geduldig worden aangepakt.

Klein oog, korte poot: Weifelend, heeft niet genoeg vertrouwen in zijn daden en vreest negatieve resultaten, reden waarom hij de neiging heeft minder te doen terwijl hij juist meer zou moeten doen. Te nederig en soms machteloos, als gevolg van geringe zelfachting en gebrek aan assertiviteit.

Achterwaartse krul: Zijn daden zijn soms onvoorspelbaar. Wat een eenvoudig klusje lijkt, wordt lastiger door de schrijvers vreemde kijk op het leven. Duidelijke besluiten worden ondoorzichtelijk en in de war gestuurd door zijn onconventionele houding. De oorzaak ligt in zijn opvoeding.

Uithaal aan onderzijde: Strategisch en slim; iemand die de regels van het bestaan goed doorheeft en die voor hij iets doet het fijne achterhaalt over rivalen of collega's. Hij weet waarschijnlijk al lang voor je het gedaan hebt wat je van plan bent. Probeert altijd de overhand te krijgen.

Onvolgroeid: Deze persoon laat zijn leven door anderen bepalen. Hun visie en beslissingen wegen – ten onrechte – zwaarder dan die van hemzelf. Hij moet zich losmaken uit deze ondergeschikte positie en zijn omstandigheden weer onder controle krijgen. Persoonlijke macht komt niet vanzelf; deze moet opgeëist worden.

Elastisch: Hij is vrolijk en levendig, en hij neemt de verplichtingen van het leven niet serieus. De schrijver geeft zich niet echt over aan zijn plannen; hij doet de meeste dingen met vallen en opstaan. Hij beweert dat hij het leuk vindt de uitkomst van iets niet te weten, maar hierdoor kan hij het weleens afleggen.

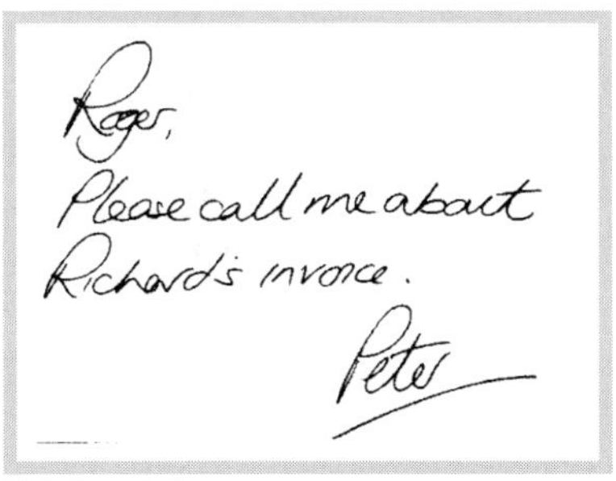

Tjonge, wat een doorzetter! Die grote, bolvormige R'en zijn een duidelijk teken dat deze man zijn verrichtingen zelden plant; hij slaat de formaliteiten liever over en stort zich erin; hij denkt er al doende wel over na en hij geniet ervan nooit te weten wat daarna zal gebeuren. Energiek, initiatiefrijk, iemand die het gevaar zo nu en dan graag opzoekt.

S

✍ Een *S* meet de uitwerking die iemand heeft als hij een kamer binnenkomt, hoe hij zich gedraagt, de persoonlijke energie en autoriteit die hij uitstraalt, de vibraties die anderen van hem overnemen. Persoonlijkheid is deels zelfvertrouwen en deels charisma en je hebt het of je hebt het niet, net zoals stijl.

Persoonlijkheid

De meesten van ons hebben het vermogen de mensen om ons heen op een positieve manier te beïnvloeden. Als je tevreden bent over jezelf en uitstraalt dat je gelukkig bent over het soort mens dat je geworden bent, dan zal deze onwrikbare vitaliteit worden overgedragen op iedereen die je tegenkomt. Meestal hoef je niets te zeggen; aan de manier waarop je loopt, de toon van je stem, zelfs je gezichtsuitdrukking ziet men gewoon dat je iets speciaals hebt, een sterke persoonlijkheid die je onderscheidt van de rest.

Maar voor dit kan gebeuren, voor je echt gerespecteerd en gewaardeerd wordt, moet je leren jezelf te respecteren en waarderen. Als je gelooft in je sterke punten, zullen anderen dat ook doen. Houd van wie je bent en die liefde zal in versterkte mate op je weerkaatst worden. Want als jíj geen goed gevoel hebt over alle geweldige dingen in je leven, hoe kun je dan verwachten dat anderen dat wel hebben?

Dat betekent niet dat je verliefd moet zijn op jezelf, zo euforisch over je uiterlijk of je talenten dat je je 's ochtends bijna niet van de spiegel kunt losrukken. De ware sleutel tot eigenliefde is dankbaar te zijn voor alles wat je bent en alles wat je nu hebt en de dankbaarheid laten zien als een inspiratiebron voor iedereen. Zelfvertrouwen leidt tot vertrouwen in anderen. Het kan natuurlijk ook tot vijandigheid leiden. De wereld zit vol met onzekere mensen die er spijt van hebben dat ze niets constructievers met hun leven doen en die een hekel aan je hebben omdat jij dat wel hebt gedaan. Negeer hen. Laat hun probleem niet het jouwe worden. Je hebt een goddelijk recht gelukkig te zijn, dat is de crux, maar ook een goddelijke plicht om je aanwezigheid kenbaar te maken. Geef je leven dus betekenis. Doe je uiterste best overal waar je komt een positieve uitstraling te hebben.

Het is het scharnier dat piept dat de olie krijgt.
—Malcolm X

S

✍ **Kijk naar** de grootte van de *S*. Hoe groter die is in vergelijking met de rest van het handschrift, des te meer uitstraling de schrijver heeft. Beoordeel dus of de *S* erboven uitsteekt of verdwijnt tussen de andere letters, zodat je nauwelijks kunt zien dat het een *S* is. Is hij klein, dan is er mogelijk weinig charisma.

Alert, krachtig: Deze persoon zal misschien niet zo sterk de aandacht op zichzelf vestigen, maar zijn benadering is krachtig en standvastig en hij zal gerespecteerd worden vanwege zijn vasthoudendheid en vastberadenheid. Hij wil graag zijn zin hebben, maar hij is waarschijnlijk niet het type dat zijn principes opoffert om te krijgen wat hij wil.

Harpvormig: Als de harp groter is, is deze persoon de drijvende kracht, de kapitein op het schip. Zijn houding dwingt respect af. Het is aan de schrijver of deze energie positief of negatief wordt gebruikt, maar zijn vitaliteit is onmiskenbaar. Een kleine harp heeft dezelfde vitaliteit, maar is terughoudender.

Met lus, rechtop: De schrijver wil per se zijn doelen bereiken, waardoor er voor anderen niets anders opzit dan de oren te spitsen en op te letten. Hij kan ogenschijnlijk onzeker zijn over de richting, maar uiteindelijk komt hij er meestal wel. Niet altijd charismatisch en niet iemand die compromissen sluit, maar hij kan doeltreffend zijn.

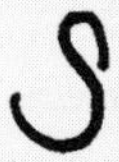

Afgesloten: Zeer onafhankelijk in woord en daad. Hij is ervan overtuigd dat hij gelijk heeft en alle anderen ongelijk. Volgt altijd zijn eigen intuïtie. Als anderen hem volgen, prima; zo niet, dan is het ook best. Doorgaans ongeduldig en koppig. Schept een aura van persoonlijke kracht waar alleen een dwaas zich tegen verzet.

Achterwaarts getrokken: Veel activiteit, maar een groot deel ervan is slechts show. Gedreven door een behoefte iets te bereiken. Hij kan koppig zijn en soms iets doen zonder na te denken. Hij houdt vast aan zijn principes en doet altijd zijn uiterste best. Hij is verstandig genoeg zich in te houden als hij te ver dreigt te gaan.

Klein, voorzichtig: Houdt zich meestal liever gedeisd. Heeft weinig charisma, maar hij kan waarschijnlijk situaties heel goed analyseren en een strategie uitwerken. Zal zich vermoedelijk niet laten gaan en zich vreemd gedragen. Deze persoon koestert geen verlangen op de voorgrond te treden.

Kop naar beneden: Moeilijk bereikbaar. Geslepen, weifelend, twijfelend. Uiterlijk gedrag verhult diepe gedachten en afkeer van nieuwe ideeën. Hij leunt achterover en wacht tot je hem ervan overtuigt dat jouw argumenten beter zijn dan de zijne. Maar dat zal niet meevallen.

Platte bovenkant: Deze persoon is door de wol geverfd. Hij vertoont een bepaalde houding en stemming die indruk maken. Hij kan kalm en onaanraakbaar overkomen, maar in feite kijkt hij met kennis en ervaring hoe de dingen zich voltrekken.

Geblokkeerd, voorover hangend: Een echte gangmaker. Is altijd bezig, neemt altijd het initiatief, jaagt zijn doelen na. De schrijver slaagt erin overal een aura van stuwkracht en activiteit te scheppen. Als hij op jacht is, is hij onstuitbaar. Pas op, daar komt hij!

Kleine lus: Heeft een vaste agenda, wat hij meteen duidelijk maakt. Als je je daaraan aanpast, mooi, anders zou er een strijd kunnen losbarsten. Hij is door de wol geverfd en niemand kan hem zomaar even op andere gedachten brengen. Hij weet wat hij weet. Accepteer dat.

Vergeet het sullige, huilerige, dommige personage dat hij op het witte doek speelde, want ***Stan Laurel*** *was in werkelijkheid een tamelijk sterke persoonlijkheid: vriendelijk, open, met veel karakter. Hij wist wat hij wilde en had vastomlijnde ideeën over wat hij met situaties wilde doen, zoals blijkt uit zijn S met grote lus.*

T

> Het is altijd handig om te weten of iemand al dan niet emotioneel stabiel is, vooral als we hem of haar voor het eerst ontmoeten en geen idee hebben wat we kunnen verwachten. Aan de *T* kun je vaak zien of de schrijver echt volwassen is of dat hij qua evenwicht en rijpheid nog tekortschiet.

Stabiliteit

In het leven ligt niets vast en wordt niets gegarandeerd, hoe graag we ook willen dat het anders is. We wonen in een voortdurend veranderend universum en daarom zal iedereen die zelfverzekerd overkomt en evenwichtig en verstandig oogt en die lijkt te weten wat zijn doel is, snel een trouwe schare volgelingen opbouwen.

Is het je ooit overkomen dat je hele bestaan praktisch van de ene op de andere dag door een uitzonderlijke gebeurtenis overhoop kwam te liggen, iets dat uit het niets te voorschijn kwam? Mij wel in elk geval en er is niet veel voor nodig – een ongeluk, een brand, een overstroming, een sterfgeval in de familie – om al je fraaie plannen in één klap in de war te sturen. Daarom en omdat er perioden zijn waarin de wereld om ons heen stuurloos voort lijkt te razen, zoeken mensen troost; ze willen een hoopvolle boodschap horen. Ze hebben hoop nodig, net zoals kinderen die een griezelig sprookje horen gerustgesteld moeten worden dat de boze heks niet echt bestaat en dat alles uiteindelijk goed zal aflopen. En of die gewenste boodschap nu komt van een politieke partij, een dominee, een astroloog of zomaar iemand uit onze omgeving die lijkt te weten waar hij het over heeft, dat doet er niet echt toe – grote groepen zullen het pikken.

Stabiliteit is dus een zeer gewaardeerde eigenschap. In feite is het weer een afgeleide van vertrouwen, iets waar iedereen over kan beschikken en wat diep vanbinnen komt. Zelfs als de dingen fout gaan en alles er een tijdje somber uitziet, kunnen we de spoken der angst en zelftwijfel overwinnen door rustig te blijven en vertrouwen te houden: vertrouwen in ons zelf, vertrouwen in de toekomst, vertrouwen genoeg om te weten dat de perfecte oplossingen voor onze problemen zich altijd op het perfecte ogenblik voordoen en dat alles, net als in het sprookje, meestal goed afloopt.

Leg je hand op je hart en voel het kloppen.
Het zegt: 'Snel! Snel! Snel!
Hoogstens maar een paar jaar ...
Ik smeek je, verspil je leven niet.'
—Billy Graham

T

✍ **Kijk naar** de hoek van de dakstreep. Als hij horizontaal ligt, zal de schrijver tamelijk betrouwbaar en evenwichtig zijn. Als de dakstreep naar links afhangt, beïnvloedt de jeugd van de schrijver nog steeds zijn oordelen en stabiliteit, en als hij naar rechts helt, gaat hij gebukt onder de ontberingen van het leven.

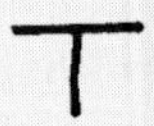

Horizontale dakstreep: Iemand met een tamelijk evenwichtige kijk op het leven. Ongetwijfeld verstandig en betrouwbaar. Anderen verwachten van hem dat hij in tijden van nood sterk is. Misschien wil hij niet altijd helpen, maar hij wekt de indruk te weten wat er gedaan moet worden. Hoe langer de dakstreep is, des te meer greep hij op situaties heeft.

Naar links hellend: De kinderjaren waren van grote invloed. Zijn jeugd was een gouden tijd of maakte gewoon een zeer sterke indruk. In elk geval is deze persoon nog steeds bezig met kwesties uit die lang vervlogen tijd en heeft hij zich nog niet tot een volledig onafhankelijk individu ontwikkeld. Geef hem de tijd, hij werkt eraan.

Naar rechts hellend: Deze persoon balanceert in zijn dagelijks leven op een smal koord en doet zijn best in evenwicht te blijven. Veel persoonlijke kwesties zijn onopgelost gebleven. Hij voelt zich nederig, soms zelfs een slachtoffer. Hij behoedt zijn kwetsbare kant voor aanvallen terwijl hij allerlei knopen uit zijn verleden ontwart.

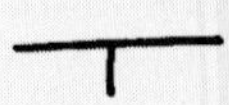

Te grote dakstreep: Wijst meestal op een controlefreak. Als de streep, horizontaal of scheef, lang is en andere letters overschaduwt, dan heeft de schrijver graag voorspelbaarheid, zekerheid en continuïteit in zijn bestaan. Hij hanteert strenge spelregels, waaraan anderen zich moeten houden, anders zwaait er wat.

Golvende dakstreep: Voelt zich behoorlijk goed en laat je dat weten ook. Deze persoon is op de been gebleven met behoud van voldoende innerlijke kracht. Een combinatie van jeugd en volwassenheid maakt hem tegenwoordig tot een tamelijk zorgeloos individu. Moge het lang zo blijven.

Golvende dakstreep, gespleten stok: Deze persoon wil enerzijds een verantwoordelijke volwassene zijn en anderzijds toegeven aan het innerlijk kind. In zijn onderbewuste voltrekt zich een krachtproef: verantwoordelijkheidsgevoel tegenover anderen versus toewijding aan het eigen ik en persoonlijke groei. Welke zal winnen?

Neerhangende dakstreep: De druk neemt toe en de wereld lijkt hem in het nauw te drijven. Externe factoren verstoren de rust van de schrijver. Hij verzet zich uit alle macht, maar het lijkt zinloos. Het is tijd voor ontspanning en een frisse kijk op de problemen. Zijn ze wel zo belangrijk als ze lijken?

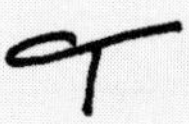

Met lus: Iemand die zijn uiterste best doet en het goede voorbeeld wil geven, maar daarvoor moet hij zijn diepste overtuigingen en principes wel behoeden voor schadelijke invloeden. Er is een strijd tussen vertrouwen en zelftwijfel. Hij zet door maar vraagt zich af hoe lang hij de zaken onder controle kan houden.

Achterwaarts zwiepend: Benadert het leven met vaste overtuigingen en een heleboel bezieling. Invloeden uit het verleden vormen een pijler in het bestaan van de schrijver. Hij kijkt er liefdevol op terug en verbaast zich erover dat hij de afstand met zo veel succes heeft overbrugd.

Boven- en onderlus: Vertoont op diverse niveaus lovenswaardige bezieling. Deze persoon denkt dat hij zijn zaakjes voor elkaar heeft. Bepaalde kwesties zijn nog niet opgelost maar dat zal de progressie niet tegenhouden. Een slimme vent die vanwege zijn prestaties erkenning verdient – en dat weet hij.

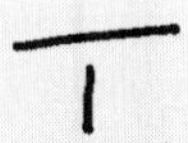

Los hangende dakstreep: Fantasierijk, soms zelfs bezield. Zijn gedachten reiken verder dan de alledaagse werkelijkheid en hij fantaseert over wat zou kunnen en moeten. Men vindt hem misschien een dromer en hij verliest de realiteit waarschijnlijk een beetje uit het oog, maar ach, wat is daar verkeerd aan?

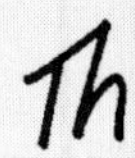

T *die een* h *optilt*: Een ondersteunend persoon, iemand die is grootgebracht met de gedachte dat het goed en vanzelfsprekend is anderen te helpen. Betrouwbaar in tijden van nood. Lost graag problemen van anderen op en steekt anderen in moeilijke perioden graag een hart onder de riem.

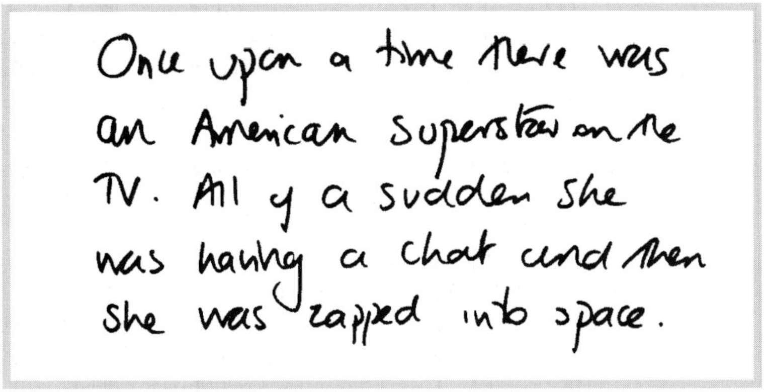

Er was eens een Thema over een Amerikaanse superster op tv. Opeens hield ze een praatje en werd ze de ruimte in geschoten.

Een lastdier. In dit hele handschrift staan aanwijzingen dat deze persoon anderen steunt en leidt (kijk maar naar de t *in 'Thema'). De loshangende dakstreep van de* T *in 'TV' wijst op een rijke fantasie, die door externe factoren wordt geblokkeerd, want de dakstreep is gebogen. Deze persoon wil een vrije geest zijn, maar wordt tegengehouden door verplichtingen jegens anderen.*

U

✍ De *U* fungeert als een instrument om te meten of de schrijver nog leeft. Daarmee bedoel ik niet of zijn hart nog wel klopt, maar of hij echt lééft! Kijkt hij uit naar nieuwe toppen om te beklimmen en verlegt hij voortdurend zijn grenzen? Of stelt hij zijn doelen te laag en laat hij talloze kansen om zich te verbeteren liggen?

Begeerte naar de genoegens van het leven

Leven is, wordt wel gezegd, wat je overkomt als je nieuwe plannen maakt. We zitten zo vaak verstrikt in de kleine dingen van het dagelijks leven dat we de echt belangrijke dingen en de reden waarom we hier eigenlijk zijn uit het oog verliezen.

Een ding is zeker: in het leven gaat het niet om rekeningen betalen. Het gaat niet om stress of leningen of afbetaling van creditcardafschrijvingen of examens halen of onze klachtjes en pijntjes verzorgen, of de vraag of onze buurman de geleende grasmaaier ooit nog zal teruggeven. Deze dingen zijn er wel, maar ze zijn niet belangrijk. Niet echt. Niet in het licht van het grote geheel. Het zijn onbeduidende dingen, ondergeschikte afleidingen, zoals zo veel van de andere dringende kwesties waar we elke dag uren van ons leven uit gewoonte aan opofferen – een deel van het leven, zeker, maar bepaald niet het belangrijkste deel. De filosoof Horatius schreef: 'Beschouw elke dag die het Lot je gunt als winst.' Dat betekent dat je in elk ogenblik het genoegen moet vinden en geen enkel verloren moet laten gaan.

Het leven is een gebeurtenis die vol zou moeten zitten met lichtzinnig vermaak. Je bent hier om lol te hebben. Je bent hier om te lachen en te dansen, te zingen en grappen te maken, en om zo nu en dan ook uit de band te springen als je ervoor in de stemming bent. Leven betekent vaker ja dan nee zeggen, meer lachen dan fronsen, aardig tegen anderen zijn wanneer dat het minst wordt verwacht, vrijgevig zijn met wat je hebt zonder de prijs te berekenen of op een bedankje te rekenen. Het betekent ruimhartig zijn met je genegenheid, zo veel mogelijk mensen openlijk en onvoorwaardelijk liefhebben, of ze die liefde nu beantwoorden of niet. Het betekent met andere woorden léven. Er is weinig tijd, je dagen zijn geteld, ga dus aan de slag en neem zoveel als je kunt. Zoals Horatius ook zei: 'Pluk de dag; heb geen vertrouwen in morgen.' Precies. Begin te leven, begin nú.

Tuur als je speurt naar goud,
niet naar verre vruchtbare velden.
Want goud ligt vlak voor je.
—Henry Knight Miller

U

Kijk naar de hals van de *U*. Hoe dieper en breder de ruimte in de letter is, des te groter is de begeerte van de schrijver naar het leven. Stel je de vraag hoeveel vocht erin zou passen als het een beker was. Veel of maar een drupje? De *U* zou diep en breed genoeg moeten zijn om alle ervaringen en opwinding te bevatten die het leven te bieden heeft.

Gemiddelde diepte: Een teken dat deze persoon nog steeds zoekt, probeert. Hij staat open voor allerlei ervaringen en hij is altijd in voor mogelijkheden om zijn horizon te verbreden. Hij kan een aantal vaste principes hebben, maar hij is toch beschikbaar voor een pretje. Wil experimenteren en hij wacht op de volgende grote klapper.

Breed: Bang iets te missen. Deze persoon wil alles. Soms doet hij er niet zo veel moeite voor en hij werkt zijn ideeën niet altijd even goed uit, maar hij slaagt erin een groot terrein te bestrijken. Heeft een hekel aan geheimen. Wil altijd openheid en toegankelijkheid. Vindt dat het leven geleefd moet worden en dat je maar beter in het heden kunt leven.

Hoog, smal: Beperkte visie. Koestert zich behaaglijk in zijn veilige omgeving. 'Niet elke verandering is een verbetering,' zou zijn motto kunnen zijn. Wil weten waar hij aan toe is en hij vermijdt als het even kan avonturen. Hij is gedreven en mist een hoop pret. Hij kijkt net zolang naar een muis tot het een olifant is. Heeft een frisse kijk op het leven nodig.

Krul aan linkerpoot: Slim en geïnspireerd. Denkt dat hij heel wat weet over de wereld. Loopt al lang genoeg mee om heel wat dingen te hebben uitgeprobeerd. Laat zich niet zo maar afleiden. Tegenwoordig is hij wat kalmer geworden en spaart hij zijn energie voor de dingen die echt goed zijn. Houdt wel van aangename dingen, maar hij heeft ze liever in hapklare brokken.

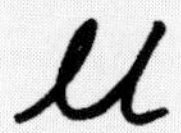

Met lus: Neemt niet meer zo veel risico's in het leven. Zorgen en veranderingen van gedachten staan plezier in de weg. Er zal wel een reden voor zijn. Misschien zijn bepaalde dingen in het verleden tegengevallen of zijn er andere mensen bij gekomen die de pret bedierven. Hoe het ook zij, deze *U* is een waarschuwingsbordje. Tijd om terug te keren naar de basisprincipes. Denk in termen van leven, niet van streven.

Gesloten: Behoedzaam. Afgesloten. Is misschien wel bereid zijn grenzen te verleggen, maar hij is bang dat de hemel onderweg zal instorten. Ervaringen uit het recente verleden hebben hem geleerd weer in zijn hok te kruipen en opwinding verder te vermijden. Foute beslissing. Kom eruit en ga op onderzoek uit.

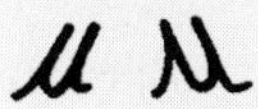

Naar rechts of links hellend: Deze persoon heeft een eigenaardige kijk op het leven. Hij pakt wat hij wil hebben en laat de rest liggen. Goed; een kritische visie, maar vaak leren we het meest van de dingen die we haten. Waarom zouden we onszelf beperken, vooral als dit betekent dat we iets leuks mislopen?

V

✍ De *V* kun je je het beste voorstellen als een vat dat gevuld moet worden – met ervaringen, mogelijkheden en opstapjes naar een mooiere toekomst. Maar de schrijver moet eerst het verleden loslaten en een nieuwe richting in willen slaan. Is hij in staat iets los te laten als het tijd is om nieuwe wegen in te slaan? De *V* weet het.

Weg met het oude, welkom aan het nieuwe

Wie een vernieuwingsproces op gang wil brengen, moet ook bereid zijn het verleden los te laten. Die twee gaan niet samen. Dat betekent dat je eens goed moet kijken naar alle oude 'dingen' die je in de loop der jaren hebt verzameld – oude bezittingen, oude waarden, oude gewoonten, oude relaties zelfs – en moet besluiten welke nog steeds een speciale betekenis voor je hebben en welke hun nut hebben verloren en weggegooid moeten worden.

Vaak beseffen we pas hoezeer we de gevangenen zijn van alle dingen in ons leven als het te laat is. We kunnen soms jarenlang koortsachtig hamsteren en bezitten, kopen en opslaan voor we eindelijk het licht zien. Opeens hebben we het door: dit klopt niet meer. Sommige zogenaamde vrienden passen gewoon niet bij ons; bezittingen die we nooit hebben gebruikt, maar die wel ruimte innemen; vetes en onenigheid met familieleden die al veel te lang doorsudderen en waar binnen een week een eind aan moet worden gemaakt. Of we het nu hebben over mensen, dingen of zelfs kwesties, de regel luidt: als je er niet meer warm voor loopt, doe er dan afstand van. Als je melk in een beker blijft schenken, zal die uiteindelijk overlopen, nietwaar? Dat geldt ook voor jou. Je kunt jezelf alleen openstellen voor meer goede dingen van het leven als je er eerst ruimte voor maakt door wat weg te doen.

Wees hardvochtig bij het weggooien. Als er kleren in je kast liggen die je al zes maanden of meer niet hebt gedragen, geef ze dan weg. Als je garage volstaat met rommel die je in geen jaren hebt gebruikt, gooi die dan weg. Gooi alles weg. Schrijf in je agenda: *geen rotzooi meer*! Ga de puinhoop opruimen. Doe dit met genoegen, in de wetenschap dat je door de resten van gisteren weg te doen ruimte maakt voor grotere en mooiere morgens.

Hoe kan een eindige wereld zin hebben,
gezien mijn taille- en hemdmaat?
—Woody Allen

V

Kijk naar de spreiding van de *V*. Hoe breder deze is, hoe meer de schrijver openstaat voor nieuwe elementen in zijn leven: nieuwe vrienden, nieuwe denkbeelden, nieuwe ervaringen enz. Mensen met een nauwe *V* laten het oude meestal niet zo gemakkelijk los. Zij houden van de dingen die ze hebben en willen ze niet kwijt.

Genereus en wijd open: Deze persoon is altijd op zoek naar grotere en leukere ervaringen. Hartelijk en warm, levendig en open; niets wordt zonder zorgvuldige overweging tegengehouden, geen mogelijkheid uitgesloten. Ruimdenkend, maar misschien ook grillig. Moeilijk vast te pinnen. Verwacht altijd dat zich iets nóg beters zal voordoen.

Dichtgeknepen: Achterdochtig als anderen iets aanbevelen. Geeft zich pas na lang denken over aan de laatste rage. Deze persoon is moeilijk over te halen met slecht uitgewerkte argumenten. Hij heeft een beperkt referentiekader en neigt ertoe zich bij het oude te houden, want 'je weet maar nooit of het nog van pas komt'.

Naar binnen gekruld: Nog niet klaar voor de grote schoonmaak. Behoedzaam, misleidend, in sommige opzichten op eigenbelang uit. Houdt vast aan wat hij heeft uit angst het te verliezen. Laat zich niet tot een nieuw beleid of nieuwe levensstijl bekeren zonder allerlei lastige vragen te stellen. Als iets te mooi om waar te zijn lijkt, dan is dat waarschijnlijk ook zo, denkt hij. De goede oude tijd is het beste.

Links vastgehaakt: Deze persoon denkt dat hij het leven helemaal doorheeft. Hij weet wat wel en wat niet van belang is. Hij vindt veranderingen overbodig, want hij was slim genoeg om alle nutteloze dingen jaren geleden al weg te doen. Hij is echter misschien niet zo slim als hij denkt. Oude attitudes en overtuigingen kunnen wel een opknapbeurtje gebruiken.

Klein, hoekig: Waar is het avontuur gebleven? Deze persoon laat weinig ruimte voor iets nieuws, hoe mooi of verleidelijk het ook is. Houdt vast aan zijn kleine agenda en beperkt zich tot wat hij al weet. Moet zijn bereik stapje voor stapje uitbreiden.

Met lus: Verzet zich tegen veranderingen. Heeft reserves ten aanzien van de toekomst en waarschijnlijk ook ten aanzien van iets nieuws of iets wat nog niet uitgeprobeerd is. Omdat hij onzeker is over zijn bestemming, houdt hij zich bij vertrouwde methoden en werpt hij barricades op tegen vooruitgang. Door te veel vragen te stellen maakt hij de verwarring alleen maar groter.

Mollig: Er gebeurt een heleboel in het leven van deze schrijver, dus hoeft het niet te verbazen dat hij zichzelf wil beschermen. Hij wordt van alle kanten met invloeden bestookt. Hoewel hij nieuwe dingen wil ervaren, wil hij ook vasthouden wat hij heeft. Zo veel keuzen, zo weinig tijd om ze te maken!

Vlag aan rechterpoot: Houdt van de goede dingen en wil die met anderen delen. Altijd bereid tot veranderingen, net iets anders te proberen. Hij wil graag de eerste zijn die een nieuwe ervaring rijker is, zodat hij het aan zijn vrienden kan vertellen. (Hoe wijder de *V*, hoe meer dit van toepassing is.)

Vlag aan linkerpoot: Hij moet waarschijnlijk worden gekortwiekt, zodat hij niet te impulsief handelt. Hij betreedt onbevooroordeeld onontgonnen gebied en hij vindt het heerlijk als iemand hem overhaalt iets nieuws te proberen. Wil experimenteren en leren. (Hoe wijder de *V*, hoe sterker dit geldt.)

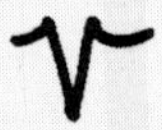

Smal, twee vlaggen: Nog niet helemaal klaar voor grote beroering. Hij lijkt tamelijk verveeld of gelaten dat hij nooit precies krijgt wat hij leuk vindt. De dingen blijken niet zo te zijn als hij zou willen. Hij wil meer plezier, maar op een of andere manier is hij niet bereid dat toe te laten. Hij is zijn eigen grootste vijand.

W

✍ De *W* zegt iets over de manier waarop we onze onzekerheid compenseren. Als je wilt weten of iemand oprecht levendig en bezield is of dat het allemaal nep is en de persoon in kwestie alleen maar wil opvallen en naar complimentjes vist, dan geeft de W je vaak het antwoord.

Aandacht trekken

Een van de weinige dingen waar je zeker van kunt zijn, is dat iedereen wel over íets onzeker is. Onzekerheid is dat ene korte strootje dat we bij onze geboorte trekken, wat we onze 'zwakke plek' noemen, die knaagt aan ons zelfvertrouwen en die we elke dag moeten bestrijden en overwinnen. Sommigen zijn onzeker over hun uiterlijk, anderen zijn verlegen, weer anderen kampen met ontelbare neurosen en angsten die vanzelf opspelen zodra ze in een groot gezelschap terechtkomen. Iedereen is wel ergens onzeker over en iedereen probeert dat zo goed mogelijk te compenseren.

Neem bijvoorbeeld de uitslover, de dwangmatige aandachttrekker. Uitslovers dansen op tafel, vertellen moppen, scheppen op tegen hun vrienden over hun inkomen of hoe goed ze het bij de andere sekse doen – iets om jou ervan te overtuigen dat ze net even beter zijn dan ze zich in hun binnenste voelen. Maar achter de façade is zo iemand zeer onzeker. In werkelijkheid is hij niet zo op zichzelf gesteld en daarom denkt hij dat jij hem ook niet mag. Het is een veelvoorkomend probleem, dat al op jonge leeftijd begint. Om welke reden dan ook gaven zijn ouders hem nooit de genegenheid waarnaar hij hunkerde en die hij hard nodig had. Hij voelde zich ondergewaardeerd, snakte naar liefde en daarom is hij veroordeeld tot een leven waarin hij op een andere manier die liefde alsnog probeert te krijgen.

Natuurlijk genieten ook zekere mensen van aandacht – iedereen stelt een schouderklopje op prijs – maar het verschil is dat zij het niet nódig hebben. Als je zelfvertrouwen hebt, weet je intuïtief toch wel dat je het goed doet. Als anderen je prestaties prijzen, mooi, maar het is niet essentieel, en je zult zeker niet naar complimentjes vissen.

Je uitsloven is niet slecht, maar het is ook niet noodzakelijk. Doorgaans ben je meer onder de indruk van iemand die niet zijn uiterste best doet indruk op je te maken.

Mensen die zo luisterrijk lijken zijn allemaal nep; onder de oppervlakte zijn ze net als iedereen.
—Euripides

W

Kijk naar de spreiding en de lengte van de poten van de *W*. Hoe wijder en groter de *W* is, des groter de kans dat de schrijver een uitslover is. Een te grote *W* is meestal van iemand die complimentjes nodig heeft, iemand die gewoon aandacht moet hebben voor hij tevreden over zichzelf kan zijn.

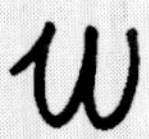

Groot, rond: Een overdonderende verschijning. Hij stuift enthousiast naar binnen en deelt instructies uit. Wil sterk overkomen en het heft in handen nemen. Het probleem is dat hij zich misschien niet sterk voelt waar het belangrijk is: vanbinnen. Hij verbergt zijn zwakheden en onzekerheden door uiterlijk vertoon. Hij wil dat men hem mag, maar hij doet misschien iets te veel zijn best.

Hoog, gehoekt: Deze persoon wil serieus zaken doen. Onzekerheid wordt goed verborgen door krachtige, constructieve daden. Hij kan anderen afdoen als dwazen, ze incompetent vinden, en besluiten zelf de leiding te nemen. Ongeduldig, altijd uit op een betere methode, waarbij hij anderen laat zien hoe je iets moet aanpakken. Een geboren leider.

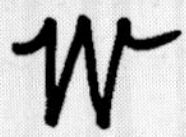

Hoog en compact, met wimpels: Tamelijk zeker. Weet anderen goed te gebruiken om te voorkomen dat zijn zwakke punten te veel aan het licht komen. Pakt de zaken samen met collega's en vrienden aan en sleept hen mee in zijn enthousiasme. Een echte gezinsman die bijdraagt aan een gevoel van eenheid en samenzijn.

Klein, verkrampt: Een kleine *W* van welke vorm dan ook wijst soms op verlegenheid en bescheidenheid of op een nietige persoonlijkheid. Deze persoon is mogelijk onzeker; maar hij kan het ook overbodig vinden zijn onzekerheden te compenseren omdat hij er tevreden mee is onbeduidend te zijn en vindt dat hij niets hoeft te bewijzen. Als anderen hem niet mogen, is dat rot.

Uitgespreid: Voelt zich onzeker als gevolg van een aantal verwarrende gebeurtenissen in zijn jeugd die nog steeds komen bovendrijven. Daardoor kan hij soms lastig in de omgang zijn en zet hij mensen te veel onder druk of lijkt hij veeleisend. Dat is niet zijn opzet; zo komt hij gewoon over.

Bolvormig: Altijd uit op goedkeuring en aanmoediging. Hij wil dat anderen hem volgen en erkennen dat hij een winnaar is. Maar voelt hij zich ook een winnaar? Misschien niet. Als hij wordt bekritiseerd, wordt hij afwerend. In zijn hart wil hij gewoon dat men hem mag en accepteert.

Door staart naar achteren getrokken: Culturele factoren, verworven kennis of zelfs een op de kindertijd gebaseerd gevoel van stabiliteit ondermijnen de ambities van deze persoon. Hij voelt zich beperkt en zelfs vastgebonden. We zien hier een eigenaardige combinatie van beweegredenen: deels onmatigheid, deels soberheid.

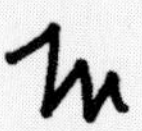

Gekartelde rand: Hij baalt van diverse kwesties die voor buitenstaanders niet al te duidelijk zijn. Hij is scherp en veeleisend en heeft waarschijnlijk een dubbele agenda; in een crisis luist hij anderen erin om zijn eigen hachje te redden. Hij kan lastig en moeilijk te begrijpen zijn, maar het is de moeite waard hem aan je kant te hebben.

Afgeplat: Veel geblaat, weinig wol. Gebrek aan echte fantasie of gedrevenheid, of beide, leidt tot gebrek aan gerichtheid. Diep vanbinnen, achter het oppervlakkig geblaat, weet hij niet welke kant hij op moet, maar hij hoopt dat te kunnen verbergen. Neem niets zomaar aan.

Met lussen: Hij maakt indruk, maar waarschijnlijk niet de beoogde. Uiterlijke kracht, indien aanwezig, verhult zorgen en verwarring. Hij kan zich nooit honderd procent aan iets overgeven, want er moet met te veel dingen rekening worden gehouden. Anderen staan in de weg!

Hoog midden: Boordevol kennis en gewichtigheid. De schrijver wil zich heel graag laten gelden en indruk maken op iedereen die luistert. Hij heeft graag publiek en hij wil dat het denkt dat hij verstand van zaken heeft. Helaas kijken anderen soms door dit vertoon heen.

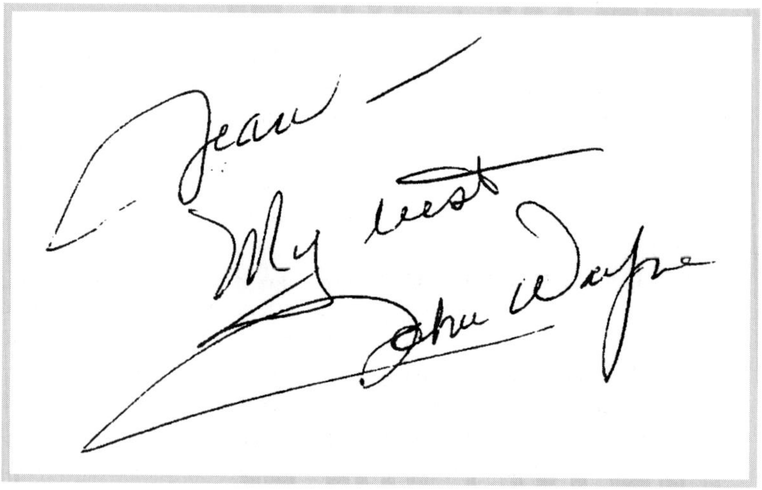

John Waynes W: *Duidelijk een man die wilde dat anderen hem respecteerden vanwege zijn visie en principes. Dit handschrift duidt op een man die veel pijnlijke emoties uit het verleden verborg om een krachtige indruk te maken op de buitenwereld. De grote krul aan de* W *laat zien dat hij lastig en afwerend kon zijn als hij werd bekritiseerd.*

X

✍ De letter *X* is alleen bruikbaar als de schrijver een duurzame relatie heeft. Hoe de *X* precies geschreven is, waar en hoe de twee diagonalen elkaar snijden, biedt een fascinerend inzicht in de mate van intimiteit die de schrijver voelt voor zijn partner.

Saamhorigheid

Saamhorigheid heeft voor de een een andere betekenis dan voor de ander. Voor sommige duo's kan het betekenen dat je 24 uur per dag samen bent, elke seconde deelt en niets mist van het leven van de partner. Anderen zien er misschien iets heel anders in: zij vatten een intieme relatie minder strikt op en zien deze meer als een ontspannen vriendschap waarbij de partners hun eigen gang gaan, zelfs zo nu en dan uitgaan met een ander als hij of zij daar zin in heeft.

Vrije relaties bestaan en ze kunnen heel goed gaan, al denk ik dat deze mate van vrijheid voor de meesten van ons erg onzeker zou zijn, bijna alsof je helemaal geen relatie hebt. De gebruikelijke opvatting over saamhorigheid is: toegewijde wederzijdse betrokkenheid – de kans voor twee individuen elkaar te steunen en te koesteren, interesses, vreugde en verdriet, angst en hoop te delen met iemand om wie ze heel veel geven. De tijd waarin we samen zijn, is de tijd waarin we erachter komen wie we werkelijk zijn, als individu en als stel, en hoeveel liefde we kunnen geven; en hoe meer we ons overgeven aan deze liefde, hoe meer we haar verkennen, hoe meer vertrouwen en begrip we krijgen zodat achterdocht en twijfel niet de kop opsteken als we niet samen zijn. We weten dat we onze partner kunnen vertrouwen en dat hij of zij onze relatie niet op het spel zet door vreemd te gaan.

Relaties op basis van liefde, wederzijds vertrouwen en begrip zijn blijvend. Die kunnen alles aan en alles overwinnen. Geen probleem is zo groot, geen kwestie is zo ingewikkeld dat er niet over gesproken en een oplossing voor gevonden kan worden. Afzonderlijk zijn we soms bang en onzeker, maar samen zijn we sterk en worden we met de dag sterker.

Niets is zo gemakkelijk dat het niet moeilijk wordt als je het met tegenzin doet.
—Terence

X

✍ **Kijk naar** de lengte van de twee poten van de *X*. De poot van rechtsboven naar linksonder – / – staat voor het gevoel dat de schrijver zelf heeft over de relatie; de poot van linksboven naar rechtsonder – \ – staat voor de visie van zijn of haar partner.

Stevig, solide: Twee mensen die harmonieus gezamenlijke doelen najagen. De relatie kent een innerlijke kracht die deze samensmeedt. Wederzijdse steun en begrip leiden tot gezonde, open communicatie. Zij gunnen elkaar de ruimte, maar ze zitten in hetzelfde schuitje en zijn bereid als koppel door te gaan.

Lange rechterpoot: Intiem als stel, maar deze relatie bevat een bepaalde onevenwichtigheid. Het zijn óf twee zeer verschillende mensen die samen een stevig en goed geheel vormen, óf de schrijver spant zich te veel in om te voldoen aan het beeld van 'saamhorigheid' terwijl die er gewoon niet is. Het wordt tijd dat zij hun rollen opnieuw evalueren.

Lange linkerpoot: De emotionele stabiliteit van de partner is de ruggengraat van de relatie, die bepaalt wat er gebeurt en een goed verloop veiligstelt. De partner ontfermt zich over allerlei details, zodat de schrijver de vrijheid heeft zich met andere verplichtingen bezig te houden. Dit kan goed gaan, onder voorwaarde dat beiden ermee instemmen. Anders moeten de teugels worden gevierd.

Rug aan rug: Zij streven ernaar de waarden van een sterke familieband in stand te houden. Beiden hebben hun eigenaardigheden, hun eigen scherpe kantjes die glad gestreken moeten worden. Toch zien we hier onmiskenbaar begrip, een bereidheid liefdevol en sterk te zijn en kleinigheden niet de kans te geven het genoegen te blokkeren.

Rechterlus: Op het eerste gezicht lijkt deze relatie misschien goed. Maar achter de schermen zijn er aanhoudende fundamentele problemen. Gebrek aan vertrouwen of toewijding erodeert langzaam maar zeker de kern van de relatie. De schrijver twijfelt op het moment aan de waarde die hij aan relaties hecht.

Laag kruis: Twee mensen die allerlei externe interesses najagen. De liefdesbetuigingen staan op een laag pitje om ruimte te creëren voor opwindender dingen. Deze band kan oppervlakkig zijn, maar het gevarieerde sociale leven houdt het saamhorigheidsgevoel in stand.

Hoog kruis: Wat binnenshuis gebeurt is belangrijker dan gebeurtenissen in de buitenwereld. Een duurzaam bouwwerk dat gebaseerd is op begrip en vertrouwen, en dat diverse details verborgen houdt die misschien wel nooit geopenbaard worden aan de buitenwereld. Deze relatie beschikt over ingebouwde afweermiddelen tegen ongewenste inmenging.

Voorover hellend: De schrijver heeft de macht binnen de relatie prijsgegeven en voelt zich nu een beetje hulpeloos. Hij vreest terrein of zelfs respect te verliezen, maar hij weet niet wat hij eraan moet doen. Kwesties met betrekking tot zijn zelfachting liggen ten grondslag aan dit probleem. Hij moet iets doen om het heft weer in handen te krijgen.

Diverse lussen: Dit wijst meestal op verwarring en mogelijk op een ongelukkige relatie. De schrijver en zijn partner vechten om het territorium, controle en begrip. Prima als er sprake is van geven en nemen, anders kun je rekenen op fricties.

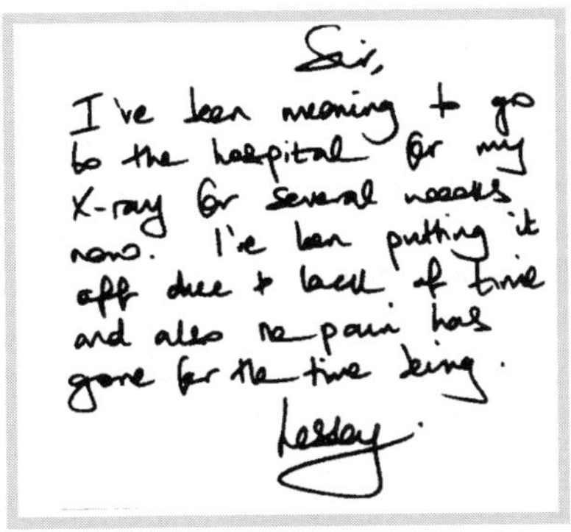

Sir,
I've been meaning to go to the hospital for my X-ray for several weeks now. I've been putting it off due to lack of time and also the pain has gone for the time being.
Lesley.

Deze vrouw doet ofwel wanhopige pogingen een in het slop geraakte relatie in stand te houden of ze heeft nu geen partner en doet te veel haar best er een te vinden. De lange poot van rechtsboven naar linksonder van de X in 'X-stralen' wijst op overdreven initiatief. Zij spant zich te veel in en krijgt er erg weinig voor terug.

Y

✍ De letter *Y* is een symbool voor waardering. Hij laat ons zien of de schrijver de vele geweldige dingen die hem overkomen waardeert of dat hij ze vanzelfsprekend vindt. Ieder van ons zou dagelijks zijn zegeningen moeten tellen. De *Y* vertelt ons wie hier aan denkt en wie het vergeet.

Dankbaarheid

In ons krankzinnige streven meer van het goede des levens te krijgen is het soms verleidelijk de mooie dingen die we al hebben over het hoofd te zien. Natuurlijk konden de omstandigheden beter zijn – die kunnen altijd beter zijn – maar laten we niet vergeten hoe geweldig ze al zijn.

Er zijn geen strakke regels om je dankbaarheid te tonen: je kunt haar uitspreken, opschrijven, denken of laten zien met een genereuze daad. De wijze waarop je het doet is niet belangrijk, zolang je maar elke dag enkele ogenblikken stilstaat bij de vele zegeningen in je leven. Maar één methode om je dankbaarheid te tonen die altijd werkt is een gebed. Bidden is een krachtige techniek, een die een deur opent naar oprechte persoonlijke communicatie tussen jou en het universum. Dit proces heeft niets bijzonder mysterieus of zelfs religieus. Je hebt er alleen een paar ogenblikken van geconcentreerde stilte voor nodig, een korte pauze waarin je alleen bent met je gedachten en een eenvoudig, welgemeend dankwoord kunt uitspreken voor alle positieve dingen in je leven.

Dankbaarheid werkt. Zie haar als je 'Sesam, open u' naar een mooiere toekomst, dat je betere vooruitzichten in je werk geeft, liefdevollere relaties, een onbegrensde hoeveelheid voorspoed en overvloed, alle prachtige weldaden en bonussen van het leven, die je goddelijk geboorterecht zijn maar die nooit gerealiseerd kunnen worden als je steeds maar weer moppert en treurt over hoe slecht het met je gaat of hoe niets ooit goed voor jou uitpakt. Wat is het nut van klagen? Nee, wees liever iedere dag dankbaar, zowel voor de kleine als voor de grote dingen. Werk eraan tot je je wereld op z'n kop hebt gezet en, net als vele miljoenen vóór jou, hebt bewezen dat je naarmate je dankbaarder bent voor de dingen die je nú hebt, je meer dingen zult krijgen om in de toekomst dankbaar voor te zijn.

Het heerlijkste voordeel van kaalheid: je hoort de sneeuwvlokken vallen.
—R.G. Daniels

Y

Kijk naar de zwaai van de armen van de *Y*. Hoe wijder ze zich uitstrekken en hoe hoger ze reiken, des te dankbaarder is de schrijver voor elk nieuw 'geluk' dat hem overkomt. Hoe de staart van de *Y* eruitziet, doet er niet zoveel toe, zolang de armen maar groot zijn en wijd uiteen staan.

Rechtop, uitgestrekt: Een bruisende geest, enthousiast en uitbundig, iemand die onvoorwaardelijk dankbaar is voor elke nieuwe dag. Hij zwelgt in het geluk dat zich voordoet en laat geen kans voorbij gaan om zijn dankbaarheid te tonen voor de schitterende verrassingen die op zijn pad komen. Aangenaam gezelschap en heel amusant.

Gebogen, hoekig: Wat terughoudend om overwinningen te behalen, al is hij steeds bereid de strijd aan te gaan. Leeft bij de dag en wil elke kans zo goed mogelijk benutten. Hij kan tamelijk kieskeurig zijn. Hij waardeert de positieve dingen maar hij verwacht niet te veel om teleurstellingen te voorkomen. Hij is op zijn eigen manier gelukkig.

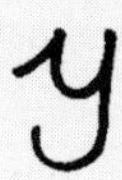

Groot, met staart: Zeer beheerst; staat waarschijnlijk niet open voor al dit gepraat over bidden en dankbaarheid. Hij gelooft in hard werken om iets te bereiken en het geluk afdwingen. Hij heeft wel plezier in het leven, maar hij haalt nooit het onderste uit de kan. Veel deuren blijven gesloten of deze persoon weet niet eens dat ze er zijn.

Staart met lus: Plezierig en ook nog geslepen. De schrijver heeft stellige overtuigingen over wat hem gelukkig maakt. Hij laat zich niet door alles zomaar overtuigen. Hij is een vechter. Hij zet zich in voor wat hij wil en is dankbaar voor wat hij heeft. Hij kan ontvlambaar en enthousiast zijn, maar hij beheerst zich uit angst dat anderen dit aanzien voor zwakte.

Klein, gehoekt: Een nuchtere houding zonder franjes. De schrijver is ongetwijfeld dankbaar voor de mooie dingen in zijn leven maar hij zal dit niet rondbazuinen of het op een spirituele manier laten merken. Dit is een realist die zijn dankbaarheid niet voldoende toont.

Piepklein: Bescheiden verwachtingen garanderen bescheiden respons. Hij toont wel dankbaarheid, maar zonder grootse gebaren. Achter de schermen is de schrijver niet helemaal zeker van zijn geestelijk recht; voor zijn gevoel is overleving een kwestie van geluk en verstand. Hij moet zijn geest openen en de goede dingen waarderen.

Onderbroken: Vindt veel van de giften van het leven vanzelfsprekend. Hij waardeert de mooie dingen in zijn leven niet echt; als gevolg daarvan gaan veel kansen op uitbreiding en verlichting aan hem voorbij. Hij moet beter opletten en in de toekomst zijn zegeningen tellen.

Stok met lus: Nog steeds bezig belangrijke kwesties te ontwarren; hij is te zeer verstrikt in dagelijkse problemen om waardering op te kunnen brengen voor de weelderige rijkdom. Veel persoonlijke zorgen en twijfels worden op afstand gehouden. 'Genieten van het leven' staat nog steeds op zijn lijstje met voornemens, en hij slaagt er niet in het grotere geheel te zien.

Brede kom: Probeert zoveel mogelijk gebeurtenissen in één leven te persen. Neemt honderden verplichtingen op zich, ruikt aan diverse onderwerpen. Hij riskeert een inzinking. Zijn oppervlakkige kennis reikt ver.

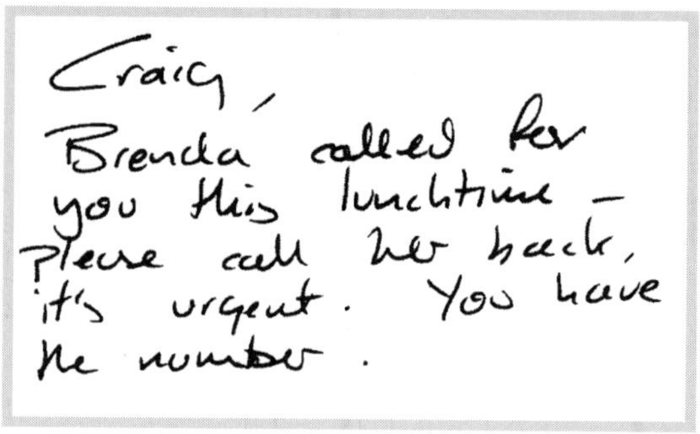

In zijn hart is dit iemand die van plezier houdt en zoveel mogelijk wil genieten van het leven. Maar zijn Y is gebogen en hoekig, wat betekent dat iets hem tegenhoudt ondanks deze wens uitbundig te leven. Misschien weet hij uit ervaring dat 'niet alles goud is wat er blinkt'. Hij is gelukkig, maar als hij zijn twijfels en cynisme zou laten varen, zou hij nog gelukkiger zijn.

Z

✍ Aan de hand van de Z kunnen we zien of de schrijver leiderskwaliteiten heeft. Neemt hij vol zelfvertrouwen belangrijke beslissingen en verwacht hij dat anderen hem volgen of is hij het type dat afwacht wat de anderen doen voor hij een stap zet? Is hij met andere woorden een herder of een schaap?

Leiderschap

Niet iedereen wil een leider zijn. Velen van ons weten na één blik te hebben geworpen op de risico's en verantwoordelijkheden zeker dat we die rol niet graag spelen. Maar zelfs als je de leiding niet wilt nemen en het prima vindt om met de massa mee te lopen, kun je toch nog vooraan gaan lopen waar het gebeurt. Blijf niet achteraan hangen als doelloze hekkensluiter.

Grijp elke gelegenheid aan om anderen te laten zien dat je ergens voor staat. Kom met zoveel mogelijk overtuiging in je stem op voor jouw mening. Anderen zullen jouw visie misschien niet altijd leuk vinden of onderschrijven, ze kunnen zich er zelfs flink tegen verzetten, maar als je hartstochtelijk zegt wat je te zeggen hebt, zul je toch gerespecteerd worden omdat je iets doet dat anderen niet doen: je laten horen en meetellen. Zo nodig moet je de massa verlaten en een geheel andere richting inslaan dan alle anderen, als dat nodig is om je lotsbestemming te volbrengen. Je conformeren is eenvoudig, er is geen moed voor nodig, alleen maar volgzaamheid; maar anders zijn, de kudde verlaten en doen wat je zelf wilt, daar is heel veel moed voor nodig. Wie wil nou een buitenstaander zijn? Mensen zijn kuddedieren; we hebben het gevoel nodig dat we ergens bij horen en de troost dat we samen aan een gezamenlijk doel werken. Maar toch, als een buitenbeentje zijn de prijs is die je moet betalen om 'meester van je lot en maarschalk van je ziel' te blijven, dan moet je niet afdingen, maar betalen. Het is een koopje!

Geef je overtuigingen nooit op en loop niet met de massa mee alleen maar om geliefd te zijn. Je schikken is gemakkelijk, maar door te leven in de wetenschap dat je een compromis hebt gesloten terwijl je sterk had moeten zijn en je poot stijf had moeten houden, dat kan wel eens heel lastig zijn.

Nooit toegeven, nooit toegeven, nooit, nooit, nooit, nooit — in niets, groot of klein, belangrijk of onbeduidend — wijk niet, behalve voor eervolle en verstandige overtuigingen.
—Winston Churchill

Z

Kijk naar de grootte en het formaat van de *Z* en ook naar de houding. Helt hij naar links, dan is de schrijver zijn eigen baas: hij onderneemt graag iets constructiefs, zo nodig zonder anderen te raadplegen. Een helling naar rechts is van iemand die luistert naar de mening van vrienden en collega's en in gezamenlijke beslissingen gelooft.

Z

Rechtop, gehoekt: Alert en besluitvaardig. Luistert naar wat anderen te zeggen hebben, evalueert de omstandigheden en handelt. Impulsief gedrag zal worden gecompenseerd door een aangeboren gevoel voor het juiste tijdstip: wanneer actie moet worden ondernomen en wanneer moet worden afgewacht. Een sterke man aan het roer. Overal op voorbereid.

Z

Naar voren hellend: Kan impulsief zijn en, misschien egoïstische, besluiten nemen op grond van een bevlieging. Hij denkt dat snelle actie snelle resultaten oplevert, maar is hij wel goed voorbereid? Zijn plannen zijn misschien niet goed uitgewerkt. Hij kan de negatieve aspecten over het hoofd zien en anderen teleurstellen. Hij lijkt sterk, het type dat je moet volgen, maar hij kan gevaarlijk zijn.

Z

Terugdeinzend: Gelooft in consultatie. Hij wint adviezen in, luistert naar voor- en tegenstanders voor hij besluit tot de volgende stap. Hij prefereert tact; als het meer zal opleveren, is hij bereid van strategie te veranderen. Het gaat om het doel, over de middelen kan worden onderhandeld. Anderen zullen geneigd zijn hem te vertrouwen. Hij gedraagt zich als een kapitein, geeft vertrouwen.

3

3-vormig: Hij kan goed voor zijn eigen zaakjes zorgen en onafhankelijk zijn; hij is misschien niet zo'n goede leider en zal niet snel gewaagde besluiten nemen. Zijn acties worden belemmerd door twijfels. Hij kan vastberaden zijn, doeltreffend, maar hij kan beter in een klein theater voor de belangen zorgen dan de agenda bepalen voor een mensenmassa.

Klein: Verdedigt eigen territorium en is behoedzaam. Gaat niet zonder zeer goede redenen alleen op pad. Deze persoon is bang voor vergelding en houdt zich daarom liever gedeisd. Hij probeert zich nergens in te mengen tenzij het echt niet anders kan. Het is duidelijk dat hij assertiever moet zijn en lef moet tonen voor anderen hem zullen vertrouwen.

Vogelbekdier: Hunkert naar daden. Hij kan hard zijn voor spelbrekers of ongehoorzame lieden. Hij wil goede excuses horen. Hij heeft een bepaalde stijl en benadering van problemen, die anderen adoreren of verafschuwen. Misschien wordt hij nogal eens verkeerd begrepen, maar hij wordt zelden genegeerd.

Krachtige striemen: Heeft een indrukwekkende stijl. Een beetje een uitslover, iemand die pronkt met wat hij heeft en anderen laat zien hoe het moet. Veel pit, maar zijn geschreeuw kan van de kern van de zaak afleiden. Uiteindelijk heeft hij misschien minder bereikt dan je dacht.

2-vormig: Doet zijn best het grotere geheel te zien, zal zich niet snel helemaal aan iets overgeven. Hij bekijkt de strijd vanaf de zijlijn, en hoopt zich niet vuil te hoeven maken tenzij het echt niet anders kan. Hij kan zwak of laf overkomen, terwijl hij eigenlijk de situatie eerst monstert.

Met dwarsstreep en lus: Eerder een plaatsvervanger dan een leider. Hij wint veel informatie in voor hij een beslissing neemt – misschien zelfs wel te veel. Alle factoren worden gewogen en hij houdt nog veel gegevens achter de hand. Soms moeilijk te begrijpen wat hij van plan is. Slim.

Leidraad bij problemen

In dit boek is de nadruk gelegd op de praktische kant van de handschriftanalyse. Ten behoeve van het gebruiksgemak heb ik met opzet zoveel mogelijk regels en beginselen en saaie theorie overgeslagen. Is er trouwens iemand die graag theorie leest? Maar omwille van de volledigheid en ten behoeve van diegenen die helemaal tot hier zijn gekomen en toch nog problemen ondervinden, vind je hieronder een korte selectie van de meestgestelde vragen op mijn seminars en de antwoorden die ik daar gewoonlijk op geef.

'Mijn handschrift verandert voortdurend. Ik denk dat ik zelfs wel vijf verschillende schrijfstijlen hanteer. Is dat vreemd?'
Natuurlijk niet. Iedereen heeft diverse handschriften. Ons handschrift is afhankelijk van onze stemming, hoe gespannen we zijn enzovoort. Zelfs de redenen waarom we schrijven kunnen van grote invloed zijn: zo zal een gekrabbeld boodschappenbriefje aan de koelkast er heel anders uitzien dan een netjes geschreven verjaarskaartje. Maak je dus geen zorgen, het is heel normaal dat je handschrift veranderlijk is.

'Ik heb net naar een voorbeeld van een handschrift zitten kijken en sommige letters daaruit staan niet in het boek. Hoe komt dat?'
Bedenk eens even hoeveel mensen er op aarde zijn – alleen al in dit land – allemaal unieke individuen met hun eigen unieke geschiedenis en omstandigheden. Als iedereen vijf verschillende handschriften heeft, zoals jij, dan is het onmogelijk in een boek van deze omvang al die varianten te behandelen. Mensen zijn veel te complex om te categoriseren of in hokjes te verdelen, en daar zouden we ook dankbaar voor moeten zijn. Het is die complexiteit die ons zo boeiend maakt en die ons leven oneindige rijkdom en diversiteit geeft. Maar desondanks staan in dit boek een heleboel varianten, genoeg om tenminste een vleugje van iemands karakter te onderscheiden.

'Ik heb vroeger ook wel wat aan grafologie gedaan en ik kan me niet herinneren dat wat ik toen leerde leek op wat in dit boek staat. Hoe komt dat?'
Dat komt doordat dit materiaal gedurende heel veel jaren is onderzocht, los van

de traditionele grafologische regels. Het heeft zijn accuratesse duizenden malen bewezen en het komt vaak tot resultaten waartoe de oude analysetechnieken niet in staat zijn. Dat betekent overigens niet dat alles wat je vroeger hebt geleerd overbodig is geworden. Grafologie oude stijl kan, gehanteerd door een expert, een prachtig instrument zijn. Maar dit systeem is minder technisch, minder ingewikkeld en – om heel eerlijk te zijn – veel leuker. Naar mijn mening drie uitstekende redenen om het te gebruiken.

'Kan ik volledig vertrouwen op de definities uit dit boek en ze zonder meer aannemen?'

Dat is een lastige vraag. Ik zou graag ja zeggen en meestal zijn deze definities buitengewoon accuraat gebleken. Maar ik kom weer terug op de kwestie van uniciteit. We zijn allemaal zo verschillend. Ons handschrift is even uniek als onze vingerafdruk of stem. Niemand schrijft precies zoals jij. **Wij** *schrijven zelfs de ene dag niet exact hetzelfde als de andere! Dus moet je voorzichtig zijn. De geringste variatie in de vorming van een letter kan de nuance van de betekenis subtiel veranderen. Dus al staan de algemene tendensen in dit boek, je moet toch omzichtig te werk gaan. Eén interpretatiefoutje kan een gedwee, goedgemanierd iemand veranderen in een monster.*

Het beste advies dat ik je kan geven is dit: kijk nooit naar een afzonderlijke letter als je een afgeronde beschrijving van iemands karakter wilt afleiden; kijk naar diverse verschillende letters, tel die bij elkaar op en reconstrueer op basis daarvan een karakterschets van de schrijver.

Maar oordeel in alle gevallen alsjeblieft vriendelijk en mild. Geef iedereen een kans. Het is te gemakkelijk kritiek te hebben en anderen beetje bij beetje te fileren. Je hebt misschien de mogelijkheid om dat te doen, maar dat betekent niet dat je dat ook moet doen. Gun je onderwerp als het even mogelijk is het voordeel van de twijfel. Gebruik je gezond verstand. Als je met iemand uitgaat en je op grond van het handschrift een prachtig beeld van je afspraakje hebt, maar je intuïtie schreeuwt: 'Pas op, alarmbel!', doe jezelf dan een lol: luister naar de waarschuwing van je intuïtie en blijf weg. Handschriftanalyse is uiteindelijk niet het enige. Het is aan het individu om te beoordelen wat hij of zij nuttig acht.

'Elke letter kent zo veel varianten. Sommige herken ik niet eens – hoe komt dat?'

Elk land heeft een eigen gangbare schrijfstijl, die het specifieke uiterlijk, de attitudes en gedragskenmerken van zijn inwoners weerspiegelt. Zo leren de kinderen in Amerika een schrijfstijl die krachtig en doortastend is en hoge verwachtingen over de toekomst weerspiegelt. Amerikaanse handschriften barsten van individualiteit en aspiraties. Terwijl in Groot-Brittannië de stijl veel rustiger oogt. Deze is minder opgewonden, minder expressief en weerspiegelt over het algemeen het algehele imago van de natie: stijfjes, beheerst, bang te veel emoties te tonen. Dit boek bevat varianten uit diverse landen. Wat jij niet herkent wordt gegarandeerd door iemand anders wel herkend.

'De meeste mensen schrijven hun letters aan elkaar, maar ik niet. En een vriend van mij schrijft alleen in blokletters. Is dat erg?'
Nee, dat is niet erg. Niet echt. Vaak is een niet aaneengeschreven handschrift van iemand met een nogal intense en volhardende aanpak die nog niet weet hoe hij zich moet ontspannen en zijn opgekropte emoties los moet laten.

Iemand die blokletters meer drukt dan schrijft, denkt dat zijn handschrift dan leesbaarder is, maar in werkelijkheid probeert hij zijn ware karakter te verbergen achter een soort schijnkracht. In hun hart voelen ze zich minder zeker en hebben ze minder zelfvertrouwen dan aan de oppervlakte lijkt. Die kapitalen zijn hun manier om een dapper gezicht te tonen aan de rest van de wereld. Maar deze twee stijlen zijn niet per se 'slecht'. Er bestaat trouwens toch geen algeheel slecht handschrift, net zoals er geen volkomen slecht mens bestaat. Alles en iedereen heeft wel iets goeds te bieden, als we er maar naar willen zoeken; daar ben ik echt van overtuigd.

'Wat wil het zeggen als de eerste letter van elk woord heel groot is en de overige letters heel klein zijn?'
Dit komt veel voor. Meestal wijst het op een sterk, flamboyant uiterlijk karakter dat een stillere, ernstigere en mogelijk analytische persoonlijkheid verbergt.

'En als het een mengelmoes van groottes is – gRoot eN kLEIn?'
Dit komt ook veel voor. Als we ervan uitgaan dat de schrijver geleerd heeft netjes te schrijven en hij geen geestelijke of fysieke afwijking heeft die hem het schrijven bemoeilijkt, dan leidt ik er altijd uit af dat de persoon tracht volwassen te worden. Hij zit gevangen in een emotioneel niemandsland, waar de impulsen uit zijn tienertijd strijd leveren met de aandrang die hij nu als volwassene voelt (en dit kan op elke leeftijd zijn). Vanbinnen voelt hij druk en verwarring, waar hij met het volwassen worden heel langzaam een oplossing voor vindt.

'Ik heb weleens gehoord dat je je leven verandert als je je handschrift verandert. Is het waar dat je, aangezien je handschrift een afspiegeling is van wie je bent, een ander mens wordt als je ineens een volkomen ander handschrift hanteert?'
Ik vrees dat ik hier echt niets van geloof.

De veronderstelling dat je je leven verandert als je je handschrift verandert, kom je vrij vaak tegen in deze branch. Er zijn zelfs een paar boeken over geschreven, maar het is volgens mij niet logisch. Denk er eens over na. Je handschrift is een fysieke manifestatie van je innerlijk, dat je essentiële energieën weerspiegelt: emotionele, seksuele, spirituele, intellectuele, fysieke en metafysische. Die energie werkt van binnen naar buiten. Dus als een fundamenteel deel van jou op een of andere manier verandert – overtuigingen, attitudes, waarden of wat dan ook – dan zal die verandering direct tot uitdrukking komen in je handschrift. Dat moet wel, dat is logisch. Maar het is niet logisch dat het andersom ook zou werken.

Voorbeeld: stel nou eens dat je plotseling een afkeer krijgt van de vorm van je v, omdat je tot je grote schrik hebt ontdekt dat de v aan de hele wereld laat zien hoe sterk jouw libido is en hoe jij seks in het algemeen benadert. Je veracht die v van je, hij is zo verkrampt en slordig. Je besluit het voortaan beter te doen: telkens wanneer je een v schrijft, maak je hem groter en wijder en uitnodigender. De vraag is of je inspanningen zullen inwerken op je libido. Antwoord: natuurlijk niet! Je kunt jezelf niet veranderen in een grote minnaar door je v's wijder te schrijven, al moet ik toegeven dat het prachtig zou zijn als het wel kon. Nee, de veranderingen moeten zich eerst in jou voltrekken; daar heeft het invloed. Als je ruimdenkender zou worden met betrekking tot seks, nieuwe technieken zou leren, met verschillende partners zou experimenteren, je grenzen zou verleggen van wat voor jou mogelijk en aangenaam is, dan zal dat op de lange termijn van grote invloed zijn. De ervaring die je opdoet én je verfrissende nieuwe houding moeten vitaliteit aan je v toevoegen, waardoor deze vanzelf wijder wordt. Zoals ik al zei, het werkt van binnen uit.

Opzettelijk je handschrift veranderen, verandert naar mijn mening je leven net zomin als wanneer je besluit vandaag rode in plaats van blauwe sokken te dragen of kreeft in plaats van garnalen te eten.

'Goed, maar hoe zit het dan met de mensen die werken aan een fraai schrift en die hier net zolang in oefenen tot hun handschrift er echt sierlijk en prachtig uitziet?'

Ik begrijp wat je bedoelt. We noemen dat schoonschrift ofwel kalligrafie, wat je wel op diploma's of andere officiële documenten ziet. Je hebt gelijk, het ziet er soms prachtig uit, en daar is ook niets verkeerds aan.

Maar het heeft voor ons alleen een speciale betekenis als iemand deze stijl met opzet aanneemt als dekmantel om te voorkomen dat anderen zien hoe zijn of haar handschrift er echt uitziet. In zo'n situatie beschouw ik schoonschrift als een mogelijk teken van gevaar. Ik maak eruit op dat de schrijver zich zo onzeker voelt over wie hij is dat hij bereid is aan de buitenkant met overdreven vertoon aan te komen zetten in de hoop dat anderen de voorkeur zullen geven aan de façade boven de echte persoon. In mijn ogen zegt hij: 'Ik ben niet erg op mezelf gesteld en jij zult me ook wel niet mogen; dus voor de zekerheid heb je hier iets moois om naar te kijken terwijl ik me in een hoekje verberg.'

Je hebt gelijk, misschien is het niet zo erg, maar bij de gevallen die ik heb ontmoet was het niet ver bezijden de waarheid. Om kort te gaan, hier moet flink gewerkt worden aan kwesties met betrekking tot de zelfachting. De schoonschrijver moet zichzelf meer waarderen en hij moet meer inzicht krijgen in wat hij als individu de wereld te bieden heeft. Niemand houdt van een oplichter; we willen allemaal het idee hebben dat we met het echte artikel van doen hebben, dus waarom zou je het bestaan ontkennen van iets zo waardevols – je echte ik – door er namaak overheen te leggen? Telkens wanneer ik iemand tegen beter weten in zie worstelen om iets te zijn dat hij niet is, moet ik denken aan de wijze woorden van Anwar al-Sadat: 'De meeste mensen streven naar iets dat zij niet hebben en zijn zo de slaaf van precies die dingen die ze willen verwerven.' Dit kan net zo goed slaan op persoonlijkheid en imago als op een nieuwe auto of een groot en duur huis.

Het is een onderwerp waarover afgezaagde liedjes worden gezongen, ik weet het, maar ieder van ons is precies zoals hij is, mooi en perfect. Niemand is exact zoals jij of ik, niemand heeft dezelfde speciale eigenschappen en talenten of precies hetzelfde doel in het leven. Wij zijn uniek. Als onze vrienden, kennissen of critici dat feit toevallig niet waarderen en niet op ons gesteld kunnen zijn precies zoals we zijn, dan moeten we misschien overstappen op mensen die dat wel kunnen. We moeten niet een onderdeel van ons karakter veranderen, al is het nog maar zo'n klein stukje, alleen maar om anderen een genoegen te doen. Eventuele veranderingen moeten in ons eigen voordeel zijn – waarom zou je je er anders druk om maken?

Als dit boek een thema bevat, dan denk ik dat dit het is. Wees jezelf. En als je nog niet ontdekt hebt wie 'jezelf' is, begin daar dan aan. Succes!

Wees tevreden, onderwerp je aan wat is. Vind geluk in gebrek aan verlangen.
Als er niets is wat je wilt, dan heb je alles.
Als je alles hebt, ben je gelukkig.
—Henry Knight Miller, Life Triumphant.